11-SEPTEMBRE, LES VÉRITÉS CACHÉES

Éric Raynaud

11-Septembre, les vérités cachées

Alphée

Jean-Paul Bertrand

Du même auteur

« Suicide » d'État à l'Élysée, la mort incroyable *de François de Grossouvre*, Éditions Alphée, 2009.

Un crime d'État ? La mort étrange *de Pierre Bérégovoy*, Éditions Alphée, 2008.

Ingrid Betancourt, femme courage ! Éditions Alphée, 2008.

Benazir Bhutto, jusqu'au bout du destin, Éditions Alphée, 2008.

Les Réseaux cachés des pervers sexuels, Éditions du Rocher, 2004.

www.editions-alphee.com

EAN : 978 2 7538 0481 4

À Barry Jennings,
victime « collatérale » du 11-Septembre 2001.

Pour examiner la vérité,
il est besoin, une fois dans sa vie,
de mettre toutes choses en doute
autant qu'il se peut.

René DESCARTES.

La vérité est si obscurcie en ces temps
et le mensonge si établi,
qu'à moins d'aimer la vérité,
on ne saurait la reconnaître.

Blaise PASCAL.

Si nous osons dire la vérité sur le passé,
peut-être oserons-nous dire la vérité sur le présent.

Ken LOACH, Palme d'Or, Cannes, 2006.

1

Un second regard sur le 11-Septembre

COMME l'ensemble de la planète, je pense, j'ai pris les images du 11-Septembre 2001 en pleine figure, de plein fouet. Le « spectacle » de ces attentats était d'une force incommensurable, et comme tout le monde aussi, je le suppose, il m'a marqué à jamais.

Ces avions qui s'encastraient dans les Twin Towers du World Trade Center, symbole s'il en était de la toute-puissance financière des États-Unis ; ces buildings de plus de 400 mètres de haut qui soudain s'écroulaient en un immense fracas et en nuages de poussière géants ; ces milliers de morts… Le Pentagone, véritable forteresse de la nation militaire la plus puissante du monde, lui aussi touché au cœur par un avion de ligne détourné… Tout cela dépassait l'entendement.

J'ai regardé et écouté en boucle, toute la journée du 11-Septembre et jusque tard dans la nuit, jusqu'au petit matin, même, tout ce qui pouvait se voir et se dire sur ces attentats totalement hors norme, zappant souvent sur les multiples chaînes satellitaires. Pas de doute : la terre entière était sous le choc.

Au premier crash, quand un Boeing 767 a percuté la tour Nord du WTC, j'ai comme beaucoup pensé à un accident. Et même un instant à un pilote subitement devenu fou et suicidaire, pourquoi pas, jetant son avion contre un immeuble. En tout cas, il s'agissait pour le moins d'un fait divers hors norme, de dimension mondiale. Personne n'en avait encore vu les images, et seul le gratte-ciel immense, crachant de la fumée d'incendie, était visible en plan fixe. En revanche, au deuxième crash, comme tout le monde, j'ai immédiatement compris qu'on était là face à une attaque délibérée. Et vu le contexte de l'époque, je n'avais guère de doutes sur la motivation terroriste d'un assaut d'une telle ampleur…

Cet épisode de l'histoire d'un XXIe siècle débutant m'a marqué comme peu d'autres faits. Probablement parce que, journaliste, passionné de géopolitique, j'avais très vite compris que désormais la planète entrait dans une nouvelle ère. Les *boys* de l'administration Bush et consorts étaient déjà dans les *starting-blocks*, prêts à aller chasser le Taliban et le Ben Laden en Afghanistan, un œil rivé sur Saddam Hussein et l'Irak à « libérer ». De son pétrole, essentiellement…

Je me suis également demandé, comme les Romains anciens face à un fait de grande ampleur : *Cui bono ?* À qui profite le crime ? À Ben Laden et ses fous de Dieu, désigné le soir même par l'administration Bush ? *A priori* oui : ils venaient d'infliger une déroute sans précédent depuis Pearl Harbor aux États-Unis, l'ennemi intime, mais sur leur sol cette fois. Pire : au cœur de leurs institutions, de leur capitale et de la mythique New York. Victoire totale.

Je me suis pourtant étonné d'entendre le même Oussama Ben Laden démentir sa participation à ces terribles attentats, peu de jours plus tard, malgré tout ce que l'on peut entendre encore aujourd'hui. Il l'a même répété à plusieurs reprises, et on verra que la seule cassette vidéo dans laquelle il revendique cette attaque monstrueuse, retrouvée par hasard par des bidasses américains dans une maison en ruine d'Afghanistan, a beaucoup fait sourire dans les services secrets du monde entier…

Et pourtant, bien au contraire, Ben Laden aurait eu un bénéfice absolument énorme à retirer de l'affaire, tant politique qu'en termes de prestige, s'il l'avait exploitée…

Dans le même temps, on pouvait penser que l'ennemi juré – et déjà recherché – des États-Unis tendait le bâton pour se faire battre. Car immanquablement, les Bush, et surtout Dick Cheney et autre Donald Rumsfeld, allaient lâcher la troupe piaffante en Afghanistan, pour une victoire rapide. Ce qui fut d'ailleurs le cas.

D'un autre côté, il est indéniable que cette effroyable journée servait également les intérêts de l'administration Bush, mais aussi ceux des néoconservateurs qui tiraient les ficelles des marionnettes, ainsi que personne ne l'ignore. En fait, les États-Unis, qui « recherchaient » déjà Oussama Ben Laden, n'attendaient qu'un pas de travers, qu'une occasion pour aller se positionner par la force dans le golfe Persique, et établir des bases là où le pétrole coule à flot… Le soir même du 11-Septembre, pour ceux qui s'en souviennent, Donald Rumsfeld parlait déjà d'aller casser… de l'Irakien !

Jusque-là, seule l'opinion publique étatsunienne, qui ne voulait pas vivre un second Vietnam, les retenait. Avec cette agression invraisemblable, la porte était évidemment ouverte aux options belliqueuses.

J'ai donc suivi avec attention ce qui se passait, les conséquences qui découlaient du 11-Septembre, les conséquences des conséquences – la guerre d'Irak par exemple, sans surprise. Et puis aussi le sort qui serait réservé aux moudjahiddines afghans, pakistanais, et autres talibans, que les États-Unis eux-mêmes avaient aidés, armés et entraînés, avec pour faux-nez discret les redoutables services secrets pakistanais, l'ISI, le but étant à l'époque de bouter l'ex-URSS hors d'Afghanistan. Parmi lesquels moudjahiddines un certain… Oussama Ben Laden !

Des choses m'échappaient, et la suite des événements allait me montrer certains chemins tortueux qui mènent au 11-Septembre… mais aussi ailleurs. Autant le dire tout de suite, dès le 11 septembre 2001, des voix s'élevaient pour dénoncer une machination. Je pense avoir vu de tout, durant ces près de huit années de « veille ». Du grand n'importe quoi comme des infos ponctuelles intéressantes et sensées. On s'est pas mal défoulé sur cet espace de liberté qu'est Internet, avec souvent, notamment les trois premières années, du grand-guignol en bandes organisées. Du genre, par exemple, « aucun avion n'a percuté les tours, puisqu'il s'agissait en fait d'hologrammes ! »…

Deux éléments ont quelque peu fait bouger les choses. Le premier se situe en juillet 2004, lorsque l'administration Bush fait publier le rapport de sa commission d'enquête sur les attentats. Un document qui rendra furieux la plus grande partie des observateurs américains directement concernés, comme par exemple les familles de victimes, tant les conclusions en sont vides, plates, et surtout bourrées d'omissions et de contre-vérités.

Devant un pareil déni, les intellectuels, qui avaient attendu leur heure, ont commencé à mettre leurs neurones en ordre de bataille. Des associations se créèrent, puis se fédérèrent au fil du temps, plus ou moins formellement, sous le chapeau du « 9/11 Movement for Truth ». Le Mouvement pour la vérité sur le 11-Septembre. Aujourd'hui, elles accueillent un nombre important d'experts et de hautes personnalités assez incontournables, dans tous les domaines possibles. Et pour tout dire, la donne n'est plus du tout la même à ce jour, en 2009.

Le second élément fédérateur du Movement for Truth est incontestablement l'avènement du « Web 2.0 », cette accélération impressionnante des capacités de l'Internet. Le Mouvement a pleinement utilisé ces capacités nouvelles et formidables de communication et d'échange, pour mettre au grand jour ses investigations et ses découvertes, les partager, les compléter en concertation, les publier, etc.

Avec la somme de données, d'études, de témoignages indiscutables et de communications scientifiques – entérinées –, dans toutes les disciplines intéressantes pour comprendre l'incompréhensible du 11-Septembre, il est tout à fait clair que le Mouvement pour la vérité possède aujourd'hui un arsenal impressionnant pour démonter la version officielle des événements. Et sa démarche, très rigoureuse, n'en donne que plus de force à ses démonstrations.

La meilleure preuve en est que les médias étatsuniens se gardent bien, désormais, d'accoler l'appellation « conspirationnisme » au Mouvement. Et encore moins ces derniers mois, notamment depuis l'élection de Barack Obama qui a semblé faire bouger les lignes : très récemment, Richard Gage, fondateur et *leader* de « Architectes et ingénieurs pour la vérité sur le 11-Septembre »[1], a pu exprimer ses arguments, en prime time, sur l'une des antennes de l'incontournable groupe Fox News, pourtant peu enclin à contester la version officielle du duo Bush-Cheney.

Puisque l'on parle de « conspirationnisme », de « théorie du complot », des termes qui font florès dans les médias dès que l'on touche au 11-Septembre, une mise à jour s'impose, évidente. Un complot est une « machination concertée secrètement entre plusieurs personnes dans le dessein de porter atteinte à la vie, à la sûreté d'une personne, ou à une institution »[2]. Une conspiration, elle, est un « complot, conjuration contre l'État, le pouvoir »[3].

De ces données, on ne peut que retirer, sans aucun doute possible, ce fait : le premier complot et la première conspiration concernant le 11-Septembre sont à attribuer à Oussama Ben Laden et dix-neuf pirates de l'air. Ils se sont en effet concertés secrètement pour porter atteinte à la vie de personnes et à une institution – les États-Unis en l'occurrence. La conspiration, qui induit le complot, est bien entendu présente, elle aussi.

Que la version officielle de l'administration Bush dénonce-t-elle, dès le 11-Septembre ? Pas autre chose que ce qui est décrit ci-dessus, c'est-à-dire un complot, une conspiration d'islamistes fanatiques sous la houlette de Ben

1. Architects & Engineers for 9/11 Truth compte aujourd'hui plus de 700 membres actifs, dont un nombre impressionnant d'experts, outre les près de 4 000 sympathisants des différents corps de métier du bâtiment. En 2008, 170 d'entre eux se sont rendus au Congrès, leurs études scientifiques sous le bras, pour demander l'ouverture d'une enquête réellement indépendante sur le 11-Septembre. Leur site Internet : www.ae911truth.org.
2. Dictionnaire Hachette encyclopédique illustré.
3. *Ibid.*

Laden. Cette donnée n'a jamais varié d'un centimètre, et les explications officielles depuis 2001, enquêtes et déclarations à la clé, s'appuient donc sur une théorie de complot. Une « théorie » de l'administration Bush-Cheney extrêmement fragilisée par les recherches, observations et enquêtes de citoyens étatsuniens – mais aussi internationaux – dont le « Movement for Truth ». Nous verrons que c'est aujourd'hui une évidence.

À partir de ce moment, on voit mal pourquoi on mettrait sur des plans différents le complot dénoncé par les Bush et consorts, et les anomalies flagrantes de ce même complot, montrées du doigt par le Movement for Truth, entre autres. « Vous dites que ce que nous avançons contre l'administration Bush est une théorie du complot ? Très bien : alors c'est complot contre complot, n'avantageons pas l'un par rapport à l'autre, et discutons-en entre grandes personnes... » : c'est aujourd'hui la ligne de conduite du Mouvement pour la vérité, tant auprès des appareils politiques que des médias dominants, aux États-Unis.

La seule solution possible, en effet, pour faire avancer les choses et les tirer au clair, est la confrontation des idées et des arguments. Avant l'élection de Barack Obama, les *Truthers* les plus influents et les plus pointus ont demandé, des dizaines de fois, des débats sur le 11-Septembre avec des membres de l'administration Bush. En vain, ce qui paraît pour le moins significatif...

Les *mainstream medias*, les médias dominants, eux, commencent doucement à regarder autrement – aux États-Unis, mais aussi ailleurs dans le monde – le travail énorme et les évidences fournis par les *Truthers*. Il y a probablement deux bonnes raisons à cela.

La première est qu'ils sortent tout juste de huit années de « bushisme », qui n'ont pas été une sinécure. Un état de fait parfaitement décrit dans l'excellent *Médias control, huit grands journalistes résistent aux pressions de l'administration Bush*[4], de Kristina Borjesson, journaliste bardée de distinctions, ancienne de CBS et CNN, et auteur du best-seller *Black List*. Elle démontre, avec des interviews de quelques-uns des meilleurs journalistes des États-Unis, à l'expérience indiscutable, la prise en main des médias et des journalistes par le pouvoir en place. Mais aussi, et c'est loin d'être neutre, la manière dont ses jeunes confrères se sont autocensurés, voire compromis d'une manière ou d'une autre, sous le règne de George W. Bush. Peut-être l'élection d'Obama réveillera-t-elle cette prestigieuse presse américaine, où les talents de grande envergure ne manquent pourtant pas…

En attendant cet hypothétique sursaut, la grande presse étatsunienne n'aura véritablement fait son travail que quelques jours, le 11-Septembre et la demi-semaine qui a suivi. Au grand dam des *Truthers*. Il y avait pourtant, comme on le verra, matière à enquêter très sérieusement dès les premières heures, puis durant des mois et des mois…

La deuxième raison découle de la première. L'opinion publique n'est pas aussi « panurgienne » qu'on veut bien le croire – et ceci est également valable pour l'Europe, dont la France… Pas d'infos dans les grands médias, ou bien des informations tronquées, voire déformées ? Très bien : Internet propose aujourd'hui des médias tout à fait crédibles, riches en infos, à la liberté de ton totale, interactifs et qui plus est… gratuits. Aujourd'hui, n'importe quel gouver-

4. Traduit et édité en France par les Éditions Les Arènes, mai 2006.

nement peut museler n'importe quel média traditionnel dominant, mais rien ne peut empêcher le citoyen qui en a le désir et la volonté de s'informer autrement.

En ce sens, d'ailleurs, l'Internet est à coup sûr la plus grande révolution pour l'homme depuis Gutenberg.

Pour revenir au Mouvement pour la vérité, une figure de proue s'est dégagée de cet ensemble, probablement à son corps défendant d'ailleurs. David Ray Griffin, un universitaire jouissant d'une bien belle réputation aux États-Unis et au plan international, professeur émérite de philosophie des religions et de théologie à la Claremont School of Theology, et à la Claremont Graduate University. Il est également codirecteur du Center for Process Studies, qui développe le courant philosophique d'Alfred North Whitehead, une école se fondant en particulier sur les sciences. Pas vraiment un profil de conspirationniste.

Avant de se pencher sur le 11-Septembre, David Ray Griffin avait publié une trentaine d'ouvrages. Depuis, il en a écrit sept. Tous consacrés aux attentats de New York et Washington, et à leurs conséquences[5]…

J'ai eu le privilège de le rencontrer, à Paris, au printemps 2009, alors qu'il effectuait un tour d'Europe des capitales pour un cycle de conférences. À propos du 11-Septembre,

5. Trois d'entre eux ont été traduits en français et publiés aux Éditions Demi-Lune : *Le Nouveau Pearl Harbor*, *Omission & manipulations de la Commission d'enquête* (prix de la Fondation Hélios en 2006) et *La Faillite des médias* (médaille de bronze dans la catégorie Actualités de l'Independent Publisher Book Awards en 2008). Son ouvrage le plus récent est *The New Pearl Harbor Revisited : 9/11, the Cover-Up, and the Exposé*, qui fut élu en novembre 2008, « Choix de la semaine » par *Publishers Weekly*, une revue professionnelle similaire à *Livres Hebdo* en France.

bien entendu. Car il y consacre désormais sa vie – tout comme un certain nombre de *Truthers*, les chercheurs de vérité, comme on les surnomme aux États-Unis –, patiemment, pas après pas, marchant à son rythme et sans jamais s'arrêter.

J'avais regardé quelques-unes de ses conférences, sur Internet, avant de rencontrer David Ray Griffin. C'est impressionnant : il est un orateur assez fabuleux, doté d'un charisme hors norme. Il parle calmement, n'élève jamais la voix, et déroule son propos à la manière du professeur qu'il est : structuré, très documenté, allant droit au but et, au final, imparable. Et comme il ne dédaigne pas le trait d'humour assez *British*, ponctuellement, ses interventions paraissent passer bien vite.

À près de 70 ans, cet homme de probablement plus d'1,85 mètre, aux yeux d'un bleu limpide, est dans le salon de son hôtel, près de la gare de l'Est, aussi impressionnant que sur une scène. Même si le jean et la chemise à carreaux – et les pantoufles ! – remplacent la tenue de soirée costume cravate. Impressionnant dans la mesure où le ton et le propos sont les mêmes, empreints d'une certitude tranquille, et d'une sérénité totale. Il ne se glorifie de rien, il estime simplement faire ce que son devoir d'humain lui dicte. L'heure et demie ou presque que j'ai passée avec cet homme m'a paru bien courte. Il explique [6] :

> « Je pense avant tout à ceux qui ont décidé, depuis longtemps, que les attentats du 11-Septembre avaient bien eu lieu de la façon dont l'administration Bush-Cheney, ainsi que les rapports officiels, l'ont affirmé ;

6. Entretien avec l'auteur, avril 2009 ; conférence publique à Paris, 17 avril 2009.

à ceux qui pensent que le Mouvement pour la vérité sur le 11/9, qui conteste cette version, se compose d'adeptes de la théorie du complot, dépourvus de toute capacité de jugement objectif.

Ces personnes, dont la plupart des journalistes, ayant forgé depuis longtemps leur opinion, sont imperméables à tout argument présenté par notre Mouvement. Elles se contentent de lever les yeux au ciel, et de passer leur chemin.

Mais notre Mouvement, de même que les éléments dont nous disposons, a considérablement évolué ces trois dernières années. Il n'est pas rationnel de rejeter d'emblée nos arguments, sans prendre le temps de les examiner. Il est moins que jamais concevable de lever les yeux au ciel, sans démontrer la nature irrationnelle de ceux que l'on tente de discréditer en les appelant les "adeptes de la théorie du complot."

Bien souvent, les gens qui croient en la théorie officielle sur le 11/9 surnomment dédaigneusement "adeptes de la théorie du complot" les membres du Mouvement pour la Vérité. Mais cela n'est pas rationnel, car la version officielle est elle-même une théorie du complot... Cela signifie que chacun défend une théorie du complot à propos du 11/9. Le débat sur le 11/9 n'est donc pas un débat entre adeptes et anti-adeptes de théorie complotiste. Il s'agit simplement d'un débat entre ceux qui acceptent la théorie du complot de l'administration Bush-Cheney, et ceux qui penchent pour une théorie alternative, selon laquelle le 11/9 fut le produit d'un complot à l'intérieur de cette administration.

Ceux qui défendent la théorie officielle du complot, dénoncé par le duo Bush-Cheney, ne peuvent donc pas, de façon rationnelle, rejeter la théorie alternative au motif qu'il s'agit d'une théorie du complot. La seule question rationnelle à se poser est : quelle théorie est la mieux soutenue par les éléments probants ?

Je précise que je n'utilise pas le terme "théorie officielle du complot" de façon péjorative. Il n'y a rien de mal à croire en cette théorie. Je l'ai acceptée moi-même, au début. Mais il y a un problème, si vous y croyez vraiment, si vous êtes convaincu par la théorie officielle du complot, et que vous ne pouvez regarder de façon objective les éléments susceptibles de la contredire.

Il est plus que jamais irrationnel de continuer à croire en la théorie officielle du complot, car nous disposons de beaucoup d'éléments nouveaux par rapport au moment où cette théorie fut gravée dans les esprits, dès le 11-Septembre.

À ce moment nous ne savions pas, par exemple, que l'administration Bush-Cheney raconterait d'énormes mensonges, qui allaient faire des millions de victimes, dont des milliers d'Étatsuniens. Nous avons également d'autres raisons, peu connues à l'époque, d'être aujourd'hui sceptiques à l'égard des rapports officiels.

Si la connaissance de nouveaux éléments concernant l'administration Bush-Cheney et les rapports officiels accréditant leur théorie du complot nous amènent à porter un nouveau regard sur le 11/9, il en est de même de l'évolution du Mouvement pour la vérité. Au début, l'image qui en était donnée était celle d'"une bande de gosses sur Internet". Puis j'ai rejoint le Mouvement en publiant *Le Nouveau Pearl Harbor*, et l'image est devenue « une bande de gosses sur Internet, plus un théologien sur le retour ». George Monbiot, dans *The Guardian*, les traite d'"abrutis", et d'"idiots". Alexander Cockburn, dans *The Nation*, les surnomme les "complotistes cinglés", édulcoré en français par l'expression "adeptes du complot" dans *Le Monde diplomatique*, qui ne connaissent rien au "monde réel", et encore moins à l'histoire militaire. Manquant de "toute compréhension des preuves", ajoute-t-il, ils représentent “l’ascendance de la magie sur le bon sens [et] la raison” [7].

Si certains de nos détracteurs m’ont décrit comme le chef de ce Mouvement – Monbiot m’a désigné comme son “grand prêtre”, un autre comme son “gourou” – l’idée étant bien sûr de le faire passer aux yeux du grand public pour un mouvement religieux – voire sectaire –, composé de gens qui ne savent rien du monde réel. Comme l’un d’eux l’a expliqué : “En tant que théologien, Griffin n’est pas qualifié pour parler d’autre chose que de mythes et de fables.” Ce à quoi j’ai répondu que j’étais justement et au contraire, de ce fait, parfaitement qualifié pour parler de la théorie officielle du complot ! Néanmoins, le Mouvement pour la vérité souffre encore de cette image auprès du grand public, et il est encore décrit comme étant mené par des gens qui n’ont aucune compétence dans les domaines concernés.

Même si cette caricature, comme toute caricature, a pu contenir une part de vérité, cela est aujourd’hui totalement erroné. Le *leadership* intellectuel du Mouvement est maintenant exercé par des scientifiques et des professionnels, qui connaissent indéniablement le monde réel. Beaucoup de ces professionnels se sont regroupés en associations, dédiées à la recherche de la vérité sur le 11/9.

Il y a quelques années, des scientifiques ont créé le Panel scientifique pour une enquête sur le 11-Septembre. Plus récemment, des physiciens et des chimistes, principalement, ont créé les Universitaires pour la vérité et la justice sur le 11-Septembre. À la suite de quoi nos détracteurs ont déclaré que si nos affirmations à propos du World Trade Center étaient justifiées, elles feraient l’objet de publications dans des revues d’articles scientifiques approuvés par des

7. Alexander Cockburn, « The Conspiracists, Continued – Are They Getting Crazier ? » *The Free Press*, 16 septembre 2006.

pairs. Au cours de l'année écoulée, des scientifiques affiliés aux Universitaires pour la vérité et la justice ont publié trois articles dans des revues de ce type, (à comité de lecture). Le principal auteur du dernier en date de ces articles, paru dans l'*Open Chemical Physics Journal*, est Niels Harrit, professeur de chimie à l'Université de Copenhague. Ces scientifiques ont trouvé dans la poussière du World Trade Center des éléments chimiques qui ne devraient pas s'y trouver, si la théorie officielle, selon laquelle ce sont seulement les incendies et la gravité qui firent s'effondrer les immeubles, était vraie.

Lorsque des physiciens et des chimistes ont rejoint le Mouvement, certains critiques ont dit : "Ils ne comptent pas vraiment. Les raisons de l'effondrement des tours du WTC sont affaire d'ingénieurs, et votre Mouvement n'en compte aucun." C'était le cas en 2005. L'année suivante, l'architecte Richard Gage créa "Architectes et ingénieurs pour la vérité sur le 11-Septembre", et maintenant plus de 700 d'entre eux l'ont rejoint, appelant à une nouvelle enquête. Ce sont des gens qui connaissent bien les grands immeubles à structure d'acier du monde réel, et qui savent que la théorie officielle à propos de l'effondrement sur eux-mêmes, pratiquement à la vitesse de la chute libre, des tours jumelles et du bâtiment 7, ne peut tout simplement pas être vraie.

Jack Keller, par exemple, professeur émérite de génie civil à l'Université de l'Utah, qui obtint la reconnaissance spéciale de la revue *Scientific American* [l'équivalent de Science et Vie en France, NdA], a déclaré à propos de l'effondrement du bâtiment 7 : "C'est clairement le résultat d'une démolition contrôlée." [www.ae911truth.org] Un jugement similaire a été porté par deux professeurs émérites d'ingénierie structurelle de l'Institut fédéral suisse de technologie, ainsi que par des centaines d'autres ingénieurs et architectes.

Les pompiers, eux, possèdent une expertise probante sur ce qui s'est produit à New York le 11 septembre. Ils ont créé, l'année dernière, l'Association des pompiers pour la vérité sur le 11-Septembre. Ils démontrent pourquoi on ne peut pas croire les rapports du NIST sur le World Trade Center. De plus, il existe maintenant une association d'anciens combattants pour la vérité, comprenant un certain nombre d'anciens officiers. Je pense qu'ils en savent beaucoup plus sur le monde militaire réel qu'Alexander Cockburn...

Une autre association, dans un autre domaine d'expertise concerné, compte de nombreux anciens pilotes de ligne et militaires dans ses rangs. Pour eux, la version officielle, qui explique pourquoi les avions de ligne n'ont pas été interceptés le 11-Septembre, est irrecevable. Ils ont focalisé leur attention sur ce qui s'est produit au Pentagone, et ils ont mis en évidence de nombreuses raisons pour lesquelles la version officielle concernant cet événement n'est pas crédible.

La dernière en date de ces associations de professionnels regroupe des officiers du Renseignement. Un des premiers à la rejoindre fut William Christison, ancien cadre de la CIA. Voici ce qu'il a écrit en 2006: "Pendant quatre ans et demi, j'ai refusé catégoriquement de prêter une attention sérieuse aux théories du complot autour du 11/9... Mais au cours des six derniers mois, et après bien des tourments, j'ai changé d'avis." [8]

L'épine dorsale du Mouvement pour la vérité est maintenant constituée d'associations de scientifiques,

---

8. « Letter from Bill Christison to Friends, courriel envoyé vers le 14 août 2006. À présent, je pense qu'il existe des preuves convaincantes que ces attentats ne se sont pas déroulés de la façon dont l'administration Bush et la Commission d'enquête ont voulu nous le faire croire. » Bill Christison, « Stop Belittling the Theories about September 11 », Dissident Voice, 14 août 2006.

d'architectes, d'ingénieurs, de pompiers, de pilotes, d'officiers militaires et du Renseignement. Et il en existe d'autres encore. L'an dernier se sont créées des associations de professionnels de la santé, d'avocats, de responsables religieux et, tout récemment, de responsables politiques pour la vérité sur le 11-Septembre. Cette dernière compte déjà des membres, anciens ou actuels, des parlements européen, japonais, italien, anglais, néo-zélandais et suédois, ainsi qu'un ancien gouverneur des États-Unis. Manifestement, ceux qui pensent que le Mouvement est constitué de complotistes cinglés, d'idiots et d'abrutis, vont devoir revoir leur jugement – s'ils souhaitent fonder leur opinion sur le monde réel.

La situation est à présent la suivante : parmi les experts des domaines concernés qui se sont penchés sur la question, le poids de l'opinion scientifique et professionnelle penche désormais du côté du Mouvement pour la vérité sur le 11-Septembre. Ils sont plus d'un millier à s'être publiquement exprimés sur la théorie officielle, et pratiquement aucun scientifique ou professionnel des domaines concernés ne l'a soutenue ouvertement – à l'exception de ceux qui ne sont pas indépendants, et dont la carrière serait menacée s'ils refusaient de le faire. Ce dernier point est important car, comme le fit observer Sinclair Lewis : "Il est difficile de faire comprendre quelque chose à quelqu'un, lorsque son salaire lui impose de ne pas comprendre."

À part ces gens, tous les experts qui ont sérieusement étudié la question, dans tous les domaines concernés, rejettent la théorie de l'administration Bush.

Il est temps pour les journalistes, et pour tout le monde, d'ailleurs, de porter un nouveau regard sur le 11-Septembre. »

Voilà ce qu'a conclu David Ray Griffin ce jour-là. J'en avais déjà pris bonne note, au fil des années…

***

Dans cet ouvrage, je m'attache essentiellement à deux choses. Montrer que les tenants de la version officielle du 11-Septembre sont, aujourd'hui, dans une position absolument intenable. Je ne l'ai pas décrété : j'ai pris le parti d'aligner des faits, des études, des expertises et des témoignages incontestables, pris aux sources les plus fiables, tous vérifiés et totalement vérifiables par le lecteur. Il me semble que ce levier est aussi fort que crédible.

Bien que passionné de géopolitique, j'y ferai peu allusion. Beaucoup ont écrit sur le sujet, et avec bien du talent. Qui, aujourd'hui, ignore les guerres d'intérêt menées par les USA en Afghanistan et en Irak, avec pour toute raison cette tragique journée de septembre 2001 ? Mais qui sait, avec précision et rigueur, que les dés étaient pipés au départ ?

Pour en terminer, je m'attacherai à montrer que, de toute évidence, le Mouvement pour la vérité sur le 11-Septembre a percé une brèche dans le mur de mensonges de l'administration Bush que personne, jamais, ne pourra refermer. La science reste la science, et personne ne peut aller contre, y compris avec la plus totale mauvaise foi.

J'ai posé la question suivante à David Ray Griffin : « Avec la somme d'arguments recevables que vous posez sur la table, et l'élection de Barack Obama, vos chances de voir la réouverture d'une enquête sur le 11-Septembre vont considérablement augmenter, non ? »

« Oh oui ! », m'a-t-il répondu, l'œil rieur. « Avec Bush, nos chances étaient de toute façon de 0 %. Avec Obama, nous avons fait un bon spectaculaire : je pense que nous avons atteint les 5 %… »

J'ai trouvé Griffin très pessimiste, ce jour-là. Je suis persuadé que la bulle éclatera maintenant à plus court terme qu'on ne pense. Et puis, je n'ai pas oublié que David Ray Griffin avait l'œil rieur…

2

Au début étaient les Jersey Girls...

LE 11 SEPTEMBRE 2001, c'est bien évidemment la planète entière qui est touchée par les attentats énormes de New York et Washington. Sur un plan politique et géopolitique, bien sûr, puisqu'il ne faut pas être un grand devin pour constater dans l'instant qu'on est à un véritable point de rupture international. Une planète très secouée aussi, et surtout, pour ceux qui l'ont vécu de près, par un drame humain sans précédent dans l'Histoire du monde. La terre entière a été hypnotisée par ses chaînes de télévision, repassant en boucle, pratiquement 24 heures sur 24, les images terribles de ces avions qui s'encastrent à pleine vitesse dans les Twin Towers, puis les chutes de ces dernières... Elle a eu la nausée en constatant que des gens se jetaient de hauteurs invraisemblables, qu'ils se suicidaient, en fait, plutôt que de mourir de mort lente...

Environ 3 000 morts, de plus de 80 nationalités, seront dénombrés, bien plus tard. Les chiffres diffèrent selon les sources : 2 973 d'après l'enquête officielle, 2 804, 2 931, selon d'autres sources crédibles, et qui peut réellement le savoir encore aujourd'hui ? Peut-être y avait-il des personnes seules et sans aucune attache, dans cet amoncellement de cadavres ? Quels cadavres, d'ailleurs ? Une grosse majorité n'a pu être reconnue que grâce à des analyses d'ADN, à partir de morceaux, parfois infimes, de leur corps…

Trois mille vies perdues, c'est aussi et bien sûr des dizaines de milliers de vies massacrées. Celles des épouses, époux, enfants, parents, familles et autres amis chers – que les victimes aient été simples employés, PDG, avocats, pompiers, businessmen, balayeurs, traders ou autres –, dans une détresse totale après ce drame.

Personnellement, j'ai encore en mémoire des images qui m'ont ému comme rarement. Celles de ces milliers de personnes, noires, blanches ou asiatiques, déambulant plusieurs jours dans les rues autour du WTC, une photo à la main, et demandant à chaque passant croisé : « Avez-vous vu cette personne ? Savez-vous si elle est vivante ? » Des proches qui cherchaient un ultime espoir, le visage défait et les yeux implorants, entre l'espérance la plus folle et la détresse la plus totale, le ventre évidemment tordu par l'angoisse d'apprendre une vérité qu'ils craignaient de tout leur être. Ils punaisaient, à tout hasard, une copie de photo, d'avis de recherche, sur de grands panneaux de bois devant lesquels la foule s'agglutinait.

Ce jour maudit fut un cauchemar, pour tous ces proches de victimes. Les jours suivants aussi, et puis longtemps, et aujourd'hui encore… La rudesse du choc passé, la douleur s'est fait rage, au fur et à mesure qu'ils comprenaient à peu près les choses, qu'ils mettaient un peu d'ordre dans leurs esprits. Au fur et à mesure, également, de leur connaissance des événements, qu'ils pouvaient lire dans leurs journaux ou écouter devant leur télé. À ce moment-là, les médias faisaient encore leur travail, tous azimuts et, comme on le verra, un certain nombre de reportages pouvaient mettre la puce à l'oreille des observateurs.

Les épreuves, *a fortiori* d'une gravité et d'une ampleur pareilles, rassemblent. C'est dans cet état d'esprit que des familles de victimes ont commencé à se parler. À communiquer, à échanger. À se poser des questions. Beaucoup, et souvent les mêmes. Des questions de logique et de bon sens, tout simplement.

C'est dans ce contexte que quatre jeunes femmes du New Jersey, près de New York, ont lié une amitié indéfectible, après s'être rendu compte que, chacune de leur côté, elles enquêtaient sur ce qui avait bien pu se passer. Leur douleur, immense, exigeait des explications. Il leur fallait évidemment faire leur travail de deuil.

Lorie Van Auken avait perdu Kenneth, qui travaillait ce jour-là au cent cinquième étage de la tour Nord ; Patricia Casazza et Mindy Kleinberg étaient soudainement devenues veuves de John et Allen, qui se trouvaient au cent quatrième ; et Kristen Breitweiser, une avocate, pleurait Ronald, 39 ans, vice-président de la Fiduciary Trust International, qui était coincé dans la tour Sud lorsqu'elle s'est soudainement écroulée…

Le soir du 9/11, George Bush s'adresse solennellement à la nation, sur toutes les chaînes de télévision :

« Aujourd'hui, nos concitoyens, notre mode de vie, notre chère liberté ont été attaqués. Immédiatement après la première attaque, j'ai mis en œuvre les plans d'urgence de notre gouvernement. J'ai engagé tous les moyens de nos services d'ordre et de renseignement, pour trouver les coupables et les traduire en justice. Nous ne ferons aucune différence entre ceux qui ont commis ces actes et ceux qui les protègent. Merci, bonne nuit, et que Dieu bénisse l'Amérique. » À cet instant précis il ment, toute honte bue, les faits l'ont prouvé par la suite.

Les quatre femmes du New Jersey, elles, vont commencer à chercher ce qui a bien pu clocher, ce jour-là, pour qu'une catastrophe aussi impensable survienne. Chacune dans leur coin.

Lorie Van Auken, une petite brune aux cheveux courts, toute menue, mais dont les yeux noirs trahissent une volonté de fer [1], raconte douloureusement : « J'ai reçu un message de mon mari, le matin du 9/11. Il me disait : "Je t'aime, je suis dans le World Trade Center. La tour a été frappée par quelque chose, je ne sais pas si je vais en sortir... Mais je t'aime énormément, et j'espère te voir tout à l'heure..." Je n'étais pas arrivée assez vite au téléphone pour lui répondre. J'ai essayé de le rappeler, mais je n'ai jamais réussi à le joindre... Par la suite, j'ai passé beaucoup de temps sur mon ordinateur, j'ai commencé à lire tous les articles que je trouvais... Et vous savez quoi ? demande-t-elle avec dans le regard toute l'incrédulité du monde, pendant près de deux heures, des avions détournés ont volé à travers l'espace aérien des USA, ce jour-là, sans aucune réponse militaire... »

« J'étais en train de faire la lessive quand j'ai reçu un appel de mon époux », se souvient calmement Patricia Casazza, jolie blonde aux yeux bleus, les cheveux aux épaules. « Il croyait qu'une bombe avait explosé dans sa tour. Juste avant de m'appeler, il avait regardé dans les

1. *9/11 Press for Truth* (11-Septembre : en quête de la vérité), film de Ray Nowosielski, Kyle Hence et John Duffy, 2006, d'après *The Terror Timeline* (Chronologie de la terreur), Paul Thompson, Ed. Harper Paperbacks.

couloirs, et il m'a dit: "Tu sais, le sol se couvre d'une épaisse fumée noire, je ne sais pas si on va s'en sortir..." Il m'a également dit: "Je t'aime, et dis à notre fils John que je l'aime aussi" »...

Mindy Kleinberg, longs cheveux châtains et regard noisette, n'a pas eu la « chance » de parler une dernière fois avec Allen, son mari. « Au début, je n'arrivais pas à dormir, à cause de la douleur. Alors je passais mes nuits sur mon ordinateur, à faire des recherches... »

« L'enterrement d'Allen a eu lieu en octobre. Je pense que c'est là que j'ai commencé à être en colère », explique Patricia Casazza. « C'est là, aussi, que j'ai commencé à m'interroger. Nous avions les mêmes interrogations, et nous sommes devenues amies. Nous avions toutes les questions, avec Mindy, Lorie et Kristen, et nous voulions les réponses. »

« Je veux m'entretenir avec la NSA, la CIA et le FBI, tous ensemble ! » assène Kristen Breitweiser, belle femme aux cheveux bouclés et méchés tirés en arrière, la « femme de loi » du groupe. Les « Jersey Girls » (les « Filles de Jersey »), sont nées. Elles ne lâcheront plus l'affaire.

Comment une chose aussi énorme avait-elle pu se produire ? Comment le gouvernement Bush avait-il pu ne rien voir venir ? Comment des avions de ligne avaient-ils pu déjouer tous les systèmes de protection de la plus grande ville des États-Unis et de la capitale, qui sont uniques au monde en matière de technologie et d'efficacité ? Comment avaient-ils pu se promener dans le ciel au-dessus de New York et Washington, sans qu'un seul avion de chasse ne les intercepte ? Il s'agissait bien sûr des premières de leurs questions...

Bizarrement, c'est en lisant un journal canadien qu'elles prennent connaissance du fonctionnement du Norad [2], l'organisation militaire en charge de la défense aérienne. Lequel consiste à faire décoller immédiatement des chasseurs F-15 ou F-16, à l'époque, pour intercepter des avions en cas d'urgences suspectes.

La tactique est simplissime : si un aéronef quitte la trajectoire qui lui est dévolue, s'il ne répond pas aux rappels ou si son signal radar disparaît, un ou plusieurs jets de l'armée décollent pour régler l'incident, et parfois le forcer à atterrir. Si l'appareil ne répond pas aux injonctions, il peut tout simplement être abattu sur le champ…

Les Jersey Girls apprennent ainsi que l'année précédente, en 2000, 425 incidents plus ou moins graves ont été répertoriés dans le ciel étatsunien, avec à la clé pas moins de 129 « scrambles » – le mot américain pour désigner une intervention immédiate de chasseurs de l'US Air Force. C'est-à-dire entre huit et neuf incidents de vol, et entre deux et trois sorties urgentes de F-16 chaque semaine, gérées par le Norad. Et surtout, ce dernier n'a jamais été pris en défaut, dans aucune de ces 425 occasions.

Elles prennent également connaissance du crash d'un avion d'affaire, le 25 octobre 1999. Les contrôleurs de la FAA[3] avaient perdu le contact radio avec le pilote environ vingt-cinq minutes, du côté d'Orlando, au-dessus de la Floride. Un F-16 avait été envoyé en mission de recon-

2. North American Aerospace Defense Command, Commandement de la défense aérospatiale de l'Amérique du Nord, organisation américano-canadienne.

3. La Federal Aviation Administration (FAA) est une agence gouvernementale chargée des règlementations et des contrôles concernant l'aviation civile, aux États-Unis.

naissance immédiatement. Le problème ne se réglant pas, c'est finalement pas moins de six F-16 qui avaient pris l'avion en chasse. Tout au long des opérations, l'appareil suspect avait été suivi au radar par la FAA. Et, « en haut lieu, le Pentagone et la Maison Blanche ont discuté de l'action à mener. » [4]

« Quelle différence y a-t-il entre ces moments-là et le jour du 11 septembre 2001 ? » questionne Mindy Kleinberg. Elle et ses amies s'interrogent sérieusement sur le manque de réactions immédiates et adéquates du président, George W. Bush, et de son administration. En effet, si un petit avion privé s'est retrouvé avec six chasseurs de l'armée de l'air aux trousses en vingt-cinq minutes – dont le premier immédiatement –, moins d'un an plus tôt, et que « le Pentagone et la Maison Blanche ont discuté de l'action à mener » – c'est-à-dire l'abattre ou non – à propos de cet incident, ce qui n'est pas rien, une question enfantine se pose : comment se fait-il que quatre Boeing détournés, sur une période de près de deux heures, n'aient pas connu le même sort ?

Mais ce jour-là, Bush visite une école en Floride, où l'on pratique paraît-il un apprentissage de la lecture très intéressant. Tellement captivant que le président des États-unis, pourtant prévenu de la deuxième attaque sur le WTC, et donc du fait qu'on était en présence d'attentats d'envergure, restera encore près de dix minutes sur sa chaise d'école, à écouter les mômes lui lire l'histoire de « Mon amie la petite chèvre » ou quelque chose du genre. Surréaliste…

4. ABC, *World News Tonight*, 25 octobre 1999.

Pendant ce temps, pourtant, le Secret Service, l'office qui gère la sécurité de la présidence, emmenait sans ménagement à l'abri le vice-président, Dick Cheney, ainsi qu'il le raconte lui-même [5] : « Le Secret Service travaille [en permanence, NdA] avec la FAA. Après [l'attentat sur, NdA] le World Trade Center, ils communiquaient constamment sur le suivi radar des appareils détournés. Dans des moments pareils, [les agents secrets, NdA] agissent. Ils ne disent pas "excusez-moi" ou "s'il vous plaît", ne vous demandent pas poliment de venir… Ils sont entrés dans la pièce où j'étais et m'ont dit : "Monsieur, il y a un grave problème. Nous devons partir tout de suite." Et ils m'ont empoigné et emmené immédiatement… »

« Où ? » aurait été une excellente question de son interlocuteur journaliste. Car, nous le verrons plus loin, cette interrogation est intimement liée à un véritable mensonge d'État, qui remet en question tout un pan de l'histoire de ce 11 septembre 2001…

« C'était douloureux », avoue Patricia Casazza. « Nous devions faire notre deuil, guérir. Nos familles ne tenaient pas à ce que nous posions ces questions, mais une grande partie de notre guérison consistait à savoir exactement ce qui s'est passé. »

« Au début, on cherchait des réponses avec acharnement, et il y avait peu d'informations précises, diffusées par les grands médias, qui répondaient à nos questions », se souvient Lorie Van Auken. « Chaque fois que nous cherchions quelque chose sur un sujet, il y avait encore plus de questions qui se posaient… » « Chaque article nous menait à une interrogation, qui apportait une autre question,

5. NBC, *Meet the Press*, 16 septembre 2001.

qui elle-même en amenait une autre... », analyse Mindy Kleinberg. « Quand elles n'étaient pas regroupées, on n'arrivait pas à une réponse sensée. Alors nous avons commencé à les classer. »

Et puis l'une d'entre elles redécouvre sur Internet une séquence d'information plutôt troublante, diffusée environ deux mois plus tôt par CNN [6]. Un journaliste non identifié de la chaîne, mais qui a visiblement des infos très intéressantes, pose la question suivante : « Pourquoi le ministre de la Justice ne voyage-t-il qu'en jet privé ? » Réponse dans le reportage : « Le département de la Justice a cité un "risque de menace" [sur les avions de ligne, NdA] révélé par le FBI, et a conseillé à John Ashcroft de ne voyager qu'en jet privé. [...] » Nous sommes là quarante-sept jours, un mois et demi *avant* le 11-Septembre...

Bientôt, les Jersey Girls rejoignent un mouvement de familles elles aussi indignées par les manques de l'administration, le 9/11 Family Steering Committee (Comité de direction des familles de victimes du 11-Septembre). Cette association, d'une douzaine de membres, est partie intégrante d'un regroupement des organisations de familles, le 9/11 Families Movement (le Mouvement des familles du 11-Septembre) et sera mandatée pour superviser le travail de la commission d'enquête sur les événements. Car c'est bien entendu ce que demandent les proches des 3 000 victimes : une enquête, de manière à déterminer les nombreux manquements, défaillances et autres erreurs monstrueuses de l'administration constatées ce jour-là.

6. CNN, 26 juillet 2001.

Les Jersey Girls y rencontrent des hommes et des femmes eux aussi à forte personnalité, comme par exemple Sally Regenhard. Elle a perdu son fils, Christian, un pompier qui essayait de sauver des vies, ce matin-là, dans les Twin Towers. Il y est resté… Robert « Bob » McIlvaine, un petit homme de Philadelphie, a également perdu son fils, Bobby, dans l'une des tours. Derrière ses lunettes, la soixantaine, « Bob » n'est pas très impressionnant. Fausse apparence : il a tout plaqué pour ne plus travailler qu'à la recherche de la vérité sur la mort de son fils. À New York, il est quelque peu perdu, au début, mais fait les bonnes rencontres. Aujourd'hui encore il est sur le pont… Monica Gabrielle, ne sera pas la moins efficace des veuves du 11-Septembre. « Comment les tours sont-elles tombées ? » interroge-t-elle. « Comment se fait-il qu'elles se soient effondrées en dix secondes ? »

Et puis Beverly Eckert, l'une des « voix » des familles, tragiquement disparue début 2009. Elle était en ligne avec son époux, Sean, qui, son téléphone portable à l'oreille, se battait désespérément pour sortir du World Trade Center. Quand la tour Sud s'effondra, elle était toujours en contact avec lui. Et elle l'entendit mourir…

La chronologie de Thompson

Il leur faudra à tous une patience infinie et d'immenses efforts pour obtenir la création d'une commission d'enquête : George W. Bush… n'en veut tout simplement pas ! Son argument principal, en gros : « Nous connaissons les assassins et nous allons les punir, Ben Laden en tête. Il n'y a pas besoin d'enquête. » Dick Cheney, le vice-président, n'est pas plus favorable à cette initiative. Son argument, tout aussi fallacieux : « Il ne faut pas que des investigations viennent interférer avec les efforts en cours pour prévenir la prochaine attaque »...

Il faudra un véritable combat afin que cette requête, pour le moins légitime semble-t-il, soit satisfaite. Et c'est aussi dans cette bataille que les Jersey Girls gagneront leurs lettres de noblesse. Grâce aux médias, mais ça ne fut pas aussi simple...

Auparavant, elles iront toutes les quatre faire du lobbying au Congrès, harcelant députés et sénateurs. Peu, sans doute, ont échappé à leurs questions et à leurs tracts : « Que faites-vous, ou que comptez-vous faire à propos du 11-Septembre ? » Leur demande déterminée est simplissime : que tout soit mis en œuvre pour expliquer ce qui s'est passé, et trouver les responsables de cette boucherie. Elles s'aperçoivent bien vite qu'en fait, rien n'est engagé, deux mois après la catastrophe.

« On sentait que le pays était menacé par le terrorisme... et l'incompétence », explique Lorie Van Auken. Avant d'ajouter, l'air grave, quatre mots très lourds de sous-entendus : « Et peut-être pire... »

Par ailleurs, juste après les attentats, très vite – trop vite ? –, le FBI avait identifié les pirates de l'air en trente-six heures. Sans pour autant les avoir sous la main... Dans les semaines suivant le 11-Septembre, les médias se sont largement fait l'écho des avancées extrêmement rapides, elles aussi, de la police et des services secrets étatsuniens : de nombreux complices des pirates de l'air avaient paraît-il été identifiés, puis arrêtés. Une cinquantaine, d'abord, puis soixante-quinze, puis « plus de quatre cent quatre-vingt », et enfin « presque mille personnes » ! À partir de là, les familles attendaient bien sûr, et légitimement, des procès rapides.

Il n'y en eut pas un. Un an plus tard, elles apprenaient que le Département de la justice avait relâché un à un tous les suspects arrêtés, à l'exception de six. Qui, de plus, n'étaient pas retenus pour des raisons liées au terrorisme…

Et puis, entre-temps, elles étaient tombées, en cherchant encore et encore, sur le travail d'un certain Paul Thompson, décliné sur son site Web [7]. Ce chercheur, enquêtant méthodiquement et rationnellement, avait mis en place une chronologie complète des événements du 11-Septembre, minute par minute. Un outil de travail inestimable, à partir de pas moins de sept mille sources de médias américains et internationaux, et de données institutionnelles fournies par l'administration Bush elle-même. Des éléments assemblés, vérifiés, recoupés et cités, références et liens Internet à l'appui, qui au final donnent une image véritablement différente de ce que l'on sait généralement du 11-Septembre…

« C'était tous nos dossiers, mais merveilleusement mis en ligne », sourit Patricia Casazza. « Vous aviez la possibilité de faire tous les recoupements. Paul Thompson s'appuyait sur ses sources, et démontrait ainsi qu'il y avait de nombreuses contradictions dans la chronologie des événements. Par exemple pour le vol 93 : crash à 10 h 03 heure officielle, mais les données sismiques, qu'il avait trouvées ailleurs, donnaient 10 h 06. Puis il y avait un lien pour aller vérifier ces données. » Cet exemple est bien sûr

7. www.historycommons.org/project.jsp?project=911_project.

insignifiant, mais il montre le travail de fourmi – et de titan – opéré par Paul Thompson.

« Quand j'ai commencé mes recherches, raconte-t-il, j'ai remarqué cet étrange phénomène : beaucoup d'infos explosives étaient sorties dans la presse, ici et là, mais elles avaient été étouffées. Je regarde et lis les informations, comme tout le monde, mais je n'avais jamais rien remarqué de tel. On peut trouver une partie d'une info très importante dans un quotidien, une autre partie dans un journal télévisé, etc. Si vous assemblez tous ces morceaux épars, vous obtenez un récit très divergent du 11-Septembre… L'histoire est réellement très différente si vous approfondissez la recherche d'infos… » [8]

Ce qui a motivé Paul Thompson, pour commencer cet énorme travail ? Ceci :

– **Ari Fleischer**, porte-parole de la Maison Blanche, point presse, 12 septembre 2001, Maison Blanche : « Il est clair que quelque chose d'imprévu s'est passé hier, à New York. Nous n'avions aucune information précise à ce propos. »
– **Condoleeza Rice**, conseillère à la sécurité nationale de la présidence, conférence de presse, 13 septembre 2001, Maison Blanche : « Je ne pense pas que quiconque aurait pu prédire qu'ils auraient essayé d'utiliser des avions détournés comme missiles. »
– **George Bush**, conférence de presse, Maison Blanche, 14 septembre 2001 : « Personne, de notre gouvernement ou du précédent, ne pouvait prévoir que des avions détournés se crasheraient dans des buildings, à une échelle aussi massive. »

8. *9/11 Press for Truth*, *op. cit.*

– **Dick Cheney**, vice-président des États-Unis, conférence de presse, 16 septembre 2001 : « Il n'y avait pas de menace particulière sur une opération terroriste interne, ou sur ce qui s'est passé dans les villes de New York et Washington avec des avions de ligne détournés. »
– **Robert Mueller III**, directeur du FBI, conférence de presse, 17 septembre 2001 : « Je n'ai eu connaissance d'aucun avertissement sur ce type d'opération dans le pays. »

Les plus hautes instances des États-unis ne peuvent donc pas être plus claires : selon elles, les terribles attentats du 11-Septembre étaient absolument imprévisibles. Juré craché. Sauf que l'on peut d'ores et déjà relever une incohérence flagrante de Robert Mueller, patron du FBI [9] : ce sont bien ses services qui ont conseillé au ministre de la Justice, John Ashcroft, un mois et demi plus tôt, de ne plus prendre d'avions de ligne… Et lui, le grand *boss*, n'est pas au courant de cette information essentielle ?

Pourtant, un premier grain de sable coincera le rouage présidentiel au printemps de l'année 2002. Flash-back : le 6 août 2001, George Bush reçoit comme tous les jours le « briefing » des services secrets, en l'occurrence la CIA, concernant l'actualité des sujets importants. Le président est d'ailleurs en vacances dans son ranch de Crawford, au Texas. Jusque-là, rien que de très normal.

Le problème pour lui est qu'une dizaine de mois plus tard, le 15 mai 2002, la chaîne de télévision CBS bénéficie d'une fuite à haut niveau, et sort un scoop assez énorme :

9. Le FBI est placé sous l'autorité directe du ministère de la Justice étatsunien.

ce briefing du 6 août en question, cinq semaines seulement avant le 11-Septembre 2001, indiquait un danger de la plus haute importance. Il informait George Bush, président des États-Unis, qu'un certain Oussama Ben Laden – déjà l'homme le plus recherché par les USA – pourrait planifier un ou des attentats en détournant des avions américains à partir du propre sol étatsunien ! Le titre du rapport de la CIA est sans ambiguïté : « Bin Laden Determined to Strike **in** US » : « Ben Laden déterminé à frapper **aux** États-unis » [10].

Et ce qui est dénoncé, bien sûr, c'est que personne n'a tenu compte – Bush le premier – de cette alerte « rouge », pourrait-on dire, avant les attentats les plus meurtriers de l'Histoire…

En outre, personne – pas plus les médias que les familles de victimes – n'a oublié les déclarations immédiates des plus hauts responsables étatsuniens, les jours suivants le massacre du WTC. Et notamment, pour mettre le doigt là où ça fait mal et quitte à se répéter, l'affirmation du président : « Personne, de notre gouvernement ou du précédent, ne pouvait prévoir que des avions détournés se crasheraient dans des buildings, à une échelle aussi massive. » Les déclarations de septembre 2001 des Condoleeza Rice, Dick Cheney, et autre Robert Muller, vues plus haut, sont également relues avec la plus grande attention par les Américains…

10. CBS News, 15 mai 2002 ; le *New York Times*, David E. Sanger, 15 mai 2002 ; le *Washington Post*, Bob Woodward et Dan Eggen, 19 mai 2002 ; *Newsweek*, 27 mai 2002, le *Guardian*, 19 mai 2002, entre autres.

Devant ce qui s'avère être un vrai scandale – dès le 16 mai, le *New York Post* titre sur les trois-quarts de sa une : « Bush savait ! Le président était averti de possibles détournements d'avions avant les attentats terroristes » – les médias américains emboîtent le pas de CBS sur ce scoop.

À la Maison Blanche, on passera la journée du 16 mai à tenter de désamorcer cette bombe médiatique, mais sans grand succès. Ari Fleischer, le très habile porte-parole de la Maison Blanche, ira même jusqu'à mentir finement, en expliquant sans sourciller que l'intitulé du briefing se terminait par « strike **the** US », « frapper **les** États-Unis ». Un exercice de désinformation intéressant, puisqu'il lui permet d'expliquer que « frapper les États-Unis » peut se faire n'importe où dans le monde… Il sera d'ailleurs mis en difficulté, plus tard, lorsqu'on lui reparlera de ce mensonge.

C'est donc cet incident, effectivement très troublant, qui met la puce à l'oreille de Paul Thompson. Et l'incite à commencer ses recherches, devenues une référence imparable aujourd'hui. Il continue d'ailleurs toujours d'y travailler, à l'heure actuelle, élargissant toujours plus son panel.

Les Jersey Girls et leurs amis ne manquent évidemment rien de l'affaire. Le travail de sape incessant des familles de victimes auprès du Congrès, en novembre 2001, avait payé dans un premier temps : ce dernier avait mis assez vite en place une commission, sous la houlette du sénateur Tom Daschle. C'est à partir de ce moment, sans qu'elles le sachent, que des bâtons étaient venus se glisser dans leurs roues. Et que l'initiative du Congrès n'avançait pas d'un pouce, en fait. La grosse surprise est que ces bâtons n'étaient pas maniés par n'importe qui…

Ainsi, en mai 2002 encore, le redoutable Dick Cheney est pratiquement KO debout en direct, lorsqu'un journaliste de télévision lui demande de réagir à cette affirmation : « Le sénateur Tom Daschle a dit, la semaine passée, que vous lui avez téléphoné plusieurs fois pour lui recommander de ne pas enquêter sur le 11-Septembre » (!)

Légèrement décomposé, le vice-président des États-Unis se prend les pieds dans le tapis : « Heu… Tom se trompe. Il a, heu… je pense… disons, heu… fait une mauvaise interprétation… » [11]

Dans la même veine et à la même période, lors d'un point presse diffusé par la chaîne de télévision C-SPAN, et conduit par le porte-parole de la Maison Blanche, Ari Fleischer, ce dernier est là aussi molesté en direct par un journaliste : « Il [le sénateur Daschle, NdA] dit lui-même que le président [Bush, NdA] lui a demandé de le faire [arrêter l'enquête du Congrès, NdA], lors d'un déjeuner. Et maintenant vous nous dites qu'ils [George Bush et Dick Cheney, NdA] n'ont pas demandé de bloquer les investigations ? ! »

Silence éloquent d'Ari Fleischer, figé et blême… Il faut bien dire que ces révélations sont réellement gravissimes.

Pour les Jersey Girls et leurs alliés des familles de victimes, ç'en est trop, maintenant. Kristen Breitweiser, l'avocate, établit le constat : les familles des victimes se sont mobilisées alors que le gouvernement, lui, les a abandonnées : « Nous ne souhaitions rien de mieux que de voir nos élus s'occuper de toutes ces questions, mais ils ne l'ont jamais fait… De plus, le 11-Septembre, les

11. *9/11 Press for Truth*, *op. cit.*

grands médias avaient commencé à faire leur travail. Mais on les a bloqués, et ils ont arrêté. Ils ont commencé à ne rapporter que les versions du gouvernement ! »

Hors de question de laisser tomber, toutefois : elles organisent donc un meeting en plein air, devant le Capitole. Le but, bien sûr : sensibiliser les citoyens des États-Unis au fait qu'une enquête totalement indépendantc à propos du 11-Septembre est désormais indispensable, puisque ni les politiques, ni la justice, ni les médias ne font leur devoir, et que la présidence elle-même fait du blocage…

« Politiquement, Lorie était indépendante, et Mindy était démocrate depuis toujours. Kristen et moi avions voté Bush pour sa première élection », confie Patricia Casazza. « Pourtant, alors qu'il aurait dû être notre meilleur défenseur, il s'est avéré être l'un de nos plus grands adversaires… »

« Le WTC a été le théâtre du plus grand effondrement de structures de l'histoire du bâtiment, et la plus grande perte de vies humaines sur le sol américain depuis la guerre de Sécession », assène Beverly Eckert. « Et pas un élu, ni le gouvernement, ne veulent savoir ce qui s'est passé ? ! »

En juin 2002, c'est la grande foule qui est au rendez-vous à leur meeting. Une estrade, des chaises en quantité impressionnante, et le Capitole en toile de fond. Une grande partie des familles de victimes a répondu présente, ce qui fait – malheureusement – beaucoup de monde. Elles sont là pour obtenir des réponses. Le mot d'ordre : « Posez des questions, exigez des réponses ! » Au micro, les Jersey Girls sont plus tôt brillantes.

« Nous avons besoin d'une enquête totalement indépendante », assène l'avocate Kristen Breitweiser. « Nous devons poser des questions dures, et exiger des réponses forcément difficiles ! Comme toute nation qui grandit, nous devons nous renforcer et tirer les leçons amères du 11-Septembre. »

« Nous te demandons, Amérique, de nous soutenir ! », s'enflamme Mindy Kleinberg, pourtant morte de trac, sur la scène. « Faites appel au Congrès ! Dites-leur que vous voulez des réponses et la sécurité ! » Elle dira plus tard : « Nous étions terrifiées de devoir parler devant une foule, c'est quelque chose qu'aucune d'entre nous n'avait jamais fait avant… »

Mais le pari est gagné : la quasi-totalité des familles a l'impression d'être vraiment ensemble, unie, dans une nouvelle et ferme direction, pour faire avancer les choses à propos d'une commission d'enquête. C'est désormais une vraie communauté qui prend forme, et partage les mêmes questions lancinantes.

Ce gros succès public, pourtant, ne fera pas bouger les lignes du côté de la présidence… Probablement Bush et Cheney jouent-ils la montre, et le pourrissement du mouvement. Un grand classique.

Pourtant, les médias, eux, sont frappés par ce meeting. Les Jersey Girls sont assaillies de demandes d'interviews, de reportages, et autres invitations sur des plateaux de télé. Mais elles s'aperçoivent vite qu'en fait, on leur demande surtout de raconter leur histoire, leur vie, leurs souffrances, qu'on fait dans le pathos à leur propos. Et comme elles sont très loin d'être niaises, elles marchandent leurs prestations. Désormais, pour les journalistes, le *deal* est clair.

C'est : « OK, c'est ma douleur, c'est mon histoire personnelle, et je ne tiens pas à la partager. Ce n'est pas le but. Mais je vais tout vous raconter, si vous me faites dire aussi qu'on nous refuse une commission d'enquête à laquelle nous avons droit. »

Bingo : à elles les colonnes des journaux, les émissions de télé, de radio, la une des grands magazines – dont un les élira « Femmes de l'année », etc. Et chaque fois leur message passe : leur lutte devient une véritable campagne de presse ! À partir de là, la Maison Blanche est acculée. Les familles de victimes ont leur victoire, dans le sens où leur obstination interpelle une majorité d'Américains, et plus seulement les lecteurs de magazines people.

« Les médias relayaient enfin nos informations, et plus seulement celles de l'administration », sourit Mindy Kleinberg. « Participer à une émission de télévision, par exemple, n'était pas facile au début... Mais nous avions besoin de la pression du public pour que quelque chose se passe à Washington. Ils [l'administration Bush, NdA] ont besoin d'une énorme pression publique pour bouger, et ça, nous l'avions compris... »

En novembre 2002, plus de quatorze mois après les événements, George Bush est bien obligé de se résoudre. Lors d'une allocution télévisée, il explique sans vergogne qu'il a « ordonné » (!) par décret la création d'une commission indépendante d'enquête sur les attentats du 11-Septembre.

Mais la joie des familles et des Jersey Girls est de courte durée. De trouvailles en trouvailles, elles s'aperçoivent que les dés sont pipés dès le départ. Et que Bush, en fait, cherche surtout à enrayer une enquête dont il n'a jamais voulu. En nommant comme président de cette commission, par exemple, un certain Henry Kissinger. L'homme de tous les mauvais coups, l'homme de la situation...

Les familles de victimes ne sont pas dupes. « Il a un goût véritablement trop prononcé pour le secret... Sa place n'est pas ici », commentent-elles. « Et puis il y a des questions sur son rôle dans la guerre du Vietnam, dans le coup d'État au Chili, etc. » Plusieurs militants demandent d'ailleurs un entretien à Kissinger, dans son bureau de New York. Histoire de le tester. Avant ce rendez-vous, Kristen Breitweiser étudie longuement son CV, et notamment les possibles conflits d'intérêt qui pourraient le faire renoncer à la présidence de la commission.

C'est Lorie Van Auken qui s'y collera, pour poser les questions qui gênent. « En posant quelques interrogations pointues, Lorie a dérangé du monde, dans le bureau... », raconte Patricia Casazza, qui était évidemment de la réunion. C'est un euphémisme...

« Avez-vous des clients en Arabie Saoudite, dont vous aimeriez nous parler ? » demande ainsi le plus calmement du monde Lorie Van Auken à Henry Kissinger... Lequel n'est visiblement pas à l'aise : il se tortille sur son canapé... dont il « manque de tomber », sourit à pleine bouche Patricia Casazza, lorsque Lorie lui pose la question suivante : « Auriez-vous par hasard un client du nom de Ben Laden ? »

Apparemment oui : Henry Kissinger – qui est effectivement en relations d'affaires avec des membres de la famille Ben Laden – remet immédiatement sa démission de la commission à George Bush ! « Je ne voudrais pas être sur le chemin d'une de ces familles... », rigole un politique qui a assisté aux débats... « Nous avons trouvé que la réunion s'était plutôt bien passée »[12], sourit pour sa part Sally Regenhard, ironiquement, et avec un humour très *British*.

Le président doit donc revoir sa copie. Il nomme un nouveau président, Thomas Kean, ancien gouverneur du New Jersey (républicain), et Lee Hamilton (démocrate) à la vice-présidence. Ce dernier est un ancien membre du Congrès, à une époque président de la Commission spéciale du renseignement.

Les huit autres membres de cette entité sont tous issus des classes politique et juridique, et la « Commission d'enquête sur les attentats du 11 septembre 2001 à New York » – son nom officiel [13] – est parfaitement équilibrée d'un point de vue politique : cinq républicains, cinq démocrates.

Il y a pourtant des problèmes, dès le départ. Tout d'abord, George W. Bush accorde une somme totalement dérisoire à la Commission, vu l'ampleur des travaux à mener : trois millions de dollars. « Ils ont dépensé 100 millions de dollars pour enquêter sur les exploits sexuels de Clinton ! » fulmine Robert McIlvaine, ulcéré. « Cent millions de dollars ! Et au départ ils n'attribuent que 3 millions pour enquêter sur les meurtres de 3 000 personnes ! » [14] De plus, Bush ne donne que dix-huit mois aux enquêteurs – bien moins que ce qu'ils demandaient – pour ramener leurs conclusions sur son bureau. Ce qui se révèlera notoirement insuffisant, la suite des événements le démontrera. Devant le tollé,

12. *Ibid.*
13. Pour faire simple, cette dernière sera dénommée « la Commission » dans la suite de cet ouvrage.
14. *Idem.*

toutefois, le budget sera rehaussé à 14 millions de dollars, toujours très loin derrière celui consacré à Monica Lewinsky et Bill Clinton, et pour énormément plus de travail.

Un certain David Ray Griffin

L'administration Bush, contrainte et forcée, a donc créé la Commission. Mais on ne peut que constater une chose : elle met d'entrée un certain nombre d'embûches sur la routes des familles plaignantes, mais aussi des enquêteurs eux-mêmes. L'opération « Kissinger » a échoué, mais comme on le verra dans le chapitre consacré au rapport de ces investigations, la Maison Blanche avait d'autres cartes dans la manche.

« Le très, très grand mérite des Jersey Girls, avec le Mouvement des familles, aura été de provoquer, à force de se battre, la création de la Commission d'enquête », estime David Ray Griffin, l'un des auteurs les plus prolixes à propos du 11-Septembre [15]. « Ils sont à l'origine de ce qui deviendra petit à petit le Mouvement pour la vérité sur le 11-Septembre – le 9/11 Truth Movement –, après que chacun s'est aperçu qu'en fait, les conclusions du rapport de la Commission n'étaient pas autre chose qu'un tissu d'omissions, de distorsions et de contre-vérités à propos des faits réels. »

Malgré les appels de Bush et de son administration, à plusieurs reprises, à ne pas céder à la théorie de la conspiration et du complot – un certain nombre d'Américains et d'Européens ont eu des doutes dès le jour du 11-Septembre, on le constatera – la machine est en route.

15. Entretien avec l'auteur, avril 2009.

David Ray Griffin ne peut guère être taxé de « conspirationnite aiguë ». Catholique, cet homme de près de 70 ans, très grand, aux yeux « bleu Californie », parle calmement et sereinement de ce qu'il avance. Docteur en philosophies des religions, aujourd'hui en retraite, il a longtemps enseigné comme professeur émérite à la prestigieuse université de Claremont, en Californie, à la Claremont Graduate University et la Claremont School of Theology. Il est néanmoins toujours à la direction du Center for Process Studies du centre universitaire californien.

Incontestablement détenteur d'une renommée internationale en la matière, il est l'auteur d'une quarantaine d'ouvrages consacrés à ces disciplines, mis à part les sept derniers[16], dans lesquels il livre sa bataille pour la vérité sur ce qui s'est réellement passé, ce 11 septembre 2001.

Il faut savoir qu'à l'heure actuelle, aucun des ses ouvrages relatifs à ce tabou qu'est devenu le 11-Septembre, en particulier en France, n'a pu être démoli de manière rationnelle et raisonnée par ses détracteurs. Il en a d'ailleurs peu... Sa réputation d'universitaire international de haut rang, d'honnêteté intellectuelle et de probité sans faille le précède depuis longtemps aux États-unis. De plus, il est un conférencier redoutable, qui ne déteste pas quelques pointes d'humour dans ses interventions – plusieurs d'entre elles sont accessibles sur Internet, par les canaux habituels YouTube, Dailymotion ou encore Google. Enfin, David Ray Griffin est inattaquable en ceci qu'il n'a pas d'ambitions autres que de lutter pour la vérité – le contraire se

16. Traduits en de nombreuses langues, et édités en France par les Éditions Demi-Lune.

saurait… – et, *last but not least*, il possède un charisme assez exceptionnel.

« George Bush et ses pairs parlent de complot et de conspirationnisme, dès que l'on met en doute leurs paroles et les conclusions de leur Commission », reprend David Ray Griffin. « Un complot, par définition, est une association de gens – même deux – qui se concertent pour étudier et réaliser quelque chose de mal. Or, pour ce qui me concerne, le seul complot que je connaisse dans cette histoire est celui des pirates de l'air : dix-neuf terroristes s'emparent de quatre avions de ligne, les détournent, et les écrasent sur des bâtiments pour faire le plus de morts possibles, le tout sous la houlette d'Oussama Ben Laden. Ça, c'est un vrai complot, je ne vois pas qui pourrait le contester. Et il se trouve que c'est aussi la version officielle de l'administration Bush. Le Mouvement pour la vérité sur le 11-Septembre, jusqu'à aujourd'hui, n'a fait que travailler sur les éléments qu'on lui a présentés. Et il se trouve que ses travaux mettent en évidence le fait que peu de choses correspondent avec ce que l'État nous dit… »

David Ray Griffin ne manque pas, à chacune de ses sorties aux États-Unis – il donne également de nombreuses conférences à travers le monde –, de demander un débat contradictoire public avec des responsables gouvernementaux ou administratifs de l'époque, quel que soit le domaine de cette vaste catastrophe sur lequel débattre. Depuis trois à quatre ans désormais, donc y compris sous l'administration Bush. Étonnamment, il n'a reçu aucune réponse à ses invitations.

« Je n'ai pas immédiatement travaillé sur le 11-Septembre », m'a-t-il confié. « Je savais qu'il y avait des rumeurs, des informations sur Internet, mais je n'y ai pas apporté plus de crédit que cela. J'y ai trouvé des choses parfois aberrantes, émanant visiblement de doux dingues, et je travaillais surtout, à l'époque, à une étude sur l'expansionnisme des États-Unis de l'après 11-Septembre, actuel et prévisible à moyen terme. Un ami m'a conseillé la lecture d'un livre, *édifiant* selon lui, mais je ne l'ai pas fait dans un premier temps. Il m'a également parlé de Paul Thompson, de sa chronologie, un outil de travail incomparable. Je suis allé consulter son site, et effectivement il y avait des relations et des contretemps très troublants, dans le déroulement des faits en temps réel que l'administration Bush relatait, sur toutes les ondes et dans tous les *mainstream medias,* les médias dominant. Là, avec toute la rationalité dont je peux faire preuve, j'avoue que j'ai été vraiment interpellé... C'est ainsi qu'ont commencé mes recherches et mes écrits, au printemps 2003. »

L'action des familles de victimes, celle des Jersey Girls et de leurs amis, aussi, ont en fait déclenché quelque chose d'assez inattendu. En tout cas à cette échelle-là. Leur lutte pour une commission d'enquête a été suivie par des millions de lecteurs et de téléspectateurs, dès lors que leurs doléances ont été mises sur la place publique. En même temps que les Américains découvraient la mauvaise volonté évidente – et pour tout dire surprenante, dans un cas de cette ampleur – devant l'ouverture d'une enquête.

À mon humble avis, c'est là que le bât a blessé et que l'administration Bush a commis une faute grave. Dans n'importe quel pays, une attaque de cette envergure, inconcevable et encore inédite – qui plus est pour la première fois sur le sol étatsunien –, de cette importance, avec des cadavres se comptant par milliers, aurait déclenché dans les jours suivants une initiative susceptible d'expliquer ce qui s'était passé. Au moins, pour les hautes sphères, afin de découvrir quelques coupables négligents et autres boucs émissaires. En France, par exemple, les cas de ministres démissionnaires ou démis ne manquent pas, dans des circonstances autrement moins spectaculaires.

Et puis il y avait des précédents, aux États-Unis. Lorsque John Fitzgerald Kennedy a été assassiné, à Dallas, la tristement célèbre Commission Warren a été constituée en quelques jours. Idem, lorsque les Japonais infligèrent Pearl Harbor à la marine étatsunienne. « Infligèrent », on en reparlera plus avant dans cet ouvrage…

Pour enfin décider d'une enquête sur le fait le plus grave qui se soit jamais produit sur le territoire étatsunien, et que la Commission commence à plancher, il a fallu aux familles et groupes d'intérêts qui ont forcé l'administration à la mettre en place attendre… mars 2003, près de 550 jours après les attentats… Presque un an et demi !

Les Américains n'ont pas manqué de s'interroger, donc, sur cette mauvaise volonté évidente et affichée du pouvoir. Et lorsque le rapport de la Commission sur le 11-Septembre a été rendu public, en 2004, il était très loin de leur donner satisfaction. Ils s'aperçurent même assez vite que cette enquête posait beaucoup plus de questions qu'elle n'apportait de réponses.

C'est probablement dans cette période, peu ou prou, que l'on peut estimer l'envol du « 9/11 Truth Movement » : le Mouvement pour la vérité sur le 11-Septembre. Un certain nombre de personnes avaient d'ores et déjà choisi leur camp, devant les errements connus ou découverts de la Commission nommée par l'administration Bush, durant ses travaux. Beaucoup n'avaient pas manqué de noter les aberrations énoncées, parfois, lors des séances publiques d'audition et dans les déclarations de certains témoins.

Lorsque le rapport final est paru, enfin, ceux qui attendaient plus calmement les conclusions des enquêteurs, afin de lire leur rapport final dans les détails, n'ont pas hésité longtemps à rejoindre le 9/11 Truth Movement. David Ray Griffin en tête, qui déclara, avec son flegme habituel, que ce pavé de conclusions n'était pas autre chose qu'« un mensonge de 571 pages », ce qui fit grand bruit aux États-Unis…

Dans la foulée, il écrivit son désormais célèbre *Omissions et Distorsions* [17], l'un des ouvrages de base des contestataires de la version officielle du 11-Septembre 2001. Il y recense par exemple pas moins de… 115 contre-vérités, « oublis » fâcheux, et autres interprétations ayant peu de rapports avec la logique la plus élémentaire. Et bien sûr, il les contre avec des faits avérés, vérifiés, recoupés, émanant parfois même de… l'administration Bush elle-même ! Nous regarderons de plus près le travail de cette Commission plus loin, dans un chapitre qui lui est dédié.

Mais en l'occurrence, les rangs du 9/11 Truth Movement se gonflent très vite. Et s'organisent, aussi. En associations « for 9/11 Truth », rattachées au Mouvement mais indépendantes et, surtout, créées par centres d'intérêt. Ainsi, entre autres acteurs directs, les pompiers new-yorkais, par exemple, les *firefighters*, qui ont perdu plus de 340 des leurs dans les Twin Towers – près de 12 % du total des victimes décédées. Et qui demandent des explications un

17. Publié en France par les Éditions Demi-Lune.

peu plus plausibles que celles qu'on leur a proposées jusque-là…

Les intellectuels, universitaires, scientifiques et autres experts en bâtiment ne trouvent pas leur compte, eux non plus, dans le rapport final de la Commission. Pas plus que d'anciens pilotes de l'armée de l'air, devenus pour la plupart pilotes de ligne, d'anciens militaires et mêmes d'ex-agents secrets, qui disent aujourd'hui tout haut, dégagés du devoir de réserve, ce qu'ils pensent et ce qu'ils savent de cette histoire. Et c'est, le plus souvent, tout simplement ahurissant…

La liste de ces associations est en constante augmentation : depuis la prise de fonction de Barak Obama à la tête des États-Unis, elles se multiplient… Tout comme se multiplient les révélations à propos de ce qui s'est réellement passé, ce matin-là à New York et Washington, et qui a changé la face du monde.

Il faudra aussi se souvenir qu'en fait, tout est probablement parti des volontés de quatre jeunes femmes du New Jersey, aux vies jusque-là tranquilles, devenues veuves en quelques secondes. Quatre femmes bien différentes, mais tellement complémentaires. Et, surtout, dotées d'un courage et d'une combativité hors norme.

3

Les fantômes du Pentagone

11 SEPTEMBRE 2001, 9 h 47 : le vol d'American Airlines AA77 s'écrase contre la façade ouest du Pentagone, le ministère de la Défense des États-Unis, occasionnant la mort de 125 personnes. Selon les sources officielles, ce Boeing 757 a décollé à 8 h 25 de l'aéroport de Dulles, Washington, à destination de Los Angeles, avant d'être détourné à 8 h 46 par un commando-suicide d'Al Qaïda. Après avoir effectué un assez long trajet sur son itinéraire prévu, il revient en direction de Washington à partir de 8 h 50 environ, pour aller frapper le symbole de la toute-puissance militaire américaine près de cinquante minutes plus tard.

C'est également à partir de 8 h 50 que l'on perd son signal radio, et que son transpondeur [1] est coupé. « Quelqu'un à bord du vol 77 avait désactivé le transpondeur, cet appareil électronique qui émet l'identification de la compagnie aérienne de l'avion, le numéro du vol, la vitesse ainsi que l'altitude sur les écrans radar des contrôleurs », note le

1. Le transpondeur d'un aéronef est l'équipement embarqué qui permet aux radars secondaires des stations de contrôle du trafic aérien au sol de déterminer la position de l'avion dans l'espace surveillé.

Washington Post[2]. On n'a donc plus aucun signal, ni radar ni radio, du Boeing AA77, jusqu'à 9h25, version officielle. Douze minutes plus tard, c'est le crash sur la Pentagone.

Pourtant, à 9h09, un contrôleur aérien avertit l'administration qu'il est possible que l'avion se soit crashé... « Un autre [des appareils détournés, NdA] disparaît des écrans radar, et pourrait bien s'être écrasé dans le Kentucky. Les rapports sont tellement probants que Jane Garvey, directrice de la Federal Aviation Agency (FAA) [3], informe la Maison Blanche qu'il y a eu un autre accident d'avion [que ceux des Twin Towers, NdA] », écrit même *USA Today* [4].

Mais à 9h25, près d'une demi-heure après sa disparition, les contrôleurs aériens de l'aéroport de Dulles repèrent la réapparition sur leurs écrans d'un aéronef, le Boeing du vol AA77, pensent-ils, volant à grande vitesse et semblant se diriger vers la Maison Blanche. Après une manœuvre très délicate, c'est-à-dire un virage à 330 degrés avant d'arriver sur le Pentagone, accompagné d'une descente de l'altitude de 2200 mètres jusqu'au ras du sol, à la vitesse de 500 miles/h, c'est-à-dire plus de 800 km/h, le Boeing 757 s'encastre, à 9h37 donc, entre le rez-de-chaussée et le premier étage de l'aile ouest du Pentagone.

Il est à noter que c'est bien plus tard, dans l'après-midi du 11-Septembre, que l'on attribuera de manière officielle cette manœuvre assez incroyable au vol AA77. Sans pour autant que l'on sache qui se trouve réellement à bord : tant la compagnie d'aviation, American Airlines, que l'aéroport

2. « On Flight 77 : Our plane is being hijacked », *Washington Post,* 12 septembre 2001.
3. Agence fédérale de l'aviation, équivalent de la Direction générale de l'aviation civile (DGAC) en France.
4. *USA Today,* 13 août 2002.

ou les responsables de la sécurité, refusent de les divulguer, tout comme sur ce qui a pu se produire à bord. Et tous affirment que le FBI leur a demandé de ne rien révéler aux médias… [5]

***

Pour tout dire, cette explication – qui est la ligne officielle de l'administration Bush, en vigueur encore aujourd'hui – pose un certain nombre de problèmes après coup. Dans le feu de l'action, après que deux Boeing ont déjà frappé les deux gratte-ciel les plus hauts du World Trade Center, et alors qu'un quatrième long-courrier, détourné lui aussi, va se crasher quelque part en Pennsylvanie, on n'a guère la tête à réfléchir.

Ces événements jamais vus, une fois « digérés », pourtant, un certain nombre d'observateurs et d'« acteurs » du crash sur le Pentagone ont commencé à se poser des questions, tant ce qui s'était passé paraissait incroyable.

La toute première de ces interrogations, comme pour les autres attentats, on le verra, concerne la défense aérienne de ce site, le Pentagone, probablement l'un des endroits les plus inaccessibles et les plus protégés au monde. *A fortiori* par l'armée la plus redoutable de la planète, dotée des technologies les plus avancées. Comment, se demandent-ils, un simple Boeing 757 a-t-il pu passer entre les mailles du filet tendu autour de cet endroit inattaquable ? Comment a-t-il pu échapper aux avions de chasse qui décollent immanquablement dès qu'un objet volant entre dans un périmètre tracé autour du Pentagone, le « P 56 », pour chasser l'intrus, sinon l'abattre s'il n'obéit pas aux injonctions de déguerpir ?

5. « On Flight 77 : Our plane is being hijacked », *op.cit.*

Comment un simple avion de ligne, que l'on sait par ailleurs détourné, a-t-il pu échapper aux radars, civils et militaires, durant plus d'une demi-heure ?

Pourquoi les batteries de missiles sol-air qui protègent le Pentagone sont-elles restées muettes, alors qu'elles sont programmées électroniquement pour lâcher leurs munitions avec les états d'âme d'un ordinateur, et atteindre de manière infaillible la menace potentielle, qu'il y ait du monde à bord ou pas ? Il y a une seule circonstance dans laquelle elles ne remplissent pas leur rôle : lorsque l'objet aérien en question émet un signal radio militaire « ami », codé, secret, et changé tous les jours... Ce qui n'était visiblement pas le cas ce jour-là, si l'on suit les explications officielles qui désignent un Boeing commercial.

Quatre jours après les événements, le samedi 15 septembre, Jim Mitchell, de la station radio WBZ Boston, obtient une interview de Victoria « Torie » Clarke, secrétaire d'État adjointe à la Défense. Le but du journaliste est de lui faire raconter la matinée du 9/11 au Pentagone, vue de l'intérieur. En voici la retranscription des moments les plus intéressants, pour ce qui nous concerne.

Jim Mitchell : Je dois vous demander : étiez-vous au Pentagone mardi matin [le 11, NdA] ?

Victoria Clarke : Oui, j'y étais.

JM : Pouvez-vous nous décrire ce terrible moment ?

VC : Eh bien, l'instant le plus terrible se situe tôt, vers 8 h 40-8 h 45, quand nous avons réalisé qu'un avion, puis un autre, avait frappé la World Trade Center. Et immédiatement, le processus de gestion de crise a été activé. Quelques-uns d'entre nous sont allés dans le bureau du ministre [Donald Rumsfeld, NdA], lui expliquer ce qui se passait, et lui dire que le processus de gestion de crise démarrait. Il a voulu passer quelques coups de téléphone. Alors nous sommes allés rapidement jusqu'à la zone nommée le National Military Command Center, [NMCC, Centre national de commandement militaire, NdA]. Donald Rumsfeld est resté dans son bureau. Nous étions dans les pièces du NMCC, à environ 60 mètres [du Pentagone, NdA], lorsque nous avons senti la déflagration. Nous avons tout de suite su que c'était quelque chose de grave. Nous n'étions sûrs de rien. Quand cela s'est produit, nous ne savions pas de quoi il s'agissait. Mais encore une fois, tous les rouages prévus étaient en action. Chacun était en train d'effectuer ce qu'il était censé faire dans ce cas. Le ministre était toujours dans son bureau [au moment du crash, NdA], vraiment pas très loin de l'endroit du bâtiment frappé par l'avion. Lui et une autre personne ont traversé le hall d'entrée en courant, sont sortis et se sont rendus sur les lieux pour aider les pompiers et les secouristes qui dégageaient des blessés sur des brancards.

La suite de la description de Victoria Clarke, qui n'oublie pas d'évoquer précédemment le moment d'héroïsme de Donald Rumsfeld, largement évoqué dans les médias à l'époque, est très intéressante :

« Quand il nous a rejoint dans le bâtiment, environ une demi-heure plus tard, [Donald Rumsfeld, NdA] a été le tout premier à nous dire qu'il était complètement certain qu'il s'agissait d'un avion, d'après les débris et les centaines et centaines de pièces de métal qu'il avait vues. Il était le premier à nous le dire, tout le staff était dans la pièce. Donc, il a été la première personne à nous expliquer qu'il s'agissait plus que probablement d'un avion. »

On le constate, dans cette interview pour WBZ Boston, Victoria Clarke, numéro 2 du Pentagone, ne se retient pas pour évoquer l'héroïsme de son boss. Tout comme, dans le reste de l'entretien, elle met en avant celui des gens travaillant au Pentagone, qui se sont rendus « immédiatement » sur le site du crash pour aider les secours. Il est pourtant curieux que ces gens soient totalement absents des photos du site prises dans les minutes suivant le crash...

Cela dit, la secrétaire adjointe de la Défense a dû considérer qu'elle avait été plutôt bonne, puisque la retranscription de cet entretien radiophonique a été mis en ligne sur ses pages du site Internet du Pentagone [6].

Mais plusieurs éléments sont très intéressants dans ce qu'elle raconte. Tout d'abord, son récit indique que le Pentagone était prévenu d'une menace, puisqu'elle et son staff sont à l'abri à l'écart du ministère, au National Military Command Center, lorsque se produit l'impact, et que c'est de là qu'ils le « ressentent ».

L'une des grandes questions des familles de victimes est celle-ci : « Pourquoi le Pentagone, cible potentiellement privilégiée par des terroristes, n'a-t-il pas été évacué dès les premiers signes d'alerte au World Trade Center ? » Une très bonne question, car dans ce cas, il y aurait eu, tout simplement... zéro mort. Le récit du bras droit de Rumsfeld montre qu'il y a bien eu évacuation, mais en l'occurrence... du « staff », et seulement lui, jusqu'à un endroit sécurisé...

6. www.defenselink.mil/transcripts/transcript.aspx?transcriptid=1884. Ce lien était toujours d'actualité sept ans et demi plus tard, mi-avril 2009.

L'horaire qu'elle évoque au début, lui aussi, pose réellement problème. Victoria Clarke explique en effet, assez précisément, du reste, que l'un des moments terribles qu'elle a vécu est « vers 8h40-8h45 ». C'est-à-dire lorsque l'on prend conscience au Pentagone, selon elle, que « les » crashs du WTC sont de toute évidence des attentats. Et là, il y a deux choses qui clochent vraiment.

La première est que le premier attentat à New York, sur la tour Nord, s'est produit à 8h46, et le second à 9h03... La numéro 2 du Pentagone explique donc, nous sommes bien d'accord, que « vers 8h40-8h45 », soit avant le premier attentat de la journée – 8h46 –, elle sait déjà qu'un deuxième Boeing a percuté la tour Sud à 9h03 ! Soyons clairs – et cléments : dans les meilleures conditions de communication, ce qui n'est pas vraiment le cas ce jour-là, et en créditant Victoria Clarke du fait qu'elle ait pu se tromper de cinq ou dix minutes en racontant son histoire, elle peut éventuellement avoir eu connaissance du premier crash de New York, celui de 8h46. Mais certainement pas du deuxième, qui se produit environ vingt minutes plus tard. Malgré tout, elle et son équipe évacuent rapidement les lieux et se mettent à l'abri.

Et ce n'est pas neutre du tout. Lorsque le premier Boeing s'écrase contre la tour Nord, en effet, tout le monde, absolument tout le monde, est convaincu qu'il s'agit d'un accident. Les témoignages allant dans ce sens se comptent par dizaines de milliers, et la version officielle, tout comme la Commission d'enquête et les familles de victimes, en font elles aussi état. C'est seulement quand un deuxième Boeing vient percuter l'autre tour que l'on comprend qu'il s'agit d'une attaque, et donc d'attentats.

Souvenons-nous : c'est juste après ce deuxième crash que, vers 9 h 10-9 h 15, un conseiller vient chuchoter à l'oreille de George Bush, dans la salle de classe où il se trouve, le fameux « Mister President, America is under attack ». « Monsieur le président, l'Amérique est attaquée. »

Donc, Victoria Clarke ne peut théoriquement pas savoir, sauf à être médium, que des attentats sont en train de se produire…

La seconde chose qui interpelle est celle-ci : avant d'évacuer les lieux pour rejoindre le Centre de commandement militaire, elle et ses collaborateurs passent au bureau de Donald Rumsfeld pour l'informer de « ces » attaques. Disons qu'il est près de 9 heures pour compter large, car c'est tout de même d'une situation d'extrême urgence qu'il s'agit. Le ministre de la Défense leur explique qu'il a quelques coups de téléphone à donner. Normal dans un cas pareil, semble-t-il.

La question est cependant : comment imaginer que Rumsfeld soit toujours dans son bureau près de quarante minutes plus tard, au moment même où le crash survient au Pentagone à 9h37 – heure officielle ? Une donnée importante comme on va le voir. D'ailleurs, n'a-t-il pas dit à un collaborateur « le prochain est pour nous », en parlant des Boeing détournés ?

Pour tout dire, sachant que dans une attaque massive, comme il semble que ce soit le cas, le Pentagone étant bien évidemment une cible privilégiée – et il le dit ! – Rumsfeld ne sort de son bureau qu'après le crash, pour courir au secours des blessés, de l'autre côté de l'immense bâtiment…

Secouriste et reporter, Donald Rumsfeld : il raconte ensuite à Victoria Clarke et son staff, « une demi-heure plus tard » au NMCC, qu'il n'y a strictement aucun doute : c'est bien un avion de ligne, encore, qui a frappé l'Amérique ! Il a bien vu, lui, le ministre de la Défense, les débris et les pièces de métal qui le prouvent de manière indubitable...

Le problème, car problème il y a, tout de même, c'est que le ministre de la Défense devrait avoir bien autre chose à faire... Les États-Unis sont victimes d'une attaque concertée sur leur propre sol, pour la première fois de leur histoire ; personne ne sait si le Pentagone était réellement la dernière cible des assaillants, dont on ne connaît d'ailleurs strictement rien, sinon qu'ils ont déjà détourné quatre avions pour en faire des bombes volantes ; et la priorité du patron de la Défense des États-Unis serait d'aller constater que c'est bien un Boeing qui a frappé son ministère ?

Ne serait-elle pas, par exemple, d'aller se réfugier dans le bunker situé sous le Pentagone, d'où il peut coordonner les systèmes de défense étatsuniens, en coopération directe avec la Maison Blanche, les forces armées et la FAA ? Le comportement de Donald Rumsfeld, ce 11 septembre 2001, sera d'ailleurs analysé et diversement commenté.

Un témoin très gênant...

On l'a vu, la version officielle veut que l'attaque sur le Pentagone ait été une surprise totale. On a également constaté quc, déjà, des grains de sable la contrarient. L'épisode « Norman Mineta » n'est pas le moindre...

Au moment des attentats, Mineta fait partie du gouvernement Bush. Il en est même le ministre des Transports, ce qui n'est pas rien dans l'affaire : il est tout simplement concerné au premier chef par ce qui est en train de se dérouler ce 11 septembre 2001, puisque c'est d'avions détournés dont on parle.

Son témoignage devant la Commission d'enquête [7] fait véritablement sensation, le 23 mai 2003. Il est interrogé par Lee Hamilton, le vice-président de la Commission, qui débute ainsi un passage de l'audition :

Lee Hamilton : Je voudrais que nous portions notre attention un moment sur le Centre présidentiel des opérations d'urgence [8]. Vous vous y êtes trouvé une bonne partie de la journée. Je crois que vous y étiez avec le vice-président [Dick Cheney, NdA]. Et quand l'autorisation fut donnée – je crois que c'était par le président – d'abattre les avions commerciaux suspectés d'être sous le contrôle des terroristes, y étiez-vous ?

Norman Mineta : Non, je n'y étais pas encore. J'en ai été informé pendant que l'avion se dirigeait vers le Pentagone. Un jeune homme est entré et a dit au vice-président Cheney : « L'avion se trouve à 50 miles [80 kilomètres, NdA]. L'avion se trouve à 30 miles [48 kilomètres] ». Et lorsqu'il en fut à dire : « L'avion est à 10 miles [16 kilomètres] », le jeune homme a également demandé au vice-président Cheney : « Est-ce que les ordres tiennent toujours ? » Le vice-président s'est retourné, a rapidement tourné la tête et apostrophé le jeune homme : « Évidemment que les ordres tiennent

7. Témoignage télévisé de Norman Mineta, ministre des Transports, devant la National Commission on Terrorist Attacks upon the United States, audition publique, 23 mai 2003.

8. PEOC, Presidence Emergency Operations Center. Il s'agit en fait du bunker situé sous la Maison Blanche, pour abriter le président et le gouvernement américain le cas échéant, et conçu pour résister y compris à une attaque nucléaire.

toujours. As-tu entendu quelque chose qui indique le contraire ? » À ce moment-là, je ne savais pas ce que cela signifiait.

LH : Le vol auquel vous faites référence est celui qui…

NM : Le vol qui a percuté le Pentagone. […]

Tim Roemer (membre de la Commission) : À quel moment cela s'est-il passé ?

NM : Environ cinq ou six minutes après que je suis arrivé.

Détail : plus tôt dans l'audition sous serment, Mineta a expliqué qu'il était descendu dans l'abri souterrain de la Maison Blanche vers 9 h 20. Ce qui signifie que « cinq ou six minutes » plus tard, vers 9 h 25-9 h 26, Dick Cheney est bel et bien présent dans le bunker du Presidence Emergency Operations Center. Ce qui paraît d'ailleurs logique : George W. Bush est ailleurs, en Floride, la situation est catastrophique, et c'est bien le rôle du vice-président que de prendre les premières initiatives.

De plus, souvenons-nous ce que dit Dick Cheney à la chaîne NBC, à propos du travail des agents du Secret Service, en cas d'urgence dans le chapitre précédent : « Ils sont entrés dans la pièce où j'étais et m'ont dit : "Monsieur, il y a un grave problème. Nous devons partir tout de suite." Et ils m'ont pris et emmené immédiatement… »

Bush absent, en Floride, Cheney est évidemment à la Maison Blanche. Il y a danger aérien imminent : où les gardes du corps l'emmènent-ils ? Dans le bunker souterrain, évidemment. Dont on peut aisément imaginer que l'accès en est rapide et aisé, puisqu'il s'agit d'une cache d'urgence. Soyons très larges, et disons dix minutes pour y accéder.

Si le Secret Service prend la décision de transférer Dick Cheney au PEOC dès le premier crash dans l'une des Twin Towers, à 8 h 46, ce dernier est à l'abri avant 10 heures. Si les agents de sécurité de la présidence attendent le deuxième attentat, à 9 h 03, Rumsfeld est dans le PEOC avant 9 h 15. Avant Mineta, donc…

Et pour tout dire, c'est assez énorme… Norman Mineta, ministre en exercice de l'administration Bush, témoignant sous serment – aux États-Unis, des peines de prison sont prévues pour le parjure –, explique ni plus ni moins qu'au Centre présidentiel des opérations d'urgence, ce matin-là, Dick Cheney, vice-président des États-Unis, sait qu'un avion détourné se dirige vers Washington. Et, bien que l'on soit sous alerte maximum depuis au moins trente minutes, il ne donne aucune consigne, au vu de la conversation qu'il a avec le « jeune homme » décrit par Mineta !

Il faut aussi – et peut-être surtout – garder à l'esprit que Lee Hamilton, qui préside cette session de la Commission d'enquête, indique explicitement que George W. Bush aurait donné l'ordre d'abattre les avions commerciaux suspects *avant* [9] l'épisode du « jeune homme ».

La conclusion est imparable : le vice-président des États-Unis, Dick Cheney, a sciemment laissé passer un danger imminent, en l'occurrence ce qu'on nous présente comme étant le vol détourné AA77, qui est allé se crasher dans le bâtiment du ministère de la Défense !

Questions, que n'ont pas manqué de poser les familles de victimes, et aussi un certain nombre de journalistes : pourquoi Dick Cheney n'a-t-il pas donné l'ordre d'abattre

9. Souligné par l'auteur. D'autre part, on verra plus loin que l'autorisation de George W. Bush n'était pas une condition *sine qua non*.

le Boeing en question ? Qui est le « jeune homme » dont parle Norman Mineta ? Et, surtout, de quels « ordres » parle-t-il lorsqu'il demande à Cheney s'ils « tiennent toujours » ?

Il n'y aura pas de réponse. Pire : les propos de Norman Mineta, témoin absolument capital en l'occurrence, ne figureront pas dans le rapport de la Commission d'enquête ! Et, cerise sur le gâteau, le même document [10] mentionnera sans vergogne qu'en fait, Dick Cheney n'est arrivé au bunker de la Maison Blanche qu'à… 9 h 58 ! C'est-à-dire plus de dix minutes après le crash enregistré au Pentagone !

Mais revenons sur le cas de ce ministre des Transports, témoin clé d'une importance essentielle, dans un cadre où il a pu expliquer de manière beaucoup plus complète – et décontractée… – le timing et les faits de ce jour-là, dans ces moments-là.

Norman Mineta participait en juin 2006, trois ans après son audition par la Commission, à une conférence donnée pour l'Academy of Achievement [11], et voici ce qu'il raconta :

> « […] Alors, je suis entré dans la Maison Blanche et on m'a dit que je devais recevoir des instructions de Richard Clark [12] dans la "Salle de situation". J'y

10. Rapport de la Commission d'enquête sur le 11-Septembre, 21 août 2004.
11. « From internment camp to the halls of Congress », conférence de Norman Mincta, *Academy of Achievement*, 3 juin 2006.
12. Richard Clark, conseiller à la Maison Blanche, était le « Monsieur antiterrorisme » de Bill Clinton au sein du Conseil national de sécurité. À l'arrivée de George W. Bush, il demeura dans ses fonctions au *Senior Executive Service*, comme spécialiste des services secrets, de la cyber-sécurité et du contre-terrorisme, jusqu'à sa démission en janvier 2003. En septembre 2001, il est donc partie intégrante de la branche exécutive de l'administration Bush. Il publia en 2004 un […]

suis allé, et il m'a parlé pendant environ quatre ou cinq minutes, avant de me dire : "Vous devez vous rendre au PEOC." Je ne savais pas ce qu'était le PEOC. Il m'a expliqué que c'était le Centre présidentiel des opérations d'urgence, un lieu secret de la Maison Blanche. Je lui ai dit que je ne savais pas où c'était, ni ce que c'était. Un agent du Secret Service, qui se tenait là, m'a dit : "Je vais vous y emmener." En fait, c'est ce bunker qui se trouve profondément enfoui sous la Maison Blanche.

Je suis arrivé au PEOC, et le vice-président [Dick Cheney, donc, NdA] s'y trouvait déjà. Il y avait une grande table de conférence, avec des téléphones partout. J'en ai pris un, et j'ai appelé mon bureau, avec lequel j'ai gardé une ligne ouverte. Puis j'ai utilisé un autre téléphone pour contacter le Centre des opérations de la FAA, en gardant là aussi la ligne ouverte pour pouvoir alterner entre les deux.

Quand le jeune homme est entré et a dit à Dick Cheney : "Il y a un avion à 50 miles en direction de Washington", j'ai demandé à Monty Belger, qui est le numéro 2 de la FAA, "Monty, qu'est-ce que tu as sur le radar à propos de cet avion qui approche ?" Il a dit : "Eh bien le transpondeur a été éteint, alors nous ne savons pas qui c'est, et nous ne connaissons ni son altitude ni sa vitesse." J'ai demandé : "Mais où est-il ?" Il a répondu : "Quelque part après Great Falls pour l'instant."

Alors le jeune homme est entré, et a dit au vice-président qu'il se trouvait maintenant à 10 miles. J'ai questionné : "Monty, où se trouve l'avion par rapport au sol ?" Il est difficile, sur le radar, de définir un point de repère au sol. Ils peuvent être en mesure de déterminer approximativement la distance, mais pas la vitesse ou l'altitude. Et alors, tout à coup, pendant

[...] livre extrêmement critique sur la politique antiterroriste de George W. Bush, incluant l'invasion de l'Irak.

que je lui parlais, il a dit : "Oh ! J'ai perdu le signal [de l'avion, NdA]. J'ai perdu la cible !" J'ai demandé : "Mais où est-il ? !" Il m'a répondu : "Quelque part entre Rosslyn [banlieue de Washington, NdA] et l'aéroport national."

À peu près au même moment, quelqu'un m'a interrompu et m'a dit : "Monsieur le ministre, nous venons tout juste d'avoir la confirmation par un officier de police du district d'Arlington : il dit qu'il a vu un avion d'American Airlines s'écraser sur le Pentagone !" Alors j'ai dit : "Monty, ordonne à tous les avions d'atterrir". [...] »

C'est à partir de cet instant que, pour la première fois dans l'histoire de l'aviation américaine, aucun appareil ne circula plus dans le ciel des États-Unis, hormis Air Force 1, l'avion présidentiel qui transportait George Bush.

On remarque que le témoignage de Norman Mineta est encore plus précis, dans cette circonstance, et qu'il met l'ancien vice-président étatsunien, Dick Cheney, dans une position intenable. On a envie de noter, également, que la question du jeune homme au vice-président, « les ordres tiennent-ils toujours ? », pourrait bien concerner le fait de *ne pas* abattre l'aéronef qui se dirige vers le Pentagone...

Les partisans de la réouverture d'une enquête sur les attentats du 11-Septembre, qui se comptent aujourd'hui par centaines de milliers aux États-Unis, ont bien enregistré ces données. Elles font partie des questions prioritaires qu'ils aimeraient poser sur la table d'une commission d'enquête totalement indépendante.

La carrière de Dick Cheney, elle, semble bien terminée au plus haut niveau, à près de 70 ans et avec les « casseroles » qu'il traîne. Cela dit, depuis la prise de fonction de Barak Obama, comme on le verra, il dort beaucoup moins bien… Il pourrait aspirer à une retraite paisible, un de ces jours. Peut-être bien au… Paraguay, puisqu'il y aurait acquis une propriété. George W. Bush aussi, d'ailleurs, selon une enquête de Karl Zéro… [13] Il y a probablement mieux comme paradis, sur cette vaste planète, mais ce pays a l'avantage absolument indéniable de n'avoir jamais signé d'accord d'extradition avec les États-Unis…

Hani Hanjour : un Top Gun…

Un certain nombre d'éléments, donc, forcent à penser que l'attaque sur le Pentagone, contrairement à ce que l'administration Bush a soutenu, n'était en aucun cas une surprise totale. Et qu'elle aurait pu être évitée.

Elle aurait pu ne jamais se produire, d'un autre côté, si le pilote kamikaze d'Al Qaïda désigné par le FBI, Hani Hanjour, n'avait fait preuve d'une telle maîtrise et d'une dextérité tout à fait exceptionnelle.

Or, Hani Hanjour est un vrai problème, dans ce décor dantesque du 11-Septembre… Dans un premier temps, le FBI donne aux médias les listes de pirates de l'air, avion par avion, dès le 14 septembre 2001. Le vol 77 aurait ainsi été détourné par cinq hommes : les Saoudiens Khalid Almihdhar, Majed Moqed, Nawaf Alhazmi, Salem Alhazmi, et donc Hani Hanjour, dont les fédéraux semblent ignorer la nationalité à l'époque, mais qui, selon eux, était bien le pilote du commando [14].

---

13. *Being W – Dans la peau de George Bush,* de Karl Zéro et Michel Royer, 2008.
14. « FBI names 19 men as hijackers », *Washington Post*, 15 septembre 2001.

Pourtant, les fédéraux sont moins formels lorsqu'ils mettent en ligne cette même liste, amendée, douze jours plus tard, le 27 septembre. Sur le site Internet du FBI, encore consultable aujourd'hui, on note ainsi qu'un seul avion n'a pas de pirate « believed to be a pilot », c'est-à-dire en gros « estimé être pilote » : le vol 77... Et que cette annotation, si elle concerne un terroriste pour le vol UA93, un autre pour l'UA175, et pas moins de quatre pour le long-courrier AA11, est absente de la liste pour le vol AA 77, qui s'est écrasé sur la Pentagone... Finalement, a-t-on envie de parodier, y a-t-il un pilote dans l'avion [15] ?

Pour les médias, la source étant le FBI, c'est néanmoins et indéniablement Hani Hanjour qui est aux commandes, dans la cabine de pilotage du vol 77, ce jour-là. Les membres de la Commission d'enquête sur le 11-Septembre n'écriront pas autre chose [16].

L'autre problème est qu'Hanjour est en réalité un bien piètre... apprenti-pilote ! Il a effectivement fréquenté plusieurs écoles d'aviation, mais les témoignages recueillis, notamment auprès de ses instructeurs, lui valent à l'époque un joli bonnet d'âne... Ainsi, alors qu'il prend des cours à Phoenix, dans l'Arizona, plusieurs mois plus tôt, les responsables de l'école contactent à... cinq reprises la FAA [17]. Non pas qu'ils prennent Hani Hanjour pour un pirate de l'air en devenir, non : le problème est qu'à son inscription, il leur a présenté une licence professionnelle de pilote. Et que, vu son très faible niveau en anglais et ses piètres perfor-

15. www.fbi.gov/pressrel/pressrel01/092701hjpic.htm.
16. Rapport de la Commission d'enquête, 21 août 2004.
17. Federal Aviation Administration, équivalent américain de la Direction de l'aviation civile en France.

mances au manche d'un simple coucou, on a jugé préférable, à Phoenix, d'en aviser la FAA afin qu'elle lui retire sa licence. En gros : trop dangereux pour pouvoir piloter, le garçon...

« Je n'ai jamais pu croire qu'on lui ait attribué une licence, vu ce qu'il nous montrait, et c'est pour cela que j'ai pris cette décision », témoigne ainsi la directrice du centre d'apprentissage, Peggy Chevrette [18]. Mais curieusement, la FAA ne tiendra pas compte de ces avertissements. Mieux : vu le peu d'aptitude au vol manifesté par le futur kamikaze, on pourrait légitimement penser qu'en fait, il exhibait un faux. Mais non, et c'est énorme : les archives de la Federal Aviation Administration montrent qu'il a bel et bien obtenu sa licence de pilote commercial, en avril 1999. Où et comment l'a-t-il acquise ? Il s'agit d'une question sans réponse, dont les responsables de la FAA refusent définitivement de discuter – tout comme le FBI par ailleurs – encore aujourd'hui [19]. Ce qui semble tout de même assez curieux, pour le moins...

Surtout que les pérégrinations aériennes de Hani Hanjour ne s'arrêtent pas là. Dans la deuxième semaine d'août 2001, Hanjour arrive dans le Maryland, à Bowie, pas très loin de Washington. Là, il s'essaie à ce que le *Washington Post* nomme ironiquement « sa dernière séance de préparation » [20] à l'aéroport de Freeway, où il cherche à louer un petit Cessna. La législation étatsunienne exige en effet que, pour obtenir une location, un client doit effectuer un vol avec au moins un instructeur.

---

18. « FAA was alerted to Sept.11 hijacker », CBS News, 10 mai 2002.
19. « Hanjour a study in paradox », *Washington Post,* 15 octobre 2001.
20. *Ibid.*

Il faudra pas moins de trois essais à Hani Hanjour, comme le raconte *Newsday* : « Lorsque Sheri Baxter et son collègue instructeur, Ben Conner, accompagnèrent le svelte et discret Hanjour pour trois essais de vol, pendant la deuxième semaine du mois d'août, ils s'aperçurent que ce dernier avait de la difficulté à contrôler et à faire atterrir le monomoteur, un Cessna 172. Malgré le fait qu'Hanjour leur ait présenté une licence fédérale de pilote, et un carnet répertoriant 600 heures de vol, l'instructeur de pilotage en chef, Marcel Bernard, refusa de lui louer un avion [21] sans leçons supplémentaires. [...] » Trois essais, donc, sur un appareil tout bête, avant de se voir refuser la location du Cessna... Quatre semaines plus tard, il effectuait à plus de 800 km/h une manœuvre digne d'un *Top Gun* – mais avec un Boeing 757... – pour aller se planter à ras de terre dans le Pentagone, selon un angle de 45 degrés, renversant au passage cinq lampadaires de l'autoroute toute proche ! On a connu des scénarios plus crédibles.

Néanmoins, pour la version officielle, ce 11 septembre 2001 à 9 h 37, Hani Hanjour effectue une manœuvre exceptionnelle, et « plante » le Boeing 757 dans le flanc ouest du Pentagone. Tuant 125 personnes, plus les 64 passagers du vol et l'équipage.

Ce jour-là, Danielle O'Brien, l'une des contrôleuses aériennes de l'aéroport de Dulles, qui a rendu compte de la réapparition de l'avion, à 9 h 25, pense avec ses collègues que la cible est la Maison Blanche [22] : « Le "blip" que

21. « Tracing trail of hijackers », *Newsday,* 23 septembre 2001 ; déclaration de Marcel Bernard dans le documentaire *9/11* : *In Plane Site*, de David von Kleist.
22. http://abcnews.go.com/2020/Story?id=123822&page=2.

j'observais arrivait à très grande vitesse, et un décompte effrayant se déroulait : six, cinq, quatre… j'allais dire "trois", quand tout à coup l'avion effectua un virage ! Vu la vitesse, la facilité, la façon dont il a effectué sa manœuvre, chacun de nous, dans la salle radar, contrôleurs aériens expérimentés, chacun de nous pensait qu'il s'agissait d'un avion militaire… Un chasseur, probablement envoyé en patrouille pour protéger la présidence… Nous nous sommes rassis sur nos chaises pour respirer à fond, vraiment soulagés… » À ce moment-là, personne chez les contrôleurs aériens ne peut imaginer que le « virage » amorcé sera en fait une boucle descendante de 360 degrés, qui se terminera dans le Pentagone.

Même si le bilan est évidemment dramatique, il aurait pu être beaucoup, beaucoup plus lourd. Plusieurs dizaines de milliers de personnes, civiles et militaires, travaillent en effet au ministère de la Défense étatsunien.

De plus, selon la version délivrée par l'administration Bush, l'avion a traversé pas moins de trois des cinq bâtiments qui composent le plus grand édifice du monde en la matière. Il aurait ainsi percé six murs (deux par corps de bâtiment), et terminé sa course en occasionnant un trou d'environ 2,30 mètres dans le dernier mur [23]. Probablement « le nez du Boeing », explique sans rire la Commission d'enquête. Sachant que le nez en question est fabriqué en matériau composite, beaucoup moins solide que l'aluminium du fuselage et des ailes, par exemple… Et quand bien même il serait en alu, n'est-ce pas ?

23. voir www.facebook.com/ericraynaud.

Enfin, il se trouve que cette aile du Pentagone est en fin de travaux de renforcement – en cas d'attaque ! – et que l'on a pour l'occasion ajouté de nombreuses et grosses poutres d'acier verticales, espacées de 3,10 mètres en un maillage serré, sur toute cette façade ouest de ministère de la Défense. Une bonne chose, toutefois : beaucoup des personnels qui travaillent habituellement dans les secteurs touchés – environ 3 000 – avaient été « déménagés » temporairement vers d'autres bureaux. En fait, ce sont essentiellement des civils qui sont à l'œuvre à cet endroit, notamment les ouvriers qui terminent le chantier. Du reste, les victimes sont surtout des personnels non militaires.

Alors, honnêtement, on peut douter de l'intelligence des pirates de l'air. Leur complot leur a demandé des mois et des mois de préparation, peut-être même des années ; leur but est bien sûr de faire le maximum de victimes, ils ont donc bien étudié et préparé leur coup, ils sont bien renseignés ; et au final il vont frapper la seule aile du Pentagone où il y a très peu de monde – 80 % de moins que d'habitude selon le Pentagone lui-même – On pourrait penser que, quitte à exécuter une manœuvre aussi impensable avec le Boeing 757, elle aurait consisté à se diriger tout droit, par exemple, sur la façade principale où se trouve l'entrée d'honneur, non renforcée, là où travaille par exemple tout l'état-major de la Défense étatsunienne, ministre compris…

Où est le Boeing 757 ?

La grande majorité de la planète a vu, sur des photos et vidéos, le trou béant laissé par le Boeing sur l'enceinte du Pentagone. Une brèche d'une vingtaine de mètres de large, environ, le sommet de l'édifice s'étant écroulé de biais [24]. Peu ont vu, en revanche, les photos prises *avant* cet écroulement. Elles sont imparables et on ne peut plus fiables : ce sont des militaires du Pentagone qui les ont prises immédiatement après le crash. Pourquoi tant de précautions oratoires ? Tout simplement parce que ces clichés instaurent véritablement un doute : ils montrent que l'impact d'un Boeing d'une centaine de tonnes, de 38 mètres d'envergure et de 13,60 mètres de haut – avec la queue – n'a provoqué en tout et pour tout qu'une ouverture d'environ 5 mètres de côté (5 mètres sur 6, ou 7, diront d'autres témoins) [25]. Le reste de la façade du Pentagone, bien que noirci par le feu, est quasiment intact ! Ce n'est que trente-cinq à quarante-cinq minutes plus tard, suivant les témoignages, que les étages supérieurs et le toit de l'édifice, affaiblis, tomberont.

Bien qu'un périmètre de sécurité ait été assez rapidement mis en place, quelques civils ont été des témoins privilégiés de la scène. Le constat de Bob Pugh, par exemple, qui est le premier reporter sur les lieux, est de tout premier ordre. Ce caméraman et photographe travaille en free lance sur la zone de Washington, et fournit en vidéos toutes les grandes chaînes nationales – CNN, NBC, CBS, ABC – et les chaînes locales de Washington DC. Il est bien sûr équipé

---

24. voir www.facebook.com/ericraynaud
25. *Idem.*

d'un scanner, et a par conséquent l'accès aux conversations des pompiers comme des forces de l'ordre. Il arrive très vite sur les lieux, environ cinq minutes après les pompiers… qui sont donc témoins de sa présence.

Interviewé par de nombreux médias, le témoignage de ce vieux routier de l'info, vingt-cinq ans de carrière derrière lui, tout en rondeur et grosses moustaches blanches, est repris dans de nombreux documents visibles sur le net, et ne change jamais d'un pouce :

« Vous étiez donc là, quelques instants après le crash. À votre avis, quelle était la dimension du trou dans la façade du Pentagone que vous avez pu constater ?

Bob Pugh : Je dirais qu'il faisait 16 pieds (4,80 m/5 m) de large, et 20 pieds (6 mètres) de haut. C'était curieux ; il n'y avait rien… Il n'y avait pas de traces sur la pelouse. Rien n'avait touché la pelouse, il n'y avait aucune trace. Je ne sais pas comment il n'a pas touché le sol, en arrivant manifestement à très grande vitesse. Mais je ne peux pas croire un instant que l'engin en question était plus large qu'une porte de garage… »

On avouera que c'est du « lourd », et qu'effectivement les dimensions qu'il donne sont, peu ou prou, celles de portes de grange [26]. De plus, il est un témoin oculaire de tout premier ordre, dépositaire, en supplément, de photos et de vidéos imparables à propos de ce qu'il avance… Et surtout, il n'est pas le seul : des dizaines de témoins, notamment parmi les pompiers, ont indéniablement vu la taille de ce trou en combattant le feu engendré par l'explosion,

26. *Idem*.

et des dizaines d'autres, employés du Pentagone et secouristes, l'ont vu de leurs yeux.

Question : comment fait-on entrer un Boeing 757 tout entier dans un trou de ces dimensions ? Réponse : un gamin de 8 ans vous dira que ce n'est tout simplement pas possible. *A fortiori,* les spécialistes, experts et autres anciens pilotes hautement gradés de l'U.S. Army ne manquent pas, nous le verrons, de dénoncer aujourd'hui ce qu'ils nomment une « imposture », « l'un des mensonges les plus honteux de l'histoire des États-Unis », et on en passe. L'administration Bush, par le biais de la Commission d'enquête sur les attentats du 11-Septembre [27], n'en démordra pourtant pas : c'est le vol AA77, piloté de main de maître par le *Top Gun* Hani Hanjour, qui a frappé le Pentagone ce matin-là... Ce qui est proprement hallucinant, et même « une insulte à l'intelligence humaine », diront les associations de familles de victimes.

Reste un autre énorme problème, apparemment insoluble. La version officielle et définitive – encore aujourd'hui – explique que le 757 est bien entré par cet orifice de 5 mètres sur 5 ou 6 mètres. Questions, d'ailleurs mille fois posées par les sceptiques quant à cette explication : où sont les traces d'impact de l'appareil sur la façade du Pentagone ? Où sont les dégâts que les ailes, par exemple, auraient dû faire sur au moins 38 mètres de largeur ? *Quid* des endroits qu'auraient de toute évidence dû enfoncer les réacteurs du Boeing – plusieurs tonnes d'acier chacun, à plus de 800 km/h –, de part et d'autre de l'impact central ? Il n'y a pas de réponse officielle satisfaisante à ces interrogations.

27. Rapport de la Commission d'enquête, 21 août 2004.

Certains ont tenté de désamorcer la question, notamment en ce qui concerne les ailes du long-courrier. Ainsi, une version serait que, pour une raison de force mécanique, le choc ayant été d'une violence inouïe, elles auraient été projetées vers l'arrière, et se seraient « alignées » le long du fuselage pour ne faire qu'un avec ce dernier, et surtout n'occasionner qu'une seule entrée d'impact… Pour faire court, et jusqu'à plus ample informé, l'effet de la force mécanique est exactement l'inverse de cette affirmation. Lorsque vous percutez un obstacle en automobile, par exemple, c'est bien vers l'avant que votre corps est projeté, et non vers l'arrière. En vertu, justement, de cette loi physique. On ne voit donc pas bien comment les deux ailes, de plusieurs tonnes chacune, auraient dans un premier temps contrarié cette loi immuable, avant d'aller se coller au fuselage, le tout en deux ou trois dixièmes de seconde…

Une autre explication pour le moins pittoresque a été avancée – en France d'ailleurs – dans un ouvrage de Guillaume Dasquié et Jean Guisnel [28] : la chaleur intense, due à l'impact du nez de l'avion contre la façade du Pentagone, se serait propagée à l'ensemble de la structure – d'aluminium – du Boeing. Probablement… à la vitesse de la lumière, car de ce fait ses ailes se seraient rétractées pour ne faire qu'un avec son fuselage, là aussi en vingt ou trente centièmes de seconde ! Je n'invente strictement rien : ces théories ont bien été écrites…

Autre problème de taille, sans jeu de mot : l'entrée provoquée sur la façade par l'impact fait, on l'a vu, 6 mètres de hauteur pour être large. Allez : disons 7 mètres ! Le souci

28. *L'Effroyable Mensonge*, Guillaume Dasquié et Jean Guisnel, Éd. La Découverte, juin 2002.

est que la hauteur d'un Boeing 757 – qui rappelons-le n'a pas touché le sol – est pratiquement du… double. C'est-à-dire 13,60 au sommet de la queue de l'avion. Supposons qu'il volait à 40 centimètres d'« altitude », ce qui nous donne 14 mètres. Sachant que les murs du Pentagone sont hauts de 23 mètres, la queue aurait dû en déchirer la façade sur plus de la moitié de sa hauteur, tout bêtement. Or, il n'y a strictement aucune trace de choc de quoi que ce soit au-dessus du trou décrit par les témoins des premières minutes. Qu'est devenue la queue de l'avion ? Rétractée, elle aussi ? !

Enfin, deux pièces auraient dû marquer de manière spectaculaire la façade du Pentagone : les moteurs de l'avion, disposés sous les ailes. La largeur les séparant est bien supérieure à celle de l'orifice observé. De part et d'autre de ce dernier, on aurait dû constater les dégâts que peuvent occasionner deux pièces de plusieurs tonnes d'acier lancées à plus de 800 km/h… Ce n'est pas le cas : la paroi est intacte et, mieux encore, des fenêtres aussi ! Les photos prises par le capitaine Ingersall en personne, officier détaché au Pentagone, sont d'une part sans équivoque sur cette information, et de l'autre, au vu de son emploi et de sa fonction, absolument insoupçonnables…

Un autre chapitre est sujet à de longues conversations, à propos du Pentagone : on n'a rien retrouvé de ce qui aurait pu ressembler de près ou de loin à des débris de long-courrier. La pelouse est absolument intacte, comme on l'a vu, et les débris qui la jonchent ne sont que de très petites pièces de métal.

Par exemple, puisque l'on parle des moteurs, la Commission d'enquête établira qu'on n'a retrouvé qu'une partie de l'un d'eux, et présentera pour preuve une photo totalement inadéquate [29]. Et puis, le fait que l'un des moteurs manque à l'appel est en lui-même une énorme « bizarrerie ». On les retrouve en effet systématiquement en cas d'accident, et pour une bonne raison : ils sont fabriqués dans un alliage d'acier et de titane des plus résistants, et outre leur solidité extrême, ils ne peuvent pas fondre dans un incendie de kérosène. Tout simplement parce la chaleur d'un feu de ce type ne peut en aucun cas dépasser les 1 000 degrés, dans les toutes « meilleures » conditions possibles, et que le point de fusion de l'acier se situe à environ… 1 500/1 600 degrés.

Où est le Boeing 757 ?

Revenons au témoignage de Bob Pugh. Il avait d'ailleurs déjà eu à couvrir, une dizaine de mois plus tôt, une catastrophe aérienne. Le vol 90 d'Air Florida s'était terminé par un crash, pas très loin de Washington là encore, mais en dehors de la zone protégée « P 56 ». Il s'agissait d'un Boeing 737-222, sensiblement moins imposant qu'un 757. Cela dit, Bob Pugh a obligatoirement encore en tête l'accident d'Air Florida, et se souvient fort bien de la scène, avec sur des centaines de mètres des débris reconnaissables, des sièges, des valises éventrées, etc. N'importe quel journaliste dira que des reportages de ce genre, on s'en passerait bien. Que des faits divers de cette ampleur sont obligatoirement un jalon, une date, dans une carrière. Voici ce que dit Bob Pugh lors de son reportage, effectué

29. voir www.facebook.com/ericraynaud.

quelques minutes, rappelons-le, après le crash du Pentagone :

« Je cherche les débris, l'épave, et je ne vois rien de reconnaissable… Je ne trouve pas une pièce de quoi que ce soit que je puisse reconnaître. Je ne vois pas la queue. Je ne vois pas les roues. Je ne vois pas les moteurs. Il n'y a pas de sièges… Il n'y a pas de bagages… Il n'y a pas le logo d'American Airlines. Je veux dire, pour le crash d'Air Florida, vous pouviez voir le logo de la compagnie, sur des pièces de l'avion… Il y avait des structures identifiables de l'appareil, et vous pouviez rapprocher ces images du fait qu'il y avait eu un crash… On voit beaucoup de débris sur la pelouse, sur mes vidéos, mais ce sont de très petites pièces. Je veux dire je suis au milieu de morceaux de la taille d'une assiette plate et même moins… Je crois que la plus grosse pièce que j'ai vue mesurait deux à trois pieds [60 à 90 centimètres environ, NdA], et elle était froissée. Je pense que c'est la pièce que tout le monde a vue, avec une bande bleue, enfin, où il y avait de la peinture rouge dessus, un logo rouge, une bande rouge… »

Un autre journaliste est très vite sur les lieux, et pour cause : il a son propre bureau de correspondant au Pentagone, pour la grande chaîne étatsunienne CNN. Jamie McIntyre est au top de sa carrière, avec ce poste, et deux Emmy Awards (1989 et 1991) à son palmarès. C'est en direct qu'il commente – après l'écroulement du bâtiment – ce qu'il constate ce 11-Septembre, interrogé par sa consœur Judy Woodruff [30] :

30. http://transcripts.cnn.com/TRANSCRIPTS/0109/11/bn.35.html.

Judy Woodruff (en studio) : Alors, Jamie, vous êtes tout près de l'endroit où l'avion s'est écrasé ?

Jamie McIntyre : C'est cela, Judy. [...] J'ai pu voir des morceaux de l'avion qui s'est écrasé contre le Pentagone, de très petites pièces sur l'héliport, à l'extérieur. Le plus gros que j'ai vu mesurait environ 90 centimètres de long, il était couleur argent et avait été peint en vert et rouge, mais je n'ai pu voir aucune marque, aucun logo d'identification.

JW : Jamie, l'un de nos correspondants sur place, a parlé, un peu plus tôt, avec un témoin visuel direct. Selon ce dernier, il apparaissait que le Boeing 757 d'American Airlines avait atterri tout près du Pentagone. Pouvez-vous nous préciser... dans quelle mesure, quelle proportion de l'avion a frappé le bâtiment ?

JMI : D'après ce que j'ai vu, au plus près de l'endroit, il n'y a aucune preuve qu'un avion se soit écrasé contre le Pentagone. Le seul site où cela pourrait être le cas est en fait le pan de bâtiment qui s'est effondré. Et comme je l'ai dit, les seuls débris que l'on peut trouver sont assez petits pour qu'on les prenne à la main. Il n'y a pas de gros morceaux de queue, d'aile, de fuselage, rien de ce genre dans les parages qui indiquerait qu'un avion s'est écrasé contre le bâtiment, pour ensuite causer l'effondrement. Même si l'on regarde les images actuellement, en direct, et que l'on voit les étages qui se sont écroulés, ça ne s'est pas produit immédiatement. Ce n'est qu'environ trois quarts d'heures plus tard que la structure s'est trouvée assez affaiblie pour que les étages s'effondrent. [...] » [31]

31. CNN Breaking News, en direct, 11 septembre 2001.

Ces deux témoignages ne sont qu'une partie infime de ceux qu'on a pu recueillir, mais leur mérite est d'être de toute première main, c'est-à-dire au plus près des événements, en direct et en temps réel, ce matin-là [32]. En outre, ils émanent de deux journalistes très expérimentés, qui sont d'une grande précision, et se rejoignent parfaitement sur l'essentiel. Ils montrent en effet que dans les instants suivant l'impact sur le Pentagone, rien, strictement rien n'indique qu'un avion long courrier soit en scène... Les débris sont minuscules par rapport à ce que l'on peut retrouver ordinairement sur une scène d'accident aérien, et il est impossible de reconnaître par exemple un morceau de fuselage, d'aile, de train d'atterrissage ou de moteur, et encore moins le logo d'American Airlines. Et il est bien évident qu'une seule chose peut apparaître à travers ces récits : le doute.

Sauf pour une personne, et pas n'importe qui : le ministre de la Défense, Donald Rumsfeld lui-même. Lui est certain d'une chose, et il l'a expliquée à son staff dans la demi-heure : il a vu de ses yeux les « pièces de métal qui [...] prouvent de manière indubitable » qu'un avion de ligne a bel et bien percuté son ministère...

Revenons un instant sur le plus gros morceau qu'ont vu Bob Pugh et Jamie McIntyre. Cette pièce, qui mesure moins d'un mètre, va faire couler pas mal d'encre malgré tout. La photo de ce débris, qui fera le tour du monde à titre de « justificatif » pour l'administration Bush de la présence d'un Boeing, est l'œuvre d'un militaire attaché au Pentagone, Mark Faram. Le morceau de métal se trouve peut-être à

32. D'autres témoignages édifiants :
http//www.reopen911.info/temoignages.html

une centaine de mètres du Pentagone, et le photographe « shoote » le débris avec le site du crash en toile de fond.

On n'entendra plus parler de cette photo, jusqu'à ce que Thierry Meyssan ne suscite une énorme polémique mondiale, avec son enquête *L'Effroyable imposture*, dans laquelle il estime qu'aucun avion ne s'est écrasé contre le Pentagone [33]. C'est à ce moment-là qu'une agence de presse anglo-saxonne très connue, Associated Press [AP], ressort ce cliché des cartons. Pour illustrer, évidemment, le fait qu'il y avait bien des débris de 757 sur la pelouse du Pentagone.

Au pays de Descartes, il n'en faut pas plus pour que l'on assassine l'auteur, dans tous les grands titres nationaux, cette photo-là à l'appui. Or, on l'a vu, ce morceau de métal tordu mesure moins d'un mètre, et il n'est pas identifiable. Mieux : le Pentagone et la Commission d'enquête n'en font pas la moindre allusion dans leurs rapports d'investigations... Et pour cause : ils expliqueront plus tard que le Boeing est entré entièrement dans le bâtiment et y a fondu ! Ce sera pourtant « la » preuve de l'existence du Boeing d'American Airlines...

Hervé Kempf, journaliste au *Monde*, reconnaîtra dans un débat avec Thierry Meyssan [34] qu'il « n'était pas d'accord avec la publication de cette photo » par son journal – en une, pour information –, et qu'il ne s'agissait en effet « pas d'un élément de preuve »...

On notera que c'est également à cette époque – pratiquement en même temps que la sortie du livre de Thierry

33. *L'effroyable imposture*, Éd. Carnot, 2002. Réédité aux Éd. Demi-Lune, 2008.
34. + *Clair*, Canal +, 23 mars 2002.

Meyssan – que cinq clichés provenant d'une vidéo détenue par le FBI « fuiteront » sur CNN. Elles sont censées montrer le Boeing 757 frapper le Département de la Défense. On n'est là aussi pas très loin de la supercherie…

Le lendemain du crash, une conférence de presse est organisée au Pentagone [35]. Elle est conduite par Victoria Clarke, secrétaire adjoint à la Défense, c'est-à-dire le bras droit de Donald Rumsfeld – ce dernier ayant visiblement d'autres chats à fouetter. Entre autres intervenants participe notamment le plus haut gradé des pompiers en action au ministère de la Défense la veille, qui avait conduit les opérations de secours et de sauvetage, le capitaine Ed Plaugher.

Le feu roulant des questions des journalistes, à propos d'un événement aussi énorme, ne l'épargne pas non plus comme on peut l'imaginer…

La gêne d'Ed Plaugher saute aux yeux de tout le parterre journalistique, lorsque l'un des reporters lui pose la question suivante : « Capitaine Plaugher que subsiste-t-il de l'appareil ? »

Traduction littérale de la réponse de Plaugher : « Tout d'abord, la question de l'appareil… Il y a quelques fragments de l'appareil que l'on pouvait voir de l'intérieur pendant les opérations de lutte contre l'incendie dont je parlais, mais il ne s'agissait pas de débris volumineux. En d'autres termes, il n'y a pas de morceaux de fuselage ni rien de cette sorte. »

« Quelques fragments », « pas de débris volumineux », « pas de morceaux de fuselage ni rien de cette sorte » : les journalistes attendaient probablement beaucoup plus que

35. Conférence de presse, salle de presse du Pentagone, 12 septembre 2001.

cela à propos du Boeing 757, quelque chose de beaucoup plus précis, de beaucoup plus spectaculaire pour tout dire. Ils n'auront que cela à se mettre sous la dent.

Un peu plus tard, alors qu'il est toujours sur le grill à propos de l'avion et de ce qu'il en resterait, Ed Plaugher botte carrément en touche :

« Vous savez, je préférerais ne pas m'exprimer à ce sujet. Nous avons de nombreux témoins oculaires, qui sont en mesure de mieux vous informer quant à ce qui est arrivé à l'appareil pendant son approche. Donc, nous ne savons pas. Moi, je ne sais pas… »

Ce qui est assez extraordinaire : le patron des opérations de sauvetage au Pentagone, le 11 septembre, ne souhaite clairement plus s'exprimer sur le sujet qui gêne déjà, celui de l'avion. Et, alors que ses hommes et lui travaillent toujours sur le site, depuis environ vingt-quatre heures maintenant, « nous ne savons pas. Moi, je ne sais pas »… Mieux, si l'on peut dire, il renvoie la presse aux témoins qui ont vu l'avion s'approcher du Pentagone ! Ce qui n'est pas précisément ce qu'on lui demande, on en conviendra…

Ed Plaugher répond toutefois à une dernière question, qui sous-entend évidemment l'incendie auquel les *firefighters* ont été confrontés : « Qu'est devenu le carburant de l'avion ? » Et le capitaine s'en explique de manière tout à fait incroyable : « Nous avons ce que nous croyons être une flaque, juste à l'endroit où se trouve ce que nous pensons être le nez de l'avion. » Pour faire plus vide, plus vague et plus alambiqué, il doit vraiment falloir se lever de bonne heure… En outre, sa réponse génère inévitablement deux questions.

Un : comment imaginer un instant, dans une version officielle indiquant un incendie énorme dû à la combustion du kérosène du Boeing, dont les réservoirs sont bien remplis, qu'il reste une flaque de carburant qui n'aurait pas flambé ?

Deux : ses hommes sont-ils des *rookies* – des « bleus » –, dépourvus au surplus d'odorat, pour « croire » que, éventuellement, la flaque en question pourrait être du carburant ? Parce que le kérosène, ça se sent de loin, tout de même. Alors de très près, comme c'est forcément le cas...

Pour tout dire, il semble bien que « captain » Plaugher, ce jour-là, se sente embarqué dans une galère comme il n'en a jamais connu... Il ne sera pas le seul...

En 2002, David von Kleist, un journaliste d'investigation, également producteur de reportages et animateur d'une émission de radio, *The Power Hour* [36] se penche entre autres sur le cas du Pentagone. Il travaille alors sur une enquête qui deviendra un classique du genre documentaire à propos du 11-Septembre, *9/11 : In Plane Site*. Sur l'une des photos dont il dispose, il remarque que l'un des camions équipés de lances à incendie des pompiers de l'aéroport voisin, réquisitionnés d'urgence pour l'occasion, porte le numéro 331. Il retrouve et contacte alors le capitaine de cette escouade, John Plower, et l'invite.

« Le chef Plower avait accepté de venir parler à notre émission de radio, avec deux de ses hommes en action le 11 septembre », explique le journaliste. « Ils connaissaient mon émission, ils savaient de quoi on parlerait, et ils avaient sûrement des choses à dire puisqu'ils avaient accepté

36. www.thepowerhour.com.

l'invitation. Une heure avant l'émission, ils ont annulé... Plower ne "pouvait plus venir", et les deux pompiers qui devaient l'accompagner avaient été mis en congé pour une durée illimitée... » Tiens donc...

La démarche de David von Kleist, à propos du 11-Septembre – il est aujourd'hui l'une des figures de proue du « Mouvement pour la vérité » –, est d'ailleurs très intéressante. Il faut savoir qu'elle a été provoquée par la visite d'un site Internet français [37], lequel est animé par Raphaël Meyssan, le propre fils de Thierry Meyssan. Ce dernier est l'auteur de *L'Effroyable imposture* [38], le *best-seller* – à l'époque iconoclaste – qui a fait couler tant d'encre et de salive.

> « Après les événements, explique David von Kleist, des thèses de complots et de nombreuses théories de conspiration ont couru. Elles demandaient ce qu'il s'était réellement passé et remettaient en question les événements de ce jour-là. Aucune de ces thèses n'était fondée, alors nous n'y avons pas prêté attention.
>
> Toutefois, en février 2002, mon attention s'est portée sur un site Internet appelé "Pentagone, le jeu des 7 erreurs". Le site était entièrement en français, il était l'œuvre de Français. Il posait de très sérieuses questions, qui remettaient en cause ce qui s'était passé au Pentagone. [...] Les photos affichées sur ce site Web mettent en doute la version officielle. Certaines d'entre elles montrent un trou plus petit. Et dans certains cas, elles prouvent qu'un 757 n'aurait jamais pu faire si peu de dégâts.
>
> Nous avons fait notre propre enquête en feuilletant l'intégralité des magazines mis en vente après le crash. En regroupant toutes les photos publiées aux

37. www.asile.org.
38. *L'Effroyable Imposture*, *op. cit.*

> États-Unis, je m'étais fixé un but : prouver aux auteurs de ce site qu'ils avaient tort. Après tout, il devait bien exister une photo montrant le 757 en train de s'écraser dans le Pentagone... Hé bien non ! Mais de plus, sur l'ensemble de ces photos de magazines, nous n'avons trouvé aucune trace de nez, de fuselage, d'ailes, de moteurs, de roues, de valises, de sièges, rien du tout... Aucune photo ne montrait des débris reconnaissables du 757. »[39]

Là se situe le point de départ d'un document vidéo qui fait référence aujourd'hui, dans la recherche de la vérité sur le 11-Septembre aux États-Unis, *9/11 : In Plane Site.* À partir d'infos en provenance de Paris, France.

Le FBI thésaurise l'info...

Les hommes du FBI présents au Pentagone ce matin-là, probablement sur ordre de leur direction, mettront très vite la main sur le début de l'enquête et des constatations. Ce qui ne manque d'ailleurs pas d'étonner : après tout, le Pentagone est un bâtiment militaire, et les forces armées des États-Unis possèdent leurs propres services secrets, leurs propres enquêteurs, leurs propres experts et même leur propre justice. Cela dit, le FBI dépend de la Justice fédérale, qui a toute latitude pour se saisir d'une affaire criminelle et mandater ses « fédéraux ». Ce qui surprend, toutefois, est la vitesse de réaction de ces derniers, dans les minutes suivantes, semble-t-il sans concertation entre la Justice et la Défense.

Quoi qu'il en soit, le FBI établit très vite un périmètre de sécurité extrêmement large, assez en tout cas pour que

39. *9/11 : In Plane Site.*

les journalistes, arrivant de plus en plus nombreux sur place, soient placés assez loin du site…

Les « fédéraux » prendront aussi très rapidement une initiative plus surprenante : confisquer les bandes vidéo susceptibles d'avoir filmé la scène du crash, du Boeing 757 s'engouffrant dans le Pentagone. On ne le saura que bien plus tard, évidemment, et jamais ces bandes ne seront révélées aux médias.

Ainsi, trois mois après les événements, Bill McKelway, un journaliste du *Richmond Times*, effectue un reportage d'« ambiance » aux alentours du Pentagone [40]. Son angle : comment les gens qui y travaillent, ceux qui en sont proches, etc., ont-ils vécu l'attentat, comment le vivent-ils encore aujourd'hui, en décembre 2001 ? Il trouve un excellent « client », comme on dit dans le jargon journalistique, avec José Velásquez, un volubile Costaricain d'origine, qui tient une station-service tout près du Pentagone. Ses clients sont d'ailleurs exclusivement des automobilistes qui y travaillent. Jose Velásquez, qui parle avec eux chaque jour de l'année, peut donc témoigner que tout le monde est encore très choqué, trois mois plus tard. « Encore aujourd'hui, explique-t-il, les gens qui passent ici ont peur d'aller au travail. Ça se voit dans leurs yeux… »

Le plus intéressant est toutefois que Bill McKelway, probablement sans le savoir, va sortir sinon un scoop international, du moins une information cruciale. Velásquez lui raconte aussi « son » 11-Septembre : au moment du crash,

40. « Three Months On, Tension Lingers Near the Pentagon », *The Richmond Times*, 11 décembre 2001, Bill McKelway. Voir à http://news.nationalgeographic.com/news/2001/12/1211_wirepentagon.html (en anglais).

il parlait de ce qui venait de se passer à New York, avec un copain, au téléphone, lorsqu'il entendit un bruit d'avion inhabituellement proche, puis une explosion terrible. « J'ai tout de suite lâché le téléphone et j'ai couru dehors », raconte-t-il. « Là, j'ai vu un immense nuage de fumée blanche, puis noire, sortant du Pentagone. Un vrai tremblement de terre ! C'était vraiment terrible, et puis si proche... Tellement près que les caméras de sécurité de ma station d'essence ont tout enregistré. D'ailleurs, je n'ai jamais vu à quoi ressemblaient les images : le FBI était là quelques minutes plus tard et a emporté les vidéos. »

Et ça, c'est une véritable info : Velásquez explique que ses caméras de sécurité ont enregistré le moment de l'impact ! Avec, forcément, la présence de l'avion si avion il y avait... Il n'a jamais vu les images ? Qu'il se console : personne, strictement personne ne les a regardées non plus, hormis les agents du FBI, puisqu'à aujourd'hui encore ces vidéos n'ont jamais été révélées aux médias – ni à la Commission d'enquête, du reste...

Là encore il y a deux sacrés problèmes. Le premier est que l'attentat vient tout juste de se produire, qu'il était totalement inattendu, et que « personne ne pouvait imaginer cela », selon la version Bush et consorts. Et pourtant, les agents fédéraux sont à la station-service dans les minutes suivantes, pour confisquer des vidéos susceptibles d'avoir pu saisir toute la scène de crash... Alors que la priorité des priorités, semble-t-il, est l'urgence absolue qui a pris corps à quelques centaines de mètres de là, où il y a des morts et des blessés. Et où, « quelques minutes » après l'explosion, les pompiers des casernes environnantes ne sont peut-être même pas arrivés ! Le second problème est que personne ne verra jamais ces images, comme on l'a constaté. Pourtant, la version de l'attentat sur le Pentagone a été violemment combattue par ses détracteurs – y compris au sein du département de la Défense –, à de nombreuses reprises. La première flèche vient d'ailleurs de France, avec l'ouvrage de Thierry Meyssan, et aujourd'hui encore, huit ans après, le Mouvement pour la vérité sur le 11-Septembre place dans ses priorités des explications un peu plus plausibles sur ce qui s'est passé au Pentagone.

On peut raisonnablement penser que si la vidéo de la station d'essence contenait une séquence, à au minimum vingt-cinq images par secondes d'enregistrement, du Boeing 757 de l'American Airlines volant et s'écrasant contre le bâtiment du ministère de la Défense, il y a longtemps que l'administration Bush aurait fourni ce film aux médias, et même probablement dans les heures suivant la catastrophe, non ?

Dans la foulée, le FBI fera également la tournée des endroits où des caméras de surveillance auraient pu saisir quelque chose de la catastrophe. Par exemple à l'hôtel Sheraton, tout proche. Où non seulement on saisira les bandes vidéo, mais on conseillera fermement aux employés témoins de cette réquisition d'effacer bien vite l'épisode de leur mémoire… Certains en parleront, toutefois, mais bien plus tard. On peut également citer la très mauvaise vue des nombreuses caméras de l'autoroute qui longent le Pentagone, toute proche, propriété de l'État de Virginie, et dans lesquelles on n'aurait rien trouvé de spécial…

Le gouvernement fournira officiellement bien plus tard, en 2006, des images du crash, prises par la caméra de l'héliport tout proche. Cinq images fixes, en fait. Le problème est que, si on nous demande de reconnaître sur la première d'entre elles – et uniquement sur celle-ci – un Boeing 757, la tâche est extrêmement ardue. Impossible, pour ma part en tout cas, mais aussi pour la plus grande majorité des observateurs. C'est aussi l'avis d'un connaisseur très éclairé, pour n'en citer qu'un, le général Russ Wittenberg, trente années de vol dont une bonne partie dans l'US Air Force comme pilote de chasse : « Qui peut prétendre voir un Boeing 757 sur la seule image livrée par le FBI où l'on pourrait le faire ? Pas moi en tout cas, et je connais pourtant bien l'affaire… » [41]

Je laisse donc le lecteur se faire son opinion personnelle [42], au vu de ces documents officiels. Il pourra aussi comparer avec un montage, effectué par un infographiste aux États-Unis, de ce qu'on aurait pu éventuellement voir. Ce dernier a incrusté dans la photo présentée par l'administration Bush celle d'un Boeing 757, à l'échelle évidemment. Cette dernière aurait pu être floue, en regard de la vitesse de l'appareil supposé, mais ce document donne un ordre de volume très intéressant.

« Malheureusement, ces cinq images figées ont soulevé plus de questions qu'elles n'en ont résolues, estime David von Kleist, tout comme pas mal de monde [43]. Premièrement, pourquoi la date de prise de vue est-elle erronée ? » Dans le coin inférieur gauche, les dates et heures indiquées sont le 12 septembre 2001, vers 17h45 [44], ce qui est effectivement une vraie curiosité. « Deuxièmement, poursuit-il, elles ne prouvent vraiment pas qu'un avion s'est écrasé sur le

41. http://911underground.com/WING_TV_2004-09-16_Russ_Wittenberg_Interview.MP3.
42. voir www.facebook.com/ericraynaud.
43. *9/11 : In Plane Site, op. cit.*

Pentagone. Enfin, elles soulèvent la question suivante : était-ce la seule caméra en marche au Pentagone ? ! Le Pentagone est l'état-major des armées des États-Unis, ce bâtiment est le plus surveillé de la planète, et ce seraient les seules images existantes de la pire attaque de l'histoire des USA, effectuée sur le Pentagone lui-même ? ! Vers où étaient dirigées les autres caméras du Pentagone ? Et les caméras de surveillance installées à l'intérieur ? Chaque centimètre carré de l'ensemble des bâtiments est sous surveillance, tout le monde le sait… Où sont ces caméras-là ? ! »

Les *Truthers* dénombreront l'existence de pas moins de… quatre-vingt-cinq caméras susceptibles de donner des informations visuelles sur ce qui s'est réellement passé ce matin-là au Pentagone – quatre-vingt-six pour Dario Fo, le prix Nobel de littérature italien, engagé dans le mouvement ! Ils ont réussi à en récupérer deux, qui ne montrent par ailleurs rien d'intéressant ou de probant.

Dès lors, pourquoi le FBI les a-t-il cachées durant des années ? Parce qu'elles ne montrent rien, justement ? !

Les pilotes et les Top Gun *montent au créneau*

Une association de pilotes, civils et militaires, en activité ou retraités, s'est créée en 2006 dans la mouvance du Mouvement pour la vérité : « Pilots for 9/11 Truth ». Il faut dire qu'un certain nombre d'entre eux, au fil des années et des informations sortant ici et là, sont devenus – quand ils ne l'étaient pas dès le 11-Septembre – très circonspects. Et

44. voir www.facebook.com/ericraynaud.

il semble bien que ces pilotes citoyens – de tous bords politiques, et d'un certain nombre de nationalités – figurent parmi les plus qualifiés, en termes de personnes-ressources, pour évaluer une série d'attentats commis avec des vols de ligne détournés.

En septembre 2008, leur association a dévoilé son enquête, très documentée, sur l'attaque du Pentagone. Une analyse qui met à mal, disons-le tout de suite, la version officielle. Ainsi George Nelson, colonel de l'US Air Force, en retraite après trente années de service, et à la clé une collection de médailles à faire pâlir un général mexicain, n'est pas spécialement tendre avec les auteurs du rapport officiel final [45]. C'est-à-dire le NTSB, le FBI et la Commission d'enquête, qu'il tacle sévèrement :

> « Il a été dit que cet avion, le Boeing 757 d'American Airlines, avec son envergure de 38 mètres, a percuté le Pentagone, laissant un trou d'entrée pas plus large que 5 mètres. Suite à l'extinction de l'incendie qui en a résulté, il aurait été très facile de ramasser, en un quart d'heure, suffisamment de pièces sur le site pour identifier formellement le numéro d'enregistrement de l'avion. Des pièces de ce type semblent avoir été retrouvées sur le site, mais rien n'a été fait pour relever des numéros de série ou pour identifier des pièces spécifiques. Certains éléments retirés du bâtiment ont en réalité été cachés au public.
>
> Une des missions additionnelles des officiers de maintenance des avions est de participer à des commissions d'enquête sur les accidents d'avions, et mon expérience personnelle n'a pas été une exception. En 1989, j'ai été diplômé du Aircraft Mishap Investigation Course à l'Institut de sécurité et de gestion des systèmes de l'Université de Californie. Outre ma parti-

45. http://pilotsfor911truth.org.

cipation directe en tant qu'enquêteur sur des accidents d'avions, j'ai examiné une multitude de rapports d'enquêtes sur des crashs aériens, et délivré des conclusions minutieuses et détaillées à l'inspecteur général, au QG des forces aériennes du Pacifique, alors que la guerre du Vietnam battait son plein.

Durant toutes ces années de participation directe ou indirecte, je n'ai jamais été témoin, et je n'ai jamais entendu parler d'un crash d'avion, dont l'épave fût accessible, qui n'ait pas permis aux enquêteurs de trouver suffisamment de preuves physiques pour identifier formellement la marque de fabrication, le modèle et le numéro d'enregistrement spécifique de l'avion – et, dans la plupart des cas, déterminé la cause précise de l'accident. Simplement parce que chaque avion civil ou militaire transportant des passagers est composé de nombreuses pièces qui sont identifiées pour la sécurité du vol. Si l'une de ces pièces venait à défaillir pendant le vol, la défaillance provoquerait la perte de l'avion et de ses passagers. En conséquence, ces pièces sont contrôlées individuellement grâce à un numéro de série distinctif, et tracées dans un document "Consignation des opérations de maintenance", et par un autre document dénommé "Projets et planification".

Après un certain nombre d'heures de vol ou, dans le cas du train d'atterrissage, après un certain nombre de cycles de décollage et d'atterrissage, ces pièces cruciales exigent d'être remplacées, révisées ou inspectées par un mécanicien spécialisé. Le document "Projets et planification" notifie aux spécialistes de la maintenance un ordre de travaux, lorsque les pièces doivent être remplacées. Une fois les nouvelles pièces installées, le travail s'achève en associant leurs numéros de série au numéro d'enregistrement de l'avion, et ces mises à jour sont répercutées dans le document de consignation des données de l'appareil. Si ces pièces ne sont pas remplacées dans les limites de temps ou de cycle spécifiées, l'avion est normalement maintenu au sol jusqu'à ce que ces opérations de maintenance soient effectuées. La plupart de ces pièces régulièrement remplacées, que ce soit des actionneurs hydrauliques, des pompes, le train d'atterrissage, des moteurs ou des composants de moteurs, sont virtuellement indestructibles. Il serait impossible, pour un incendie ordinaire résultant d'un crash d'avion, de détruire toutes ces pièces capitales ou de faire disparaître tous leurs numéros de série. Je répète : c'est impossible. [...] N'importe quel enquêteur rationnel et objectif ne pourrait que conclure une chose : aucun Boeing 757 n'a percuté le Pentagone, contrairement à ce qu'on affirme ! »

Un gros pavé dans la mare bushienne : aucune preuve matérielle tangible, démontrant que c'était bien le vol AA77 qui avait disparu dans le Pentagone, n'a jamais été fournie par les rapports d'enquête officiels... Pourquoi, alors qu'il était simplissime d'en trouver, sur la foi de ce que rapporte George Nelson, trente ans de carrière militaire dans la spécialité et expert plus que confirmé ?

Et surtout, le colonel en retraite se fait le porte-parole des Pilotes pour la vérité sur le 11-Septembre, sur leur site, en affirmant qu'« aucun Boeing 757 n'a percuté le Pentagone ». Venant de cette association bien spécifique, et on ne peut plus pointue à propos d'aviation, dans le Mouvement pour la vérité, on admettra que cette déclaration pèse un sacré poids.

Les informations dont disposent les pilotes proviennent du NTSB (National Transportation Safety Board, Bureau national de la sécurité des transports). Il s'agit d'une agence gouvernementale dédiée aux enquêtes sur les accidents d'ordre national, en matière de transport ferroviaire, de marine, d'aviation, d'autoroutes et de *pipelines*. Lorsqu'une enquête est d'ordre criminelle, le FBI a toute latitude et s'adresse au NTSB pour désigner des experts et fournir un rapport. Ce qui a été fait.

En l'occurrence, le NTSB a conduit et livré une enquête, gardée secrète par le gouvernement, jusqu'à ce que Pilots for 9/11 Truth n'en obtienne des éléments en 2007, par le biais de la fameuse loi « Freedom of Information Act » [46] – qu'on envie d'ailleurs réellement aux confrères étatsuniens –, laquelle oblige le gouvernement à rendre publics des documents classés confidentiels, voire secrets et même secret-défense, selon certaines règles et certains délais. Ainsi, les pilotes ont pu travailler sur des informations on ne peut plus officielles. Dont les données, bien sûr, de la fameuse boîte noire du vol AA77, que la Commission d'enquête a utilisées pour établir son rapport final, stipulant qu'effectivement le Boeing 757 s'était bien crashé sur le Pentagone.

Il est d'ailleurs intéressant de se souvenir, à ce propos, que les boîtes noires du vol AA77 avaient été retrouvées, selon le FBI, dans la nuit du 13 au 14 septembre 2001 à 4 heures du matin. Mais, toujours selon les fédéraux, elles étaient « *inexploitables*, ayant été soumises très longtemps à de très fortes températures »...

À l'analyse, ces experts et pilotes très chevronnés, qui totalisent pour la plupart d'entre eux dix mille heures de vol et souvent beaucoup plus, ont fait une découverte absolu-

---

46. Le Freedom of Information Act (FOIA) est une loi américaine signée le 4 juillet 1966 par le président Lyndon Johnson. Fondée sur le principe de la liberté d'information, elle oblige les agences fédérales à transmettre leurs documents à quiconque en fait la demande, quelle que soit sa nationalité. Source : Wikipedia.

ment énorme. D'après les informations données par la *black box* en question, le vol 77 d'American Airlines aurait dû se trouver, à l'heure, à la minute et à la seconde dites du crash, 9 h 37 min 44 s, à... 479 pieds d'altitude. C'est-à-dire à près de 145 mètres au-dessus du sol, ou encore... plus de 120 mètres *au-dessus* du Pentagone ! Tout simplement hallucinant...

De plus, et c'est vraiment très loin d'être neutre, grâce aux informations délivrées par la boîte noire, les Pilots for 9/11 Truth ont pu retracer le trajet exact de l'appareil. Et la conclusion est qu'il n'aurait jamais dû frapper le Pentagone selon un angle d'environ 45 degrés, comme le stipule la Commission d'enquête, mais pratiquement à 90 degrés, à angle droit. Ce qui change un certain nombre de choses essentielles : avec cette information – émanant de sources officielles administratives, rappelons-le – le Boeing 757 n'aurait jamais pu renverser les fameux cinq lampadaires !

Et pourtant, ils existent bien, ces luminaires. Incontestablement : l'un d'eux est même allé fracasser le pare-brise d'un taxi qui circulait sur l'autoroute, avec la frayeur de sa vie pour le chauffeur... Les autres jonchent la pelouse du Pentagone, sur les photos prises immédiatement après le crash.

Donc, quelque chose a bien suivi une trajectoire d'attaque du Pentagone selon un angle de 45 degrés, jouant par conséquent au bowling avec les lampadaires, mais en aucun cas le vol 77 d'American Airlines !

Les pilotes ont réalisé et édité un film de leurs recherches, dont la reconstitution complète du trajet du 757 en 3D, très regardée sur les sites Internet dédiés aux vidéos. Il est surtout visible dans son intégralité – mais en anglais – sur leur site

Internet [47]. Son titre, éloquent : *Pandora's Black Box*, La Boîte noire de Pandore…

Il va de soi que cette découverte a fait grand bruit aux États-Unis, chez les *Truthers*. Dans la foulée, bien évidemment, l'association de pilotes a demandé des explications complémentaires au NTSB et au FBI. Du genre : « Comment pouvez-vous nous expliquer cela, messieurs ? » Là, entre atermoiements et discussions téléphoniques où la gêne des fonctionnaires, manifeste, est assez extraordinaire, entre approximations et longs « blancs » dans les propos [48], on botte en touche : « Euh… voyez plutôt le FBI… » Mêmes discussions, dans lesquelles la tension est palpable à l'autre bout du fil, avec les bureaux du FBI à Washington, puis New York. Incontestablement, on se refile la patate chaude à qui mieux mieux… Et à la sortie, aucun service officiel – de ceux qui ont participé à élaborer le rapport de la Commission d'enquête, bien sûr – n'est en mesure de démentir les recherches élaborées par les pilotes citoyens, et surtout leurs résultats… Aujourd'hui encore, huit ans après les faits, on en est là.

Conclusion, jusqu'à plus ample informé, et puisque l'administration Bush n'a apporté aucun démenti sérieux et rigoureux à l'histoire : si Boeing 757 il y a eu au Pentagone, le 11 septembre 2001, l'analyse de « sa » boîte noire montre qu'il n'est jamais arrivé selon la trajectoire décrite dans la version officielle, et surtout qu'il est passé plus de 120 mètres au-dessus des bâtiments… Avec l'autre conclusion que les analyses officielles de la boîte noire,

47. http://pilotsfor911truth.org.
48. On peut écouter ces conversations à www.thepentacon.com.

celles défendues par l'administration Bush, donc, sont tout simplement un faux… Deuxième conclusion : quelque chose a bien frappé le ministère de la Défense, ce matin-là, les dégâts le prouvent évidemment. Mais quoi ?

On notera que dès le 23 mars 2002, en France, on avait déjà l'information de la « non-collision » d'un Boeing 757 contre le Pentagone. En effet, l'animatrice Daphné Roulier interroge en direct François Grangier [49], un expert enquête-accident régulièrement invité par les médias à éclairer le téléspectateur, lors de catastrophes aériennes, pendant le débat Hervé Kempf - Thierry Meyssan vu plus haut [50]. Et l'expert est absolument formel : « Ce qu'il y a de certain, quand on voit la photo de cette façade qui est intacte, il est évident que l'avion n'est pas passé par là. On peut imaginer qu'un avion de cette taille-là ne peut pas passer par une fenêtre en laissant l'encadrement debout… Mais il est évident que si avion il y a eu, il a tapé à un autre endroit. »

« *Un missile, de toute évidence…* »

Le Major General Albert Stubblebine, général deux étoiles de l'US Army, en retraite aujourd'hui, n'est pas spécialement un conspirationniste irresponsable. Il partage pourtant les conclusions ci-dessus, sans l'ombre d'une hésitation. Ses états de service, après être passés par la prestigieuse académie militaire de West Point, sont véritablement impressionnants, notamment en matière de services secrets. Il a d'ailleurs terminé ses trente-deux ans de carrière

49. www.grangier.fr.
50. + *Clair*, Canal +, 23 mars 2002.

à la tête du US Army Intelligence and Security Command [51]. Fin 2006, il est sorti de la réserve qu'il s'imposait jusque-là, pour monter assez violemment au créneau lors d'une interview télévisée [52].

« L'une de mes missions, dans l'armée, consistait à être responsable du Service d'interprétation photographique, pour le Service du renseignement scientifique et technique de l'US Army, pendant la guerre froide », explique-t-il, visiblement dans une vraie colère froide. « J'analysais et mesurais des éléments d'équipements soviétiques, à partir de photos satellites. C'était mon boulot ! J'ai observé la taille de l'orifice visible sur la façade du Pentagone. Je l'ai comparée à la taille de l'avion supposé l'avoir percuté, et j'ai dit [le général Stubblebine martèle ses mots, NdA] : "L'avion – n'est – pas – passé – par – ce – trou !!!" Mais alors, qu'est-ce qui a frappé le Pentagone ? ! Qu'est-ce qui l'a percuté ? ! Où est-il ? ! Qu'est-ce qui s'est tramé ? ! »

Un missile ? C'est l'hypothèse la plus courue, notamment chez les militaires et pilotes militants qui, de façon tout à fait logique et normale, connaissent très bien ce domaine. Ils optent pour cette solution notamment en raison de la taille de l'orifice d'entrée dans le Pentagone, bien sûr, mais aussi du trou d'un diamètre de 2,30 mètres environ – mesure effectuée par le département de la Défense – marquant la fin de course de ce qui a traversé pas moins de six murs de béton renforcé.

51. INSCOM, Commandement du renseignement et de la sécurité de l'armée américaine.
52. www.dailymotion.com/video/x6pqnf_le-general-albert-stubblebine-et-la_news.

Retraitée de l'US Air Force, ancien membre du cabinet du directeur de la NSA [National Security Agency, l'une des agences les plus secrètes du renseignement étatsunien], le lieutenant-colonel Karen Kwiatkowski travaillait au Pentagone, le 11 septembre. Elle y était affectée en qualité de conseiller aux Affaires politiques et militaires, au bureau du secrétaire à la Défense, soit Donald Rumsfeld lui-même. Ce qui n'est pas neutre, on en conviendra. Docteur en sciences politiques, aujourd'hui professeur dans les universités de Madison et du Maryland, auteur de deux ouvrages de géopolitique à propos de l'Afrique, elle s'est pourtant engagée dans *11-Septembre et l'empire américain : des intellectuels dénoncent* [53], l'une des multiples initiatives étatsuniennes pour la vérité sur le 11-Septembre.

En août 2006, elle écrit un rapport pour son association [54], dont certains passages, témoin visuel qu'elle est du crash du Pentagone, sont édifiants : « Je pense que la Commission a échoué à examiner en profondeur le sujet confié, a échoué à faire preuve de rigueur scientifique dans son évaluation des événements. [...] La scène [au Pentagone, NdA], en bref, n'était pas celle que j'aurais attendue d'une collision par un gros avion de ligne. Elle était exactement, par contre, ce qu'on attendrait d'un missile ayant frappé le Pentagone... »

Le major Douglas Rokke, retraité de l'armée lui aussi, après trente ans de carrière, ancien directeur du « Projet réduction de l'uranium » de l'US Army, est encore plus

53. *9/11 and American Empire (Volume I) Intellectuals Speak Out*, édité par David Ray Griffin et Peter Dale Scott, 2006.
54. www.vigli.org/PDF911/3-Plus_de_100_Hauts_fonctionnaires_&_Politiciens_remettent_en_cause_le_rapport_de_la_Commission_sur_le_11-9.pdf.

direct en août 2005 [55] : « En ce qui concerne l'impact sur le Pentagone, quand vous considérez l'ensemble du sujet, en particulier le fait que le site du crash soit exempt de débris d'avion, la taille du trou laissé dans le bâtiment et le fait que le projectile ait traversé dans sa course un grand nombre de murs en béton, on dirait les effets d'un missile. Et quand vous regardez les dégâts qui en résultent, vous vous dites qu'il s'agissait de toute évidence d'un missile. »

On ne saurait guère être plus clair, de la part de deux anciens militaires parfaitement éclairés sur la question… Et ils ne sont pas les seuls dans la corporation, loin de là.

Et puis, des témoins civils directs de l'attentat donnent des informations tout à fait intéressantes, allant dans cette direction. Ainsi Mike Walter, journaliste à *USA Today*, et qui se trouvait par hasard au bon endroit et au bon moment, sur l'autoroute longeant le Pentagone. Interrogé par CNN News et le *Washington Post* [56], il explique textuellement à ses confrères que l'appareil était « comme un missile de croisière, avec des ailes »… On le sait parfaitement, certains missiles militaires ont exactement cette configuration.

Le témoignage de Steve Patterson, un artiste graphiste indépendant, n'est pas moins intéressant : il regardait les infos à la télévision, en l'occurrence les attentats du World Trade Center, depuis son appartement du quatorzième étage, à Pentagon City, lorsqu'il entendit un bruit lui évoquant nettement « celui d'un avion de chasse ». « Depuis ma fenêtre, j'ai vu un appareil gris argent, pouvant transporter peut-être huit à douze personnes », raconte-t-il au

55. www.rense.com/general67/radfdf.htm.

56. www.washingtonpost.com/wp-srv/metro/daily/sep01/attack.html, et http://archives.cnn.com/2001/US/09/11/pentagon.terrorism.

Washington Post [57]. « Il donnait l'impression de vouloir atterrir, mais à une vitesse beaucoup trop élevée et sur une piste imaginaire allant vers le Pentagone. Il est passé si vite, à environ 6 mètres de hauteur, rasant le sommet des arbres, que je n'ai pu lire aucune inscription sur son côté. Ça ressemblait à un atterrissage normal, mis à part la vitesse, comme si quelqu'un savait exactement ce qu'il était en train de faire. » Et Steve Patterson d'ajouter : « Cela semblait intentionnel… »

À l'intérieur du Pentagone, Tom Seibert, ingénieur en réseaux, explique que lui et ses collègues ont entendu « comme un bruit de missile, puis un gros boum ! Nous avons plongé immédiatement [sous des tables, NdA] ».

Des bruits de moteur rappelant celui de missiles, un appareil « comme un missile de croisière, avec des ailes », un avion « pouvant transporter peut-être une douzaine de personnes » : on est là aussi beaucoup plus près du missile, effectivement, que du Boeing 757. Tant en termes de dimensions que de son.

Pour en terminer – provisoirement – avec l'hypothèse du missile, il paraît difficile de ne pas citer l'énormité de Donald Rumsfeld en personne, lors d'une interview donnée, dans son bureau, à *Parade Magazine* [58]. Alors qu'il évoque les attentats, il dit textuellement ceci : « Nous parlons là de couteaux en plastique, et du détournement d'un vol d'American Airlines transportant nos citoyens, du missile qui a frappé et endommagé ce bâtiment [Le Pentagone, donc ! NdA], et de [inaudible, NdA] similaires qui ont aussi frappé et endommagé le World Trade Center […]. »

57. www.washingtonpost.com/wp-srv/metro/daily/sep01/attack.html
58. *Parade Magazine*, interview de Lyric W. Winik, 12 octobre 2001.

« Du missile qui a frappé et endommagé » le Pentagone ! Si le ministre de la Défense des États-Unis en personne le dit… Quel lapsus exceptionnel !

En contrepoint, d'autres témoins assurent avoir vu un Boeing 757 ce jour-là. Comme pour ceux qui ont aperçu un petit appareil, leurs déclarations sont soit imprécises, soit incomplètes. Ce qui est bien normal : un objet volant qui passe à plus de 840 km/h dans votre champ de vision, alors que vous ne vous y attendez pas, ne doit pas être très facile à « enregistrer » et décrire.

Une automobiliste, qui se trouvait sur l'autoroute, tout près du Pentagone, a déclaré aux enquêteurs du FBI avoir parfaitement discerné un avion de ligne, aux couleurs d'American Airlines, et même avoir vu des têtes de passagers aux hublots, avant qu'il ne se pulvérise contre le bâtiment. Je suppose – et j'espère ! – que son témoignage n'a pas été retenu par les enquêteurs…

Au moment de l'attentat, il y a un bouchon sur l'autoroute tout près du Pentagone. Cette dernière longe la façade ouest du Pentagone, selon une trajectoire légèrement divergente : au nord l'autoroute passe à une soixantaine de mètres des bâtiments, et à l'équerre de l'extrémité sud du bâtiment, elle en est à environ 120 mètres. À hauteur du point d'impact, la chaussée se trouve à environ 100 mètres de la façade [59].

Qui dit bouchon, dit beaucoup de monde, d'automobilistes, évidemment. Mais pour autant, il n'y a pas tant de témoignages qu'on pourrait le supposer. Déclarés, en tout cas. D'où ils sont, assis dans leur véhicule, ils s'attendent

59. Source : Google Earth.

à tout sauf à ce qui va se passer, écoutant la radio, regardant ailleurs qu'en direction du Pentagone, discutant, que sais-je ?

Le rapport officiel du NIST, lui, indique que le Boeing est arrivé à la vitesse d'environ 842,4 km/h – *780 feet/second*, avec un « pied » arrondi à 0,30 mètre [60]. À cette vitesse-là, c'est facile à calculer, un aéronef parcourt 234 mètres à la seconde. Les témoins de l'autoroute situés par exemple à 100 mètres du Pentagone ont donc eu, dans le meilleur des cas, moins de 50 centièmes de seconde pour noter la taille de l'avion, sa couleur et son logo... Et on parle là de gens qui auraient eu le regard précisément en direction de l'arrivée de l'appareil. Et pas, entre autres, de ceux qui auraient eu à tourner la tête pour voir, ou même simplement les yeux...

Cela explique à coup sûr la grande diversité observée dans les témoignages.

Plus sérieux, peut-être, est ce qu'a vu Madelyn Zakhem, secrétaire exécutive du Smart Traffic Center, le STC, un office chargé de réguler le trafic sur les nombreuses autoroutes environnantes. « Elle venait juste de sortir faire une pause, et était assise sur un banc, raconte le bulletin interne du STC, quand elle entendit ce qu'elle pensait être un avion de chasse, juste au-dessus de sa tête. Ça n'en était pas un. C'était un avion de ligne venant à la verticale de Colombia Pike, volant juste au niveau de la cime des arbres. "C'était énorme ! C'était argenté. Il était incroyablement

60. *The Pentagon Building Performance report*, rapport officiel du NIST, page 26. Ce document est disponible sur son site : www.fire.nist.gov/bfrlpubs/build03/PDF/b03017.pdf.

bas ! Je pouvais voir le cockpit. J'en suis tombée par terre… Je pleurais, j'étais épouvantée", se souvient Madelyn Zakhem. » [61]

L'avantage de Madelyn Zakhem est de se trouver relativement loin du Pentagone, et donc d'avoir une vision plus longue de l'événement en termes de temps – tout comme Steve Patterson, qui parle, lui, d'un appareil pouvant transporter huit à douze personnes. On remarquera toutefois que c'est la rédaction du STC – un service d'État de la Virginie – qui parle d'« avion de ligne », pas Madelyn Zakhem elle-même.

De toutes les façons, l'épilogue de cette collecte de témoignages par le FBI est connu : pas un seul, décrivant un appareil plus petit qu'un Boeing, n'a été publié dans le rapport final de la Commission… Ne laissant donc aucune place à un éventuel missile, malgré des doutes qui n'en sont plus, aujourd'hui, pour les chercheurs citoyens qui se penchent sur le cas du Pentagone.

Mais il y a aussi le cas extrêmement intéressant de Leuren Moret et Janette Sherman, deux scientifiques. Leuren Moret a passé sa carrière dans le nucléaire, et notamment dans une équipe du Livermore Nuclear Weapons Laboratory (Laboratoire des armes nucléaires de Livermore), en Californie. « Ce qui s'est passé au Pentagone m'a paru hautement suspect » explique-t-elle. « Ça m'a conduit à envisager l'utilisation d'un missile à uranium appauvri, et à effectuer des recherches immédiates avec ma collègue et grande amie, le Dr Janette Sherman. Cette dernière est allée prendre des mesures à l'aide d'un compteur Geiger, très

61. www.roadstothefuture.com/VA_Sept21.txt.

peu de temps après le crash. À une quinzaine de kilomètres, sous vent dominant en provenance du Pentagone, elle a relevé des traces de radiations huit à dix fois supérieures à la normale... » [62]

Janette Sherman, elle aussi experte reconnue en la matière, a interpellé les autorités à propos des risques d'irradiation sur le site du ministère de la Défense. Sans obtenir de réponse... Après avoir notifié leurs recherches à la Nuclear Industrial Safety Agency (NIRS, Agence des urgences du nucléaire industriel), à des experts de l'Environmental Protection Agency (EPA, Agence de la protection environnementale), mais aussi au FBI, elles apprirent... quatre ans plus tard que d'autres experts avaient confirmé de hauts niveaux de radiations sur le site du crash, « possiblement dus à la présence d'uranium appauvri, ou d'une autre cause, inconnue »...

Il faut bien avouer que si leur découverte était ahurissante et assez décisive – mais aussi très dangereuse pour l'administration Bush –, la suite donnée, tant par les grands médias que par le NIST et la Commission d'enquête, n'est pas moins ahurissante : personne, nulle part, n'en a ni parlé ni tenu compte !

L'embarrassante April Gallop...

Le 11 septembre 2001, April Gallop, officier, experte accréditée « top secret » au Pentagone, travaillait tranquillement lorsque le crash eut lieu. Assez gravement blessée par la chute d'un plafond, dans son bureau, elle a surtout vu son bébé de deux mois subir une grave lésion cérébrale...

62. Greg Szymanski, www.arcticbeacon.com, 19 août 2005.

Depuis, elle n'a eu de cesse de se battre contre l'administration Bush, notamment pour « non mise en garde des personnes à l'intérieur du Pentagone, malgré la connaissance du danger », ainsi que pour « connaissance préalable et complicité dans les attentats terroristes ». Pas moins, mais on a vu plus haut que ses requêtes sont totalement justifiées…

Ses plaintes visent à traîner en justice … Dick Cheney, Donald Rumsfeld et le général de l'US Air Force Richard Myers, qui tenait le rôle de chef d'état-major des armées des États-Unis le 11-Septembre… Elle ne lâchera pas le morceau, même si de l'autre côté on a fait traîner les choses en longueur. De plus, elle bénéficie d'un soutien assez considérable aux États-Unis…

April Gallop a frappé un grand coup à un moment stratégique, en décembre 2008, dans la période de passation de pouvoir entre George W. Bush et Barak Obama. Paul J. Watson, de *Prison Planet*, montre dans un article du 18 décembre 2008 la portée que pourraient avoir les procès en question [63] :

> « Un officier de l'armée, qui a été blessé dans l'attaque contre le Pentagone le 11 septembre, poursuit Dick Cheney et Donald Rumsfeld en justice pour ne pas avoir alerté les personnels que le vol American Airlines 77 était sur le point de frapper le bâtiment, bien qu'ils aient eu connaissance de son approche quelque vingt minutes à l'avance.
>
> L'officier de l'armée à la retraite April Gallop, une experte habilitée top secret, qui a commencé à travailler pour le Pentagone en 2000, a également déposé une plainte contre le général de l'US Air Force Richard

63. Paul Joseph Watson, *Prison Planet*, 18 décembre 2008 ; traduction Guillaume, pour ReOpenNews.

Myers, qui tenait le rôle de chef d'état-major des armées des États-Unis le 11-Septembre.

Gallop a été assommée lorsque le toit s'est effondré dans son bureau, et son bébé de deux mois a subi une grave lésion cérébrale, après avoir subi les conséquences de ce que Gallop décrit comme "deux explosions". Elle ne pense pas qu'un Boeing 757 ait percuté le bâtiment le 11/9. Elle affirme dans ses chefs d'accusation que l'attaque a été "menée par d'autres moyens, une ou des bombes déposées et/ou un missile", invoquant l'absence de débris d'avion après l'attentat, mais aussi la preuve de la boîte noire découverte sur le site, indiquant que l'avion était passé au-dessus du bâtiment juste avant que la boule de feu ait été observée, ou encore l'absence totale de défense terrestre et aérienne censées protéger le Pentagone.

Le tableau chronologique du 11/9 montre que le Norad et la FAA étaient au courant que le vol 77 avait été détourné et se dirigeait probablement vers Washington, dix-neuf minutes avant que le Pentagone ait été frappé. L'écart entre l'impact du deuxième avion contre le World Trade Center et la frappe contre le Pentagone fut de quarante bonnes minutes.

"La plaignante, ex-G.I., allègue qu'elle a été privée de l'appui du gouvernement depuis lors, car elle a soulevé 'des questions douloureuses' au sujet de la défaillance inexplicable de la défense militaire au Pentagone ce jour-là, et surtout de l'échec des fonctionnaires à mettre en garde et évacuer les occupants du bâtiment alors qu'ils savaient que l'attaque était imminente", a expliqué l'avocat de Gallop, M. William Veale, dans un communiqué de presse.

La plainte accuse Cheney, Rumsfeld et Myers d'avoir mené une conspiration visant à faciliter les attaques, et, sans les nommer, d'autres personnes d'avoir eu une connaissance anticipée des attaques.

La déclaration préliminaire des chefs d'accusations affirme que les attaques ont été organisées de manière à "générer un climat politique d'acceptation grâce auquel la nouvelle administration pourrait adopter et mettre en œuvre des changements radicaux dans la politique et la conduite du gouvernement constitutionnel de notre pays."

Le texte des poursuites énumère une montagne de preuves indiquant que des membres hauts placés du cabinet présidentiel ont été complices des attaques, en mettant l'accent non seulement sur le Pentagone, mais également sur la connaissance préalable des attentats et sur l'inconcevable réponse aux détournements des quatre avions de ligne le 11-Septembre.

Le texte cite aussi le document stratégique "Projet pour un nouveau siècle américain" comme preuve que les néoconservateurs influents ont aspiré à "un nouveau Pearl Harbor" afin de stimuler le soutien à un agenda géopolitique décidé à l'avance.

"En permettant à l'attentat de réussir, les accusés et leurs cohortes ont créé les fondements pour une prise de pouvoir exceptionnelle, et un prétexte pour le lancement de la soi-disant guerre mondiale contre le terrorisme, sous couvert de laquelle ils ont été libres de poursuivre des plans de conquête militaire pour 'un éventail complet de domination' et 'une primauté de l'Amérique' dans le monde; ce qu'ils ont fait" [peut-on lire dans les actes d'accusation, NdA].

L'avocat William Veale dit que, si le procès passe la motion visant à le rejeter, il pourrait être la clé qui ouvrira une multitude de questions inquiétantes au sujet du 11/9.

"Ce qu'ils ne veulent pas est que le texte soit communiqué avant l'audience", a déclaré William Veale. "Si nous réchappons à leur première motion visant à rejeter ces réclamations, et que nous obtenons

> le pouvoir d'assignation, alors nous avons une réelle chance d'aller au bout de notre action. Nous avons la loi de notre côté". »

On le voit, les plaintes d'April Gallop dépassent de très loin sa propre personne et celle de son enfant... Et si elle parle d'une double frappe sur le Pentagone, ce jour-là, elle est aussi loin d'être la seule. Il faut en effet se souvenir que les tout premiers commentaires des chaîncs de télévision, dès le crash au Pentagone, ont évoqué une explosion due à un camion piégé... Et puis, plusieurs milliers d'employés du Pentagone ont entendu et senti les mêmes choses qu'elle...

Cela dit, la piste du camion – ou d'un engin de chantier – piégé semble aujourd'hui à exclure. Mais son existence montre bien une chose : des centaines d'employés du Pentagone ont ressenti et décrit une ou deux explosions, dans un cadre totalement différent de la thèse « Boeing 757 ».

L'enquête qui tue de Barbara Honegger

Il est très probable qu'April Gallop ait reçu l'appui de Barbara Honegger, qui travaillait elle aussi au Pentagone ce matin-là. Et Barbara Honegger n'est pas n'importe qui : journaliste, spécialisée dans les affaires militaires, accréditée au Pentagone, elle enseigne à la Navy's Advanced Science, Technology and National Security Affairs University depuis 1995. En outre, elle a été conseillère du président des États-Unis et de la Maison Blanche en matière d'analyse politique, de 1981 à 1983.

Enfin, Barbara Honegger n'est autre que celle qui a « sorti » l'affaire de l'Irangate, l'un des plus grands scandales politiques étatsuniens du XXe siècle [64], à l'instar de son confrère Bob Woodward avec le Watergate, dans un autre domaine.

La journaliste a relevé, elle aussi, un certain nombre d'incohérences et de faits pour le moins troublants, qu'elle analyse et détaille dans des conférences dès l'été 2005 [65], avec une enquête serrée et assez imparable, apportant une nouvelle vue sur le crash allégué du vol AA77 : *Seven Hours in September : The Clock that Broke the Lie* : « Sept heures en septembre, l'horloge qui a dévoilé le mensonge. » [66]

« Le *San Francisco Chronicle* a récemment commémoré le centième anniversaire du grand tremblement de terre de 1906, avec une série de reportages relatant cet événement majeur du XXe siècle aux États-Unis », écrit-elle. « Chaque article était accompagné d'un "logo", la photo d'une vielle horloge arrêtée à 5 h 12 du matin, l'instant précis où débuta le *Big One*, comme les Étatsuniens nomment cette effroyable catastrophe. Un siècle après cet événement dévastateur, l'horloge arrêtée demeure à la fois la dernière preuve et le symbole imparable de la catastrophe. »

---

64. Plusieurs membres de l'administration Reagan avaient vendu illégalement des armes à l'Iran, alors ennemi des États-Unis, utilisant les bénéfices pour financer secrètement les Contras, un mouvement armé d'extrême droite nicaraguayen, cherchant à renverser le gouvernement de gauche du président élu Daniel Ortega.
65. Son enquête sera publiée le 6 septembre 2006, en annexe de l'ouvrage *The Terror Conspiracy*, de Jim Marrs.
66. http://blog.lege.net/content/Seven_Hours_in_September.pdf.

En effet, selon Barbara, le Pentagone a d'abord été attaqué à 9h32, plus tôt que la Commission d'enquête et la version officielle ne le prétendent. « Précisément 9h 31 min 40s, que j'arrondis à 9h32 pour faire simple », ajoute-t-elle en souriant.

Même « arrondi », le constat est très intéressant. En effet, le Pentagone et les grands médias indiquèrent dans un premier temps 9h43 comme étant l'heure de l'impact provoqué par le supposé vol AA 77. D'autres horaires ont été donnés, émanant de sources officielles et notamment du FBI, et ont livré des horaires allant jusqu'à 9h47 et même 9h48. Soit un gros quart d'heure après 9h32, moment crucial sur lequel nous allons revenir…

Au fil des heures et des jours, l'heure exacte du crash – informations officielles – n'a cessé de faire marche arrière, pour finir à 9h 37min 44s. Cinq minutes après que des pendules se sont figées, dans l'aile touchée du Pentagone, à 9h32… Barbara Honegger perd-elle son temps à discuter la véracité de l'horaire officiel du crash avec ses histoires de quelques minutes ? Pas vraiment, non…

« Il est clair que si la version officielle, selon laquelle le vol 77 s'est crashé sur le Pentagone à 9h37/9h38 est vraie, le Boeing ne peut pas avoir été la cause des dommages massifs créés sur l'aile ouest du building, au grand minimum cinq minutes plus tôt, à 9h32 – 9h31 minutes 40 secondes exactement », assène Barbara Honegger.

De nombreuses preuves tangibles de ce qu'elle avance confirment son analyse. « De multiples horloges, dans toute la façade ouest du Pentagone, y compris une installée à l'héliport, juste en face, se sont arrêtées entre 9h31 et 9h32 en raison d'un choc violent, le plus probablement une ou des bombe(s) à l'intérieur du bâtiment, et/ou dans un camion ou un engin de construction parqué dehors, juste devant la façade. Le premier reportage de l'Associated Press fait d'ailleurs référence à un camion piégé qui aurait endommagé le Pentagone… Du reste, l'US Marine a mis, sur un site Internet officiel, la photo de la pendule de l'héliport, et une autre de ces horloges arrêtées est exposée à l'Institution Smithonian [67].

Barbara Honegger évoque aussi le cas d'April Gallop, que nous venons de voir : « Cette femme, officier accréditée top secret, était dans la partie du bâtiment la plus durement touchée, lorsque ce qu'elle dit avoir ressenti et entendu être "comme une bombe" » s'est produit.

« Je travaille dans l'armée, et avec l'entraînement que j'ai reçu, je sais reconnaître le bruit d'une bombe et les dégâts que cela entraîne », dit d'ailleurs cette dernière. « J'ai immédiatement su qu'il s'agissait d'un bruit de bombe, et de dégâts occasionnés par une bombe ! Il n'y avait ni avion, ni morceaux d'avion à l'intérieur du bâtiment, et aucune odeur de carburant ! En revanche, beaucoup ont senti une forte odeur de cordite [68]. Et puis j'ai gardé la montre que je portais ce matin-là : elle est toujours arrêtée, peu après 9h30… »

D'autre part, on est bien obligé de noter que dans la chronologie établie par la FAA elle-même, un document officiel que la Commission d'enquête a eu entre les mains, on peut lire ceci : « 9h32 : l'ATC [Contrôle du trafic de

67. voir www.facebook.com/ericraynaud.
68. La cordite est un explosif connu depuis longtemps, dont l'odeur caractéristique évoque celle de la poudre brûlée de feux d'artifice ou d'armes à feu. Rien à voir, donc, avec le « parfum » de kérosène enflammé.

l'air, NdA] rapporte un crash dans l'aile ouest du Pentagone. » C'est bien entendu l'heure qui importe, ici, et non pas la cause du crash. 9h32, encore…

De plus, un témoin particulier était présent dans un immeuble de Washington proche du Pentagone : Per Stig Moller, tout récent ministre des Affaires étrangères du Danemark à ce moment-là. Il entendit évidemment l'explosion, il vit les premières fumées du crash monter dans les airs. Par réflexe, il regarda immédiatement sa montre, qui indiquait 9h32… Le ministre donna d'ailleurs une interview sans équivoque à la station danoise Radio P3, le 12 septembre 2001 à 6h15, heure de Copenhague : « J'ai vu de la fumée et des flammes sortant du Pentagone à 9h32 heure locale. Ma première impression a été qu'une bombe avait explosé au Pentagone. » [69]

La conclusion de Barbara Honegger : « Le Pentagone a été frappé par une ou des bombe(s), à environ 9h32, puis de manière possible, ensuite, par l'impact d'un objet aérien manifestement plus petit qu'un Boeing 757. » Son hypothèse met donc très clairement en scène des explosifs activés à 9h32, à l'intérieur du Pentagone, qui aurait pu être immédiatement suivi du crash d'un petit objet aérien, autrement dit un missile de croisière.

Honegger a interviewé un grand nombre de témoins directs des événements. Elle a ainsi recueilli, entre autres, le témoignage d'un auditeur des comptes de l'armée, basé normalement à Fort Collins dans le New Jersey. Il était en mission temporaire au Pentagone avant, pendant et après le 11 septembre 2001. Il se trouvait quelques minutes seule-

69. L'enregistrement de cette interview est disponible à www.unmask.dk, et à www.bombsinsidewtc.dk.

ment avant la catastrophe dans les bureaux des finances, situés sur la façade ouest du Pentagone et frappés de plein fouet. Il venait juste de regagner son bureau temporaire – pour cause de travaux –, au rez-de-chaussée de la section sud du ministère, lorsqu'il entendit une forte explosion et sentit le bâtiment trembler sur ses bases.

« Immédiatement, a-t-il raconté, des milliers d'employés [70] se sont rués dans le couloir où se trouve son bureau, près de la sortie sud du Pentagone, en hurlant "bombes !" – au pluriel –, ou encore "une bombe a explosé !" Ce témoin m'a demandé de ne pas citer son nom dans cette enquête, explique Barbara Honegger. Mais il m'a également confié vouloir témoigner devant un grand jury où une commission d'enquête officielle indépendante. »

La zone des Affaires financières de l'US Army, située dans l'aile ouest du Pentagone, a été la plus touchée dans l'attentat, avec celle abritant le Centre de commandement naval. Or, la veille des attentats, le 10 septembre 2001, Donald Rumsfeld, ministre de la Défense, a donné une conférence de presse dont beaucoup se souviennent aujourd'hui encore, même si elle a été longtemps occultée par l'impact médiatique énorme et durable du 11-Septembre.

Ce lundi 10 septembre, donc, Donald Rumsfeld annonce que le ministère de la Défense a « perdu » – *is missing* – sans pouvoir l'expliquer en détail, et « aurait à retrouver » la somme absolument faramineuse de... 2300 milliards de dollars ! D'autres sources parlent même de 2600 milliards... D'où la présence, justement, d'auditeurs extérieurs au ministère, à cette époque.

---

70. Le Pentagone emploie environ 23000 personnes.

Question de Barbara Honegger : « Est-ce que les auditeurs qui auraient eu la possibilité de “tracer” l’argent, et les ordinateurs, dont les données auraient pu les aider à le faire, ont été ciblés intentionnellement par l’attaque ? » Une interrogation lancinante, en gardant à l’esprit que, comme nous n’avons vu, l’aile ouest du Pentagone était réellement la plus mauvaise des options pour un attentat terroriste…

Et Barbara Honegger d’enfoncer sacrément le clou, avec une découverte assez stupéfiante : « Une information de grande valeur, à ce propos, est de noter que le plus haut officier responsable des finances du Pentagone, à l’époque, est Dov Zackheim, qui reconnaît lui aussi *rechercher* les 2 300 milliards de dollars en question. Et de savoir que ce dernier dirigea parallèlement, à l’époque, une entreprise spécialisée dans la technologie d’avions pilotés automatiquement depuis le sol… » [71]

Dans le contexte, l’info est effectivement de taille, on en conviendra aisément. Et Honegger d’appuyer un peu plus là où ça fait mal : « Des débris trouvés dans le Pentagone ont été identifiés comme étant des pièces de compresseurs d’un moteur turbo JT8D, utilisés pour les avions de combat A-3 Sky Warrior – normalement piloté par un aviateur. Or, on sait que des A-3 Sky Warrior ont été modifiés secrètement, pour en faire des drones équipés de missiles. C’était dans les mois précédant le 11 septembre 2001, lors d’une opération militaire très compartimentée, au Loveland Municipal Airport, près de Fort Collins, Colorado. » [72]

71. Cette technologie, très connue aujourd’hui, a en fait vu le jour au début des années quatre-vingt. Voir à ce propos le site de la NASA, www.dfrc.nasa.gov/gallery/movie/CID/HTML/EM-0004-01.html.
72. http://portland.indymedia.org/en/2005/05/318250.shtml.

« Hélas, conclut-elle, tout cela pousse à se pencher à fond sur la question selon laquelle, tant les auditeurs financiers du Pentagone, que les données informatiques des finances militaires, étaient visées de manière intentionnelle… »

Où sont l'avion et les passagers ?

On le voit, la version officielle selon laquelle le Boeing 757 s'est écrasé contre le Pentagone ne tient plus la route un instant, après pas loin de huit années de recherches, et les nombreuses déclarations, plus récentes, de gens très hautement qualifiés pour en parler. Non, définitivement non, aucun avion de ligne ne s'est crashé sur l'édifice le plus sécurisé du monde.

Reste une question brûlante. Le vol 77 de l'American Airlines, lui, a bien décollé de Washington Dulles, avec soixante-quatre passagers et les membres de l'équipage à bord, ce 11 septembre 2001. Alors, où est l'appareil et, surtout, où sont les passagers ? La seule réponse, à l'heure actuelle, est qu'on ne le sait pas.

L'administration Bush et la Commission d'enquête expliquent, bien évidemment, qu'ils sont morts dans le crash. À l'appui de leurs déclarations, ils expliquent que tous les corps ont été identifiés grâce à leur ADN et/ou leurs empreintes digitales. Cela suppose que le 757 se soit réellement engouffré dans un trou de 5 mètres au carré, pour arrondir, et se soit littéralement volatilisé à l'intérieur du bâtiment en raison de l'incendie. Nous avons vu que c'est physiquement et scientifiquement impossible.

Et donc, apparemment, les victimes ont pu être identifiées par leurs empreintes ou leur ADN. Reste une question immense, à laquelle il va être extrêmement difficile de répondre, tant pour le NTSB que le FBI : quel incendie peut fondre l'aluminium et l'acier trempé d'un avion tout entier, mais pourtant garder identifiables tous les corps qui sont à l'intérieur ?

Il demeure unc autre solution, sur laquelle travaillent certains activistes du Mouvement pour la vérité : que les échantillons d'ADN – si échantillons il y a, aucune pièce officielle de l'enquête n'ayant été donnée à personne jusqu'à aujourd'hui – aient été prélevés... ailleurs qu'au Pentagone. Ce qui induit que le vol 77 se serait bel et bien écrasé, mais pas à Washington...

Souvenons-nous, au tout début de ce chapitre : à 9 h 09, un contrôleur aérien avertit l'administration qu'il est possible que le vol 77 de l'American Airlines se soit crashé. À ce moment-là, en effet, le transpondeur de l'appareil ne répond plus, sa radio est muette, et le signal radar qui le suit n'affiche plus aucun signal, le fameux « blip » lumineux. Ce cas de figure, normalement, c'est-à-dire plus aucune info sur l'appareil, signe immanquablement un crash. La numéro 1 de la FAA, Jane Garvey, devant un cas visiblement probant pour elle, signale d'ailleurs de manière très officielle à la Maison Blanche qu'un long-courrier s'est écrasé dans le Kentucky !

Et elle parle bien du vol 77, puisque des quatre avions détournés, deux se sont déjà écrasés contre les Twin Towers, alors que le dernier, le vol 93 de United Airlines, tombera comme une pierre, expliquera-t-on, après dix heures, près de Shankville, en Pennsylvanie

De fait, on perdra toute trace du Boeing 757 durant plus d'un quart d'heure, jusqu'à 9h25, heure à laquelle les aiguilleurs de la tour de contrôle de Washington retrouvent son « blip » sur les radars. Sauf qu'à partir de ce moment il arrive à une vitesse folle, et effectue une manœuvre complètement impensable avec un appareil de ce type, avant d'atteindre sa cible, le Pentagone.

Mais les contrôleurs aériens notent bien le comportement anormal du « Boeing », puisqu'ils sont soulagés en constatant que, vu sa vitesse et ses acrobaties, il s'agit très probablement d'un « avion de chasse, venu patrouiller au-dessus de Washington pour protéger la présidence »... On connaît la suite.

Fort de ces éléments, des témoignages, des dégâts « anormaux » causés au Pentagone et de tout ce qu'on a vu jusque-là ; et sachant que la présence d'un appareil sur un radar, transpondeur éteint, est simplement un signal lumineux, la question devient celle-ci : est-ce bien un Boeing 757 que les contrôleurs ont vu arriver sur leurs écrans, plein gaz, à partir de 9h25 ?

Selon les dires de certains pilotes, il n'est pas si difficile de « remplacer » un aéronef sur un écran de radar. Radio de bord et transpondeur coupé, il n'y a plus que le signal lumineux de l'écran pour « voir » un avion. La manœuvre totalement possible avancée par ces spécialistes est celle-ci : un autre avion vole auprès du premier, mais à très basse altitude. Radio et transpondeur coupé lui aussi. La différence est qu'à très basse altitude, il est hors de portée des radars. Donc, pas de « blip » sur les écrans de surveillance. Le premier « disparaît », se crashe, par exemple, le second reprend de la hauteur jusqu'à être repérable par les radars, et le tour est joué…

Et il y a largement assez de temps, dans ce cas précis – c'est-à-dire seize minutes, entre 9h09 et 9h25 – pour effectuer la substitution. Par un A-3 Sky Warrior piloté depuis le sol, par exemple, puisqu'on a retrouvé des pièces correspondant à ce type d'avion dans les ruines du Pentagone…

Et là, le témoin Steve Patterson y trouverait son compte : l'A-3 Sky Warrior [73] ressemble effectivement à s'y méprendre, en terme de taille, à un jet qui pourrait transporter huit à douze personnes…

Et puisqu'on en est là, il est très intéressant de connaître le témoignage de deux employés d'une société civile, qui ont travaillé dans les mois précédant le 11-Septembre au Loveland Municipal Airport, pour l'armée américaine. Ils ont rencontré en février 2008 le candidat à la présidence Karl Schwarz, un ancien conservateur aujourd'hui indépendant, pour l'en informer [74]. Et lui expliquer que ce travail était top secret, leurs patrons leur ayant intimé de ne parler à personne de ce qu'ils avaient vu. Le job en question : modifier plusieurs A-3 Sky Warrior en appareils sans pilotes… Et s'ils ont brisé la loi du silence, près de sept ans plus tard, c'est bien parce qu'ils avaient des doutes certains sur ce qui s'est passé le 11-Septembre. À charge pour Karl Schwarz de mettre le problème sur la table durant cette campagne électorale ? Il l'a fait, et il est aujourd'hui l'un des Politics for 9/11 Truth.

73. voir www.facebook.com/ericraynaud.
74. http://portland.indymedia.org/en/2005/05/318250.shtml.

Les contrôleurs aériens, qui avaient vu un « avion militaire » sur leurs radars, eux, n'ont jamais été entendus comme témoins, par quelque commission d'enquête que ce soit. Curieusement, on leur a en revanche demandé d'oublier ce qu'ils avaient décrypté sur leurs écrans, et surtout de ne pas en parler…

L'un d'eux, toutefois, a révélé ce qu'il savait à l'une des Jersey Girls – on ne sait pas laquelle – venue lui demander quelques explications. « Nous avons eu des ennuis », lui a-t-il confié. « Nous avons même clairement été menacés par le FBI : "Vous avez l'ordre de ne jamais parler de ce que vous avez vu pendant les attentats. Et si vous le faites, les choses ne se passeront pas très bien pour vous et votre famille…" » Ce qui est on ne peut plus clair, on en conviendra. Mais pas autrement surprenant quand on sait que, comme on le verra plus loin, le FBI a également menacé des témoins appelés à déposer devant… pas moins que la Commission d'enquête sur le 11-Septembre…

L'une de ces spécialistes de l'air a parlé publiquement, toutefois. Il s'agit de Danielle O'Brien, qui a d'ailleurs rejoint le Movement for Truth. C'était un mois et demi après le 11-Septembre, sur ABC News [75] : « C'est alors que j'ai remarqué l'avion. C'était un avion non identifié, situé au sud-ouest de l'aéroport de Dulles, qui se déplaçait à une vitesse très élevée. Je n'avais qu'un simple "blip" sur mon écran, rien de plus. […] À une vitesse d'environ 500 miles à l'heure [805 km/h], l'avion se dirigeait droit vers ce qui est connu comme P-56, l'espace

75. ABC News, 24 octobre 2001.

aérien protégé 56, qui couvre la Maison Blanche et le Capitole. Avec la vitesse, la maniabilité, la manière avec laquelle il tournait, nous avons tous cru dans la salle de radar, nous qui sommes tous des contrôleurs de trafic aérien expérimentés, que c'était un avion militaire. On ne pilote pas un Boeing 757 de cette manière. [...] Dans la salle, c'était presque un sentiment de soulagement. Ça devait être un avion chasseur. Ça devait être un de nos gars, qui avait été déployé pour patrouiller au-dessus de la capitale, pour protéger notre président. Nous nous sommes rabattus dans nos chaises, et avons respiré pendant une seconde, soulagés... »

Danielle O'Brien réitérera ses propos à plusieurs reprises face caméra, notamment pour des documentaires d'investigation allant à l'encontre de la version officielle de l'administration Bush.

En attendant, le colonel de l'US Air Force en retraite, George Nelson, fulmine : « Le National Transportation Safety Board a annoncé, sur son site Web, que la responsabilité de l'enquête et des rapports avait été assignée au Federal Bureau of Investigation. Mais le FBI a refusé de divulguer une seule de ces enquêtes obligatoires ! La réponse du FBI à la demande de copies de leurs rapports, pourtant dans le cadre de la loi de "Liberté de l'information", a tout simplement été un refus ! »

L'agence fédérale a en effet déclaré que ses rapports d'enquête « sont dans un fichier », mais que le FBI est exempté d'une publication sous le coup de la FOIA. On a envie de dire « auto-exempté », pour être plus précis. On a envie de rire, aussi, mais jaune, à propos du motif invoqué par le FBI pour ce refus : « [Il s'agit de] ne pas heurter la sensibilité des familles de victimes des crashs. »

No comment, pour ne pas être désagréable, à propos de cet argument tout simplement ridicule. Que les familles de victimes, justement, qui sont à la recherche de la vérité depuis près de huit ans, apprécieront probablement à sa juste valeur…

4

Le mystère de la tour 7

VOUS VOULEZ surprendre votre monde, lors d'un repas de famille ou d'un apéritif entre amis ? Posez la question suivante : « Vous souvenez-vous combien de tours se sont effondrées, le 11 septembre 2001, à New York ? » Immanquablement, on vous répondra : « Deux, bien sûr : les Twin Towers… »

Faux : trois immeubles du World Trade Center (WTC) se sont écroulés sur eux-mêmes ce jour-là. En fait, le WTC est composé d'un ensemble de sept bâtiments [1]. Les tours Nord et Sud (WTC 1 et WTC 2) culminaient à 415 mètres de hauteur, et elles étaient, à la fin de leur construction, les plus hautes tours du monde.

Le bâtiment 3, lui, est un hôtel de hauteur « modeste » tout comme les WTC 4, 5 et 6, des immeubles de locations de bureaux. Reste le WTC 7, partie intégrante du World Trade Center, même s'il est situé sur un autre « bloc », à proximité des six autres. Pour l'instant, c'est celui-ci qui nous intéresse. Celui dont on n'a pas parlé ou presque, à l'époque, focalisé que le monde entier était sur l'énorme

1. voir www.facebook.com/ericraynaud.

et impensable catastrophe des Twin Towers. Et c'est bien pour cela que peu connaissent son existence encore aujourd'hui, et surtout les conditions de sa destruction, pourtant extrêmement intéressantes. Déterminantes, même, pour la suite des événements.

Jusqu'à six semaines avant les attentats du 11-Septembre, environ, le World Trade Center était géré par les autorités portuaires de la ville de New York. Non sans mal : le WTC était devenu, paraît-il, un gouffre financier. Ainsi, des travaux de remise aux normes étaient devenus nécessaires dans les Twin Towers, construites dans les années soixante-dix, pour un montant avoisinant le milliard de dollars...

En juillet 2001, donc, selon le rapport du National Institute of Standards and Technologies (NIST) [2] c'est un magnat de l'immobilier new-yorkais, Larry Silverstein, qui prend en main le destin du WTC. Nous y reviendrons...

Onze septembre 2001, 17 h 21 heure locale [3], le WTC 7 s'écroule sur lui-même de manière parfaite, en 6,5 secondes [4]. C'est là aussi un géant, qui tombe : il comporte quarante-sept étages pour une hauteur de 186 mètres, c'est-à-dire une vingtaine de mètres de moins que la tour Montparnasse à Paris. Il aurait été le plus grand immeuble dans trente-trois des cinquante États composants les USA, et même le deuxième en France, à égalité avec la tour Total à Courbevoie...

Contrairement aux Twin Towers, aucun avion ne l'avait percuté. Seuls des débris, projetés depuis les tours jumelles

2. http://wtc.nist.gov.
3. Horaire retenu par le NIST.
4. Plus ou moins 0,2 seconde, selon Architects and Engineers for 9/11 Truth.

lors des crashes des Boeing, explique-t-on, sont venus le frapper et occasionner des incendies sur quelques étages. Des incendies qui feront beaucoup parler…

***

Mais avant toute chose, voyons un peu la chronologie des événements.

- **8 h 46 min 26 s** : Un Boeing 767 d'American Airlines, le vol 11, s'encastre à pleine vitesse dans la tour Nord du World Trade Center, le WTC 1. L'unique vidéo immortalisant cet instant est l'œuvre d'un documentariste français travaillant à quelques rues de là, Gédéon Naudet, qui filme la scène dans un réflexe, presque « à la volée ».
- **9 h 02 min 54 s** : Un deuxième Boeing 767, de United Airlines, cette fois, le vol 175, s'écrase contre la tour Sud, le WTC 2.
- **Aux alentours de 9 heures** : Des incendies de faible intensité se déclarent dans la tour 7.
- **9 h 59 min 04 s** : Bien que touché après la tour Nord, le WTC 2 s'effondre en une dizaine de secondes, environ cinquante-sept minutes après l'impact de l'avion.
- **10 h 28 min 03 s** : La tour Nord s'effondre elle aussi, également en une dizaine de secondes, une heure et quarante-deux minutes après avoir été frappée par le vol 11 de United Airlines.
- **11 heures** : On demande aux pompiers new-yorkais d'évacuer la zone du WTC 7.
- **17 h 21** : Le bâtiment WTC 7 s'effondre, sept heures et vingt minutes après la tour Sud, et près de sept heures après la tour Nord.

Pour tout dire, les poussières de l'attentat retombées, et les esprits sinon apaisés, en tout cas un peu moins aveuglés par cette autre catastrophe du 11, l'effondrement du WTC 7 commence à poser question, à faire parler. Du reste, le 11-Septembre, en direct, le journaliste vedette d'ABC News Peter Jennings [5] avait fait le commentaire suivant [6] :

En direct, son confrère Don Dahler lui explique que « la deuxième tour, touchée par l'avion, vient juste de s'effondrer. L'immeuble tout entier s'est affaissé sur lui-même, comme si une équipe de démolition l'avait programmé. Il s'est juste écroulé sur lui-même, et il n'y a plus rien... »

Peter Jennings : « La tour Sud. Dix heures, ce matin. Écroulée sur elle-même... Nous n'avons aucune idée de ce qui a causé ceci. Si vous voulez, tous ceux qui ont vu un bâtiment détruit volontairement, de manière contrôlée, savent que si vous voulez faire ceci, vous devez vous attaquer à la... à l'infrastructure du building, pour l'écrouler ainsi. »

Plus tard, vers 17 h 20 : « Maintenant, c'est le bâtiment 7 qui s'écroule sur lui-même. Je pense que la dernière fois que nous avons vu ce genre de choses, c'est quand les vieux casinos de Las Vegas ont été détruits par démolition contrôlée... »

Visiblement, Peter Jennings, l'un des tout meilleurs journalistes étatsuniens, a de gros doutes, déjà, en direct... Il passe une « couche » sur la tour Sud, sur le thème démolition contrôlée, détails techniques à l'appui, puis une

5. En quarante ans de journalisme à ABC, Peter Jennings a reçu seize Emmy Award, et a été nommé deux fois Peabody Award-winning news anchor pour son émission *ABC's World News Tonight,* qu'il a animée de 1983 à 2005, année de son décès.

6. www.archive.org/details/abc20010911.

deuxième quelques heures plus tard, à propos du WTC 7. Ça fait semble-t-il beaucoup. Mais il n'est pas le seul.

En effet, le mythique journaliste présentateur Dan Rather, indéboulonnable star de la chaîne CBS, déclare le soir même, à l'antenne, que l'effondrement de l'immeuble n° 7 « rappelle les images que nous avons tous déjà trop vues à la télévision, lorsqu'un immeuble est délibérément détruit par des charges de dynamite posées judicieusement pour le faire tomber » [7].

Fin novembre 2001, c'est le *New York Times* qui donne le *la,* en titrant à la une : « WTC 7 : Aucune caractéristique de destruction par le feu ». Et d'expliquer en pages intérieures que « même si l'ignifugation est conçue pour résister aux incendies ordinaires au moins deux heures, les experts affirment que des constructions de la taille du bâtiment 7 du WTC, traitées par un tel revêtement, ne se sont jamais effondrées lors d'un incendie, de quelque durée que ce soit. » [8]

Pour rester en direct, le gros coup de la journée, concernant la tour 7, vient surtout de Jennings. Mais de Barry Jennings, 46 ans, directeur adjoint du Département des services d'urgence de la ville de New York.

Ce dernier est en effet interviewé, alors qu'il vient d'être sorti de la tour 7 par les pompiers. Ce qu'il dit, ce jour-là et à cette heure-là, alors que le WTC 7 n'est pas encore tombé, va devenir l'un des pivots centraux de la controverse à propos de cet effondrement, mais aussi, nous le

7. *CBS News*, 11 septembre 2001.
8. « Les ingénieurs déconcertés par l'effondrement du bâtiment WTC 7 », le *New York Times*, 29 novembre 2001.

verrons, pour ce qui concerne le World Trade Center tout entier…

Barry Jennings, un Afro-Américain, est un véritable colosse en costume cravate, larges lunettes sur le nez. Ce matin du 11-Septembre, il va normalement au travail, à la direction des services d'urgences, lorsqu'il reçoit un appel téléphonique sur son portable : d'après son interlocuteur, un Cessna est entré en collision avec l'une des tours du WTC, et on lui demande, comme la procédure l'exige, de se rendre au Centre de gestion des urgences de la ville de New York, situé au vingt-troisième étage du WTC 7. Il s'agit en fait du « bunker » du maire new-yorkais, Rudolf Giuliani, en cas de crise où de catastrophe majeure touchant sa ville.

Barry Jennings arrive au WTC 7 en même temps que Michael Hess, ami et conseiller en affaires de Rudolf Giuliani. Les deux hommes ne se connaissent pas.

Il est couvert de poussière et quelque peu débraillé, lorsqu'il répond aux journalistes en direct, le 11 septembre, et il faut dire qu'il n'y a rien d'étonnant à cela :

« Quand je suis arrivé, explique-t-il, le hall était plein de policiers. […] Moi et M. Hess, nous sommes entrés au Bureau de crise, et nous avons remarqué que tout le monde était parti… Un café encore fumant était posé sur un bureau, j'ai vu des sandwiches à moitié mangés. Il n'y avait que M. Hess et moi… J'ai appelé plusieurs personnes au téléphone, et finalement l'une d'elles m'a dit de partir immédiatement de là… M. Hess m'a dit : “Il ne reste que nous, on se tire”, et il a trouvé des escaliers. Nous avons commencé à descendre. Arrivés au sixième étage, le sol de l'escalier sur lequel nous étions a disparu ! Il y a eu une explosion, et le sol a disparu… Le palier avait cédé, je me suis retrouvé là, suspendu en l'air ! J'ai dû regrimper et remonter au huitième... L'explosion s'était produite en dessous de nous... Et quand ça a explosé, ça nous a projetés en arrière... Les deux buildings [les Twin Towers, NdA] étaient encore debout... Nous sommes restés coincés là des heures. J'y étais encore quand les tours jumelles se sont effondrées. »

La suite des déclarations de Barry Jennings émane d'une autre interview, effectuée en 2007 par Dylan Avery, pour son film *Loose Change 2,* un *blockbuster* mondial, téléchargé des millions de fois. Là encore, ce témoin clé s'exprime face caméra :

> « Je suis resté prisonnier plusieurs heures. J'étais encore là-dedans quand les tours jumelles sont tombées [...]. Les pompiers sont arrivés à la fenêtre, je voulais sortir avec le tuyau de l'incendie. Je ne voulais pas rester là plus longtemps, l'air était trop chaud, et je voulais sortir avec le tuyau. Ils ont crié : "Ne faites pas ça, le tuyau ne tiendra pas !" Et ils sont repartis.
>
> Je ne savais pas ce qui se passait, et en fait c'était quand la première tour est tombée. Quand ils se sont mis à courir, la première tour est tombée, mais moi je ne pouvais pas le savoir. Ils sont revenus, ils avaient l'air plus inquiets. Et puis ils sont repartis, car la deuxième tour est tombée. En repartant, l'un d'eux m'a dit : "Soyez tranquille, on va revenir."
>
> Et ils sont revenus à nouveau, cette fois avec une dizaine d'hommes. Et ils criaient : "Où êtes-vous ? Nous ne savons pas où vous êtes !" Et moi : "Je suis côté nord !" – dans les escaliers, j'avais vu un panneau "côté nord".
>
> Pendant tout ce temps où j'ai dû patienter, j'ai entendu des explosions, plein d'explosions. Je pensais que c'était les bus ou les voitures qui étaient en feu.

Je n'ai rien vu de spécial, mais j'entendais les explosions.

Quand finalement ils nous ont rejoints et qu'ils nous ont ramenés dans ce qu'ils ont appelé le "hall", j'ai demandé: "Où sommes-nous ?" Un gars m'a dit: "Ici, c'était le hall." J'ai répondu: "Vous plaisantez ? !" Tout était en ruine. Pourtant, quand j'étais arrivé le matin, les ascenseurs du hall étaient intacts, il y avait un hall immense, et pour moi, voir tout ça dans cet état, c'était totalement incroyable...

Le pompier répétait tout le temps "Ne regardez pas par terre." Je demandais: "Mais pourquoi ? !", et il répétait: "Ne regardez pas par terre !" Et en fait, nous marchions sur des corps... Vous savez, on le sait, quand on enjambe des corps ! Ils nous ont fait sortir par un trou dans le mur, je ne sais pas qui l'avait fait, mais c'est comme ça qu'on est sortis, par un trou du mur. On était sauvés...

Alors qu'on sortait, un pompier s'est écroulé: crise cardiaque apparemment... Avant ça, un gars immense, un officier de police, m'avait dit: "Courez, maintenant !" Et moi: "J'ai trop mal aux genoux." Il m'a répondu: "Alors rampez à genoux !" Et il a dit: "Il va y avoir d'autres explosions !" Alors je me suis mis à ramper, et en me retournant, j'ai vu le type s'écrouler derrière moi... Ses collègues l'ont attrapé et l'ont évacué.

Je cherchais une ambulance, à cause de mes genoux. Mais ils m'ont dit: "Éloignez-vous de vingt blocs pour vous mettre à l'abri !" Et sur le chemin, un journaliste de *Eye Witness News* m'a attrapé et m'a interviewé. Voilà ce qui s'est passé... »

Cette troisième partie d'interview, pour Infowars, toujours face caméra, est, elle aussi, extrêmement intéressante, et à garder en tête pour la suite de cet ouvrage. Le contexte est celui où Barry Jennings arrive dès le matin au Centre d'urgence de la ville de New York, au WTC 7, lorsque lui et Mickael Hess ne trouvent que « des tasses de café encore fumantes et des sandwiches à moitié mangés », et qu'ils téléphonent à plusieurs reprises pour savoir ce qui se passe :

Infowars : Ont-ils dit que le maire [Rudolf Giuliani, NdA] était là ?

Barry Jennings : Oui.

I : Il était là le matin et on l'a évacué ?

BJ : Oui. Oui…

I : Vous affirmez que Giuliani était dans le WTC 7 ?

BJ : Je ne l'ai pas vu moi-même, mais c'est ce qu'on m'a dit, et c'est d'ailleurs pour ça que Hess était là : pour voir Giuliani. En fait, une seule question me tourmente : pourquoi le WTC 7 est-il tombé d'un seul coup ? Je suis sûr d'avoir entendu ces explosions. On m'a expliqué que c'était les stocks de fioul. Je suis chauffagiste de formation. Si ç'avait été le fioul, ça aurait touché un seul côté du bâtiment. Quand je suis repassé dans le hall, il était totalement détruit. C'était comme si King Kong était passé et l'avait écrasé, à tel point que je ne savais plus où j'étais. Et qu'on m'a fait sortir par un trou dans le mur, que cinq pompiers avaient dû creuser pour nous faire sortir, M. Hess et moi… […] Mon esprit est toujours là-bas. Je n'oublierai jamais ce jour, et je trouve leurs explications inacceptables. Totalement inacceptables.

Cet entretien se situe, en effet, après les conclusions de la FEMA, livrées en mai 2002, qui ne sait tout simplement pas à quoi attribuer la chute du WTC 7. Après ce qu'il a vécu, on peut aisément comprendre l'amertume de Barry Jennings.

Un certain nombre de questions se posent, pour tout dire. Des feux de faible importance, par exemple, se sont déclarés aux alentours de 9 heures, au moment des crashs d'avions sur les Twin Towers, puis se sont étendus. Pourquoi le système antifeu – notamment les détecteurs de fumée – dont était équipé le WTC 7 n'a-t-il pas fonctionné ? Pourquoi les extincteurs automatiques n'ont-ils pas rempli leur rôle ? « Parce que les chutes des Twin Towers ont endommagé le système de canalisations d'eau », expliquera-t-on officiellement.

Ce serait une éventualité. Sauf que les tours jumelles ne se sont écroulées qu'une heure plus tard, vers 10 heures… Entre 9 heures et 10 heures, le WTC 7 disposait donc d'eau, assez en tout cas pour circonscrire ces feux de bureaux de faible intensité.

Quid de l'explosion à hauteur du sixième étage, dont Barry Jennings a été un témoin plus que « privilégié », avec Michael Hess ? Personne, jamais, n'en a rendu compte de manière officielle… Et pourtant, cette zone sera déterminante dans l'effondrement du WTC 7.

Quid du fait que cette même explosion s'est produite avant 9 h 59, puisqu'en remontant au huitième étage, Barry Jennings voit les Twin Towers encore debout ? Cette donnée ruine d'ailleurs les déclarations du maire de New York, Rudolf Giuliani. Ce dernier – dont le rôle est parfois très équivoque dans l'affaire, par ailleurs – écrivit à propos de son ami Michael Hess que l'explosion de l'étage 6, ressentie par ce dernier et Jennings, n'était en fait que l'effet produit par l'impact des débris de l'effondrement de la tour Nord [9]. Laquelle, pour sa part, s'est effondrée à... 10h28 !

Cela n'empêcha pas la Commission d'enquête de produire ce témoignage du maire de New York comme pièce à conviction... La version de Giuliani devint donc la version officielle, et fut défendue par le NIST dans son rapport.

Quid des corps que Jennings dit avoir dû enjamber dans un hall du building totalement dévasté ? Et donc d'un certain nombre de victimes, dont jamais l'administration Bush ne parlera ?

Les incendies visibles sont le fait de feux mineurs, et seules quelques fenêtres du building laissent voir des flammes [10]. En comparaison, les WTC 5 et 6 – enflammés eux aussi par les débris des Twin Towers – subiront de longs incendies, à l'issue desquels il n'en restera pratiquement que les structures métalliques, toujours debout, elles. Ce qui est d'ailleurs intéressant pour la suite des événements...

Tout comme les centaines de civils, de pompiers ou encore de journalistes et de policiers, témoins visuels et auditifs de ce qui s'est passé au WCT 7 tout au long de la journée, Barry Jennings semble avoir de très bonnes raisons d'être révolté. Son témoignage est exceptionnel, puisque son aventure est elle aussi exceptionnelle, mais il est corroboré par de nombreux autres qui se recoupent, comme « un bruit comme un claquement de tonnerre » ; « une onde de choc qui se propage à travers le building » ; « des flashs de lumière à travers les fenêtres... », etc. [11]

---

9. *The New Pearl Harbor,* David Ray Griffin, Éd. Demi-Lune, 2006.
10. voir www.facebook.com/ericraynaud.
11. Ces témoignages sont souvent consultables dans les documentaires vidéo et livres cités en fin d'ouvrage, mais aussi dans certains rapports officiels, et dans les archives d'un grand nombre de chaînes de télévision étatsuniennes.

En effet, les auteurs du rapport de la FEMA concluent tout simplement, en mai 2002, qu'ils ne savent pas ce qui s'est passé. Malgré les témoignages. Malgré l'impossibilité physique et mathématique, pour ce building de quarante-sept étages et 186 mètres de haut, de s'écrouler dans ses fondations, proprement et sans causer de dégâts aux immeubles voisins, en 6,6 secondes, c'est-à-dire pratiquement à la vitesse de la chute libre… Leurs conclusions tiennent en fait en trois phrases :

« Les caractéristiques des feux du WTC 7 et comment ils ont provoqué son effondrement demeurent aujourd'hui inconnues… » ; « La meilleure hypothèse [le feu, entraînant l'affaiblissement de la structure métallique puis l'effondrement complet, NdA] n'a qu'une faible probabilité [d'exister, NdA]. » [12]

On peut même lire dans ce document le paragraphe suivant : « À l'heure actuelle, on ne connaît toujours pas les caractéristiques des incendies de l'immeuble n° 7 ni la façon dont ils ont entraîné l'effondrement du bâtiment. Bien que le gazole présent dans l'immeuble ait représenté une grande quantité d'énergie potentielle, la meilleure hypothèse qu'on puisse faire n'avait que très peu de chances de se réaliser. » Plus loin : « Une recherche plus poussée, une enquête et des analyses sont nécessaires pour résoudre ce problème », préconise donc la FEMA.

Ce qui se révélera très difficile. Pour la bonne raison que les décombres du WTC 7 seront évacués en un temps record, y compris et surtout la quasi-totalité des éléments métalliques. Une initiative qui ne consiste pas moins qu'à

12. L'enquête de la FEMA est consultable à www.fema.gov/rebuild/mat/wtcstudy.shtm.

supprimer des preuves on ne peut plus importantes, sur une scène de catastrophe. Et, cerise sur le gâteau, sur ordre de… la ville de New York elle-même. La FEMA, pour sa part, n'aura pu examiner qu'une infime partie des débris, rapidement, dans une décharge à proximité de « The Big Apple ».

Résumons : la FEMA a enquêté dans le cadre d'une procédure fédérale, pour l'intégralité du World Trade Center, avec le résultat qu'on connaît en ce qui concerne le building 7. Le NIST [13], autre agence gouvernementale, prendra le relais après la publication du rapport de la FEMA de mai 2002. Ce dernier, rattaché au ministère du Commerce – donc à l'administration Bush –, aura le temps de se préparer avant la formation d'une Commission d'enquête longuement freinée, on l'a vu, par George W. Bush. Et le NIST opérera bien différemment de la FEMA, en séparant carrément le cas du WTC 7 de celui des Twin Towers… Un tour de passe-passe qui permettra d'évacuer une démolition contrôlée suspecte – et gênante – de l'ensemble des événements, mais qui provoquera, ce qui ne semblait pas être prévu par ses instigateurs, des remous extraordinaires dans les mouvements de familles et autres *Truthers*.

Le rapport de la Commission d'enquête, ayant délégué ces travaux spécifiques au NIST en question, et s'appuyant sur ces derniers… ne contiendra pas une seule fois le nom « WTC 7 » en près de six cents pages ! Il ne l'évoque tout simplement pas ! Comme on le verra, le scandale qui en découlera sera tout simplement un tremplin extraordinaire

13. *National Institute of Standards and Technologies*, Institut national des normes et des technologies.

pour les sceptiques du 11-Septembre, avec à la clé, une arme terrible contre l'administration Bush…

***

En marge de cette forfaiture – il ne semble vraiment pas exister d'autre mot – les *Truthers* et autres sceptiques, eux, ont également mené leur enquête.

En 2001, il y a dans le monde tout au plus une douzaine de grandes entreprises capables d'effectuer des démolitions contrôlées de très grande envergure. Danny Jowenko, un Néerlandais, est l'un des meilleurs d'entre eux. Il est le directeur de sa société, Jowenko Explosive Demolition NV, basée aux Pays-Bas [14].

Pour illustrer un documentaire sur le 11-Septembre, une équipe de Zembla TV, une chaîne hollandaise, lui a demandé de commenter les effondrements des Twin Towers, puis, un peu plus tard, la vidéo d'une chute d'immeuble devant caméra. Ce qu'il a accepté de bonne grâce. Il s'agit en fait de l'effondrement du WTC 7, mais Jowenko ne le sait pas. Voici le dialogue enregistré, dans les conditions du direct, après le premier visionnage de Danny Jowenko [15] :

Danny Jowenko : La chute vous semble venir du haut ? Non, ça commence par le bas, dit-il à son interlocuteur, avec le sourire amusé du professionnel. Ils ont simplement soufflé les colonnes, et ensuite il est tombé…

Zembla TV : Il est tombé différemment des tours jumelles ?

14. www.jowenko.com.
15. Cf. www.voltairenet.org/article143997.html#nh3, et la version intégrale est disponible sur 911blogger.com, elle est en ligne sur de nombreux sites Internet, notamment ceux dédiés aux vidéos.

DJ (légèrement condescendant) : Vous ne pensez pas ?

ZTV : On voit les étages du bas partir en premier…

DJ : Oui, et le reste suit le mouvement, c'est simple. C'est une démolition contrôlée.

ZTV : Vous en êtes sûr ?

DJ : Absolument. Il est tombé après [une explosion au pied du building, NdA], c'était préparé. C'est un vrai travail d'experts.

ZTV : Mais ça s'est également passé le 11 septembre…

DJ (interloqué) : Le même jour ?

ZTV : Le même jour.

DJ : Le même jour ? Vous en êtes sûr ?

ZTV : Oui, oui…

Long silence ; Danny Jowenko regarde un long moment son écran, sur lequel la chute passe en boucle.

DJ (incrédule) : Vous êtes sûr que c'était le 11 ? *(pour lui-même)* Ce n'est pas possible…

ZTV : Sept heures après les chutes des Twin Towers.

DJ (visiblement perturbé) : Ah oui ?… *(Un silence)* Alors, ils ont fait vite…

« Ils ont fait vite », parce que David Jowenko sait que préparer un immeuble à une démolition contrôlée demande des jours de travail, et parfois même jusqu'à deux semaines. Tout dépend évidemment de la hauteur et du volume du bâtiment, mais en l'occurrence, le WTC 7, 186 mètres de hauteur, n'appartient pas à la catégorie « petits immeubles »…

Le rapport officiel de la FEMA, qui dans son rapport final ne peut pas expliquer l'effondrement de la tour 7, prend ici tout son sens, on en conviendra… L'agence évoque en effet dans le plus grand flou les questions qui se posent sur «… ce qui a pu arriver… », «… qui demanderait des études supplémentaires », etc. Il faut évidemment comprendre là que la FEMA ne donne pas de conclusions sur cet effondrement, tout simplement parce qu'elle est dans l'incapacité totale d'en donner une explication rationnelle. Sinon, il est bien évident qu'elle aurait rempli l'intégralité de la mission d'expertise confiée par le gouvernement…

Pour tout dire, il semble bien que cette « impuissance » à expliquer les choses pose question. Ce sont des experts qui ont travaillé sur le problème, tout de même, et l'interrogation est celle-ci : sont-ils « incapables » techniquement de démonter le phénomène, ou bien ouvrent-ils le parapluie pour ne pas endosser les réelles conclusions qui s'imposent ?

Mais la réponse importe peu, finalement, puisque les rapports du NIST et de la Commission d'enquête… ne mentionneront tout simplement pas le WTC 7, pas même son existence.

Le reportage de Zembla TV se poursuit, en voix *off* : « Nous examinons avec Jowenko toutes les hypothèses possibles. Mais la conclusion de l'expert international ne change pas d'un pouce. » Autrement dit : le bâtiment 7 a bien été détruit par explosifs, « implosé »…

Danny Jowenko : « C'est du travail de professionnel, il n'y a aucun doute possible. Les gars qui ont fait ça savaient parfaitement ce qu'ils faisaient. »

La question qui arrive, dans la continuité de cette estimation, est celle-ci : quand les travaux de démolition contrôlée ont-ils été engagés ? C'est d'ailleurs tout le sens d'une réponse de Danny Jowenko, citée plus haut : « Alors, ils ont fait vite... » De toute évidence, le spécialiste, qui vient tout juste d'apprendre qu'il s'agit d'un bâtiment du WTC, pense – sans en exprimer l'idée oralement – que cette implosion a été décidée dans la journée, pour des raisons de sécurité.

Zembla TV : À votre avis, combien d'hommes et combien de temps faut-il, pour faire tout ce travail ?

Danny Jowenko : Je ne sais pas exactement...

ZTV : Vous pouvez peut-être nous donner une estimation ?

DJ : D'abord, il faut des experts. Mais si vous avez trente ou quarante personnes, alors... Quelques-uns avec du plasma, d'autres assemblent le tout, d'autres connectent les mèches aux détonateurs... Mais ils doivent tous travailler en même temps. Et un autre groupe doit installer les systèmes électroniques. Ensuite, c'est prêt...

ZTV : Ce jour-là, il y avait des feux partout [au World Trade Center, NdA], même dans ce building.

DJ (surpris) : En activité ?

ZTV : En activité. Ceux qui auraient préparé la démolition auraient dû travailler alors que les feux étaient encore actifs.

Dans un long silence, Danny Jowenko hoche la tête à de nombreuses reprises, les yeux sur son écran, une moue dubitative aux lèvres. « C'est étrange... C'est étrange... », lâche-t-il. « Là, je n'ai pas d'explication pour ça... »

« Pas d'explication pour ça... » s'applique, bien sûr, à un ensemble d'éléments. Le fait qu'il voit de ses yeux ce qui est pour lui, de toute évidence, la démolition contrôlée d'un bâtiment. Mais que, par ailleurs, elle se déroule dans le cadre d'une attaque terroriste aérienne censée avoir détruit le World Trade Center tout entier… et que le WTC 7, lui, n'a aucunement été frappé par un avion.

Enfin, même s'il ne le dit pas explicitement, Danny Jowenko estime visiblement improbable le fait que même une équipe de trente à quarante experts puisse préparer une démolition contrôlée, dans les conditions qu'on lui décrit : « Là, je n'ai pas d'explication pour ça… »

Danny Jowenko n'est pas le seul spécialiste à tirer ces conclusions de l'épisode. À l'image d'un expert suisse, le Dr Hugo Bachmann. Professeur émérite, ancien président du Département de dynamique structurelle et d'ingénierie des séismes, à l'Institut fédéral de technologie de Suisse, ce dernier est on ne peut plus clair : «… Pour moi le building WTC 7 a été, avec une grande probabilité, démoli professionnellement. » [16] C'est-à-dire par démolition contrôlée, par « implosion ».

L'association « Universitaires pour la vérité sur le 11-Septembre » ne dit pas autre chose [17], de même que les physiciens de Physics911.net, dont le très réputé Dr Steven E. Jones [18], devenu au fil de ses travaux l'un des fers de lance de la contestation scientifique des événements du 9/11, et auteur de plusieurs ouvrages édifiants sur le sujet.

Le filet se resserre, incontestablement, autour de la version officielle : il est de plus en plus invraisemblable que le WTC 7 se soit écroulé tout seul.

***

16. *Tages Anzeiger*, 9 septembre 2006, www. tagesanzeiger.ch.
17. www.scholarsfor911truth.org.
18. www.physics911.

Et c'est bien le cas. Probablement pressé par l'évolution des événements, notamment un rapport de la FEMA désastreux au regard de l'opinion publique, Larry Silverstein, le gestionnaire du World Trade Center, se lâche en septembre 2002. Lors d'une interview qui arrive, pour tout dire, fort judicieusement…

Larry Silverstein, on l'a vu, est le tout nouveau patron du WTC. Il a récupéré la gestion des sept bâtiments quelques mois avant le 11-Septembre, au printemps 2001 – ou en juillet 2001[19] –, avec un bail de quatre-vingt-dix-neuf ans. Le World Trade Center passe donc du domaine public – l'Autorité portuaire de New York – à un contrôle du privé, le groupe Silverstein Properties Inc.

Le nouveau patron du WTC prend assez vite, en juillet 2001, une option qui peut paraître normale : après avoir probablement étudié de près les questions d'assurance des bâtiments, il en renégocie les contrats. Normal aussi, semble-t-il.

Là où une question se pose de manière plus ambiguë, c'est lorsqu'on apprend, bien après le 11-Septembre, qu'il a fait couvrir au maximum le WTC contre… d'éventuels attentats terroristes ! Et cela six à huit semaines avant la catastrophe… En outre, la couverture est parfaite, puisque ce réajustement prévoit qu'il aura le droit total, le cas échéant, de reconstruire le World Trade Center s'il venait à être détruit ! Visionnaire, Silverstein ? Ou bien initié – comme d'autres ? Nous aurons, d'ailleurs, l'occasion de voir qu'il y en avait un joli panel.

---

19. Plusieurs sources citent le printemps 2001 pour date de l'acquisition de Silverstein. Dans le rapport définitif du NIST, pourtant, les auteurs évoquent juillet 2001, ce qui est une curiosité. Voir http://wtc.nist.gov.

Pour revenir au bâtiment 7 du WTC, Larry Silverstein accorde donc une interview à la chaîne de télévision PBS, un an après les attentats [20]. Un passage de cet entretien a retenu l'attention générale – et en particulier des *Truthers*... –, lorsqu'il explique que, « à contrecœur », il a demandé le 11 septembre, en fin de journée... que l'on détruise le WTC 7 ! Pas moins ! Au mot près :

« Je me souviens avoir reçu un appel d'un commandant du Département du feu, qui me disait ne pas être sûr de pouvoir y contenir les incendies. Je lui ai dit : "Nous avons déjà eu tellement de pertes humaines... La meilleure chose à faire est de le *tirer* [*pull it*, NdA]" [21]. Et ils ont pris la décision de le *tirer*. Puis nous avons regardé le bâtiment s'effondrer... » Absolument textuel !

Il va sans dire que les révélations de ce haut financier de l'immobilier, aux relations connues avec de hautes et très connues personnalités politiques internationales, a fait grand bruit... Elles ont par exemple été l'objet d'une attention toute particulière dans la populaire émission *The Alex Jones Show*, sur le thème « WTC-7 Imploded by Silverstein, FDNY and Others » (le WTC 7 implosé par Silverstein, les pompiers, et d'autres) et dans le très lu *People Magazine* [22].

Et il va de soi que, là encore, on doit se poser un certain nombre de questions. La première concerne le fait qu'il a

---

20. Cette entrevue figure dans le cadre d'un documentaire de la chaîne intitulé « America Rebuilds » (L'Amérique reconstruit), diffusé en septembre 2002.
21. *Pull it,* « tirer » en français, est une expression courante dans les milieux de la démolition contrôlée et des pompiers. De nombreux professionnels, consultés, l'ont confirmé tant aux médias étatsuniens qu'aux *Truthers.*
22. « Hell on Earth » [L'enfer sur terre], *People Magazine*, 24 septembre 2002.

laissé la FEMA chercher durant neuf mois ce qui avait bien pu se passer au bâtiment 7, avec beaucoup de travail et d'argent public dépensé à la clé, sans lever seulement le petit doigt. Ce n'est pas une mince affaire, n'importe qui en conviendra. En outre, on peut légitimement se demander en quel honneur Larry Silverstein s'octroie le droit d'ordonner la destruction d'un immeuble dont il n'est que le gérant. Si par exemple vous êtes locataire d'un joli pavillon, attaqué par des feux normalement maîtrisables, et que malgré tout vous le faites détruire, je ne suis pas certain que vous n'ayez pas quelques problèmes, avec votre propriétaire comme avec votre assureur, sans compter les quelques questions que ne manquerait pas de vous poser la maréchaussée…

Cette donnée est d'ailleurs montrée du doigt par David Ray Griffin, dans son ouvrage *The New Pearl Harbor*: « Il paraît évidemment invraisemblable que Silverstein, qui a tiré presque 500 millions de dollars de bénéfices de la destruction de l'immeuble n° 7 [23], révèle que non seulement l'immeuble a été volontairement détruit, mais encore que c'est lui-même qui a recommandé de le faire. »

Autre question: les pompiers de New York ont-ils le pouvoir de procéder à ce genre de choses sans des autorisations au plus haut niveau, même avec l'aval de Silverstein ? Il s'agit en effet, aussi, d'une question de sécurité, ne serait-ce que pour les buildings tout proches de part et d'autre du WTC 7. Et il ne semble pas que Larry Silverstein ait le pouvoir de décision dans ce domaine…

Par ailleurs, Silverstein explique qu'il n'a pas voulu de pertes humaines supplémentaires: de quoi parle-t-il ? ! Les

23. Grâce aux contrats d'assurance renégociés six semaines plus tôt, NdA.

pompiers travaillant sur le WTC 7 ont été évacués entre 11 heures et 11 h 30, selon un certain nombre de témoignages. Les derniers qui s'y sont risqués sont ceux qui sont allés sauver Barry Jennings et Michael Hess, vers 12 h 15 si l'on suit la chronologie établie par la Commission d'enquête, d'après le rapport du NIST [24] :

« Vers 12 h 10-12 h 15, les pompiers trouvèrent des personnes [deux en l'occurrence, NdA] aux étages 7 et 8, et les évacuèrent du building. Aucuns feux, aucune poussière épaisse ni aucune fumée ne furent observés quand ils quittèrent l'étage 8. Ils observèrent un feu compartimenté, le long du mur, juste avant de sortir de l'immeuble. »

Donc, lorsque Silverstein veut « éviter des pertes humaines » en activant l'implosion du WTC 7, « en fin d'après-midi », il y a environ cinq heures que plus personne ne se trouve à l'intérieur ! En revanche, en termes de « pertes humaines », on ne peut que penser aux corps que Barry Jennings dit avoir enjambés, lors de son sauvetage par les pompiers, vers 12 h 15. Une donnée totalement absente des débats et autres enquêtes officielles, ce qui est tout de même assez hallucinant, et qui vaudra bien des soucis au même Jennings.

Il est à noter que Michael Hess, l'ami de Rudolf Giuliani et compagnon d'infortune de Barry Jennings au WTC 7, ne témoignera à aucun moment – du moins officiellement – de ce qu'il a vu et entendu ce jour-là. Il est aujourd'hui à la présidence de l'une des sociétés appartenant à Giuliani…

Lorsque Larry Silverstein confesse cette décision, il faut dire que le climat est chaud pour la version officielle. En janvier 2002, déjà, un homme de poids en la matière avait

24. « Appendix Nist WTC 7 », page 22.

exprimé des doutes plus que précis sur l'histoire : Bill Manning, rédacteur en chef de *Fire Engineering*, le magazine de référence sur la sécurité contre les incendies, et évidemment expert de la question [25]. Après une charge sérieuse contre ce qui se profilait dans le rapport de la FEMA à venir, il avait écrit ceci : « Aucun incendie ne peut détruire un bâtiment à structure d'acier. C'est comme ça, et pas autrement »…

En outre, de nombreux témoignages visuels avaient été recueillis, notamment en direct, le 11 septembre, montrant que pratiquement tous les acteurs des événements sur place savaient que le building 7 allait s'écrouler… plusieurs heures avant que cela ne se produise. Les pompiers les premiers [26], d'ailleurs, et les enregistrements de leurs conversations radio sont éloquents, lorsque leurs chefs leur demandent d'évacuer les lieux dès 11 heures-11 h 30. Un médecin, Kevin McPadden, venu aider les secouristes et les pompiers, expliquera même plusieurs fois face caméra [27] avoir entendu de ses oreilles le décompte final, sur la radio d'un pompier près de lui, avant une « grosse explosion » puis, dans la foulée, l'écroulement du WTC 7.

***

La confession de Larry Silverstein soulève donc un véritable tollé en septembre 2002. Il essaiera bien de revenir sur ses propos, en ergotant sur l'emploi du terme *pull it*, « tirer ». Il expliquera qu'en fait, il souhaitait que l'on « tire »… l'équipe de pompiers du bâtiment 7, car « il y

25. *Fire Engineering*, janvier 2002.
26. Voir par exemple à www.youtube.com/watch?v=to2iOX4C5f4.
27. Cf. www.youtube.com/ watch?v= STbD9XMCOho &NR=1.

avait déjà eu assez de morts. » Alors qu'il n'y a plus un pompier dans le WTC 7 depuis des heures, et pour cause : ils savent que le bâtiment va s'écrouler !

Peine perdue pour Silverstein, pour plusieurs raisons. La première est que *pull* est l'expression consacrée pour désigner un départ d'explosion contrôlée de bâtiment, en particulier dans le monde des professionnels de la question et chez les pompiers. La deuxième est que *pull it* signifie aussi « le faire tomber ». Et puis, pour enfoncer un peu plus le clou, de nombreux témoignages de premier ordre viendront renforcer la masse de raisons de croire à une démolition contrôlée.

De plus, les *Truthers* travailleront dur sur le sujet, après les déclarations de Larry Silverstein, et ils y œuvrent encore aujourd'hui, sans relâche. Une équipe d'universitaires de Scholars for 9/11 Truth s'est attachée à recenser les arguments en faveur d'une démolition contrôlée, mais aussi ceux qui expliqueraient un effondrement provoqué par des incendies.

Leur matériau de base était composé des données recueillies dans les rapports mêmes de la FEMA et du NIST ; de cent dix-huit témoignages de pompiers ; de témoignages spontanés ; de confirmations de leurs travaux par des experts ; de la notion de « préconnaissance » d'une démolition du WTC 7 par certains témoins ; et d'une abondante documentation vidéo et photographique.

L'équipe est partie sur la présence éventuelle de dix indices classiques, signant autant de preuves directes d'une démolition contrôlée :

– Explosion et destruction soudaines partant de la base de l'immeuble, avec expulsion de poussière.

– Effondrement parfaitement vertical et symétrique dans ses fondations.
– Présence d'ondes de démolition, signe de destruction des colonnes de soutien.
– Effondrement pratiquement à la vitesse de la chute libre.
– Présence dans les débris de structures d'acier découpées en éléments de longueur transportable.
– Dommages minimaux sur les bâtiments immédiatement voisins.
– Sons et flashs d'explosifs.
– Énormes nuages de béton pulvérisé.
– Projections dues à des charges explosives visibles aux étages supérieurs.
– Indices chimiques de charges de découpe (du métal fondu restera... plusieurs semaines en activité, au dernier niveau des gravats).

La comparaison est accablante pour les tenants de la version officielle : ces dix points sont présents, en termes de preuves physiques et de témoignages directs – actés par les différentes commissions officielles –, pour démontrer la thèse de la démolition contrôlée. En revanche, aucun, strictement aucun, ne correspond à une destruction par l'action d'incendies sur la structure métallique du WTC 7...

En outre, il y a un obstacle de taille au revirement de Silverstein. Le temps. Celui qu'il aurait fallu pour installer tout un système de démolition contrôlée dans le WTC 7, 186 mètres de hauteur pour quarante-sept étages. Y compris avec une équipe de quarante experts, travaillant séparément, par équipes, tous dans le même laps de temps. La condition, on l'a vu avec le spécialiste Danny Jowenko, est peut-être jouable en une journée, dans les toutes meilleures conditions, et en travaillant très vite. Mais pas tant que des feux, mêmes minimes, sont encore en activité…

Or, en recoupant les informations disponibles, une telle équipe n'aurait pas bénéficié de plus de quatre heures pour accomplir sa tâche, et… avec la présence d'incendies ! D'après ce que l'on sait, par ailleurs, et notamment de la bouche de Mark Loizeaux, patron de la plus grosse entreprise de démolition étatsunienne, Controlled Demolitions, ce genre de travail, sur un immeuble de cette taille, peut demander plusieurs jours, et plutôt unc semaine, en œuvrant dans des conditions normales. Autant mettre une croix définitive, donc, sur cette éventualité.

De plus, si une telle équipe de quarante experts était entrée avec tout le matériel nécessaire, par exemple des palettes entières d'explosifs [28], il paraît évident qu'un grand nombre de personnes en auraient été témoins, ne serait-ce que parce qu'un périmètre de sécurité avait été mis en place, et que les entrées du building WTC 7 étaient interdites et surveillées…

***

Cette donnée est essentielle. Elle prouve en effet que les travaux préparatoires de la démolition – qui devient de fait un attentat – ont été effectués en amont du 11-Septembre. Et qu'elle devient donc partie intégrante des attaques de ce jour-là. La question étant bien entendu : qui a organisé cette destruction ?

28. Nous verrons plus loin pourquoi un tel volume aurait été nécessaire.

Ce 11-Septembre 2001, a expliqué en long, en large et en travers l'administration Bush, les États-Unis n'ont qu'un seul ennemi : Oussama Ben Laden et son organisation Al Qaïda. Prenons-en acte. Reste désormais à savoir si l'organisation terroriste aurait eu les moyens de réaliser cette opération.

Il lui aurait en effet fallu pour cela réunir un certain nombre d'éléments. Tout d'abord une équipe d'experts, puisqu'il s'agit tout de même d'une démolition contrôlée d'anthologie, millimétrée, avec à la sortie un immeuble de 186 mètres qui s'effondre dans ses fondations sans dommage pour les immeubles immédiatement voisins. On se demande bien pourquoi les terroristes se seraient préoccupés de ces derniers, d'ailleurs, puisque leur but avoué, à chaque action terroriste, est de faire le plus de morts possibles.

De plus, Al Qaïda possède-t-elle la technologie requise, avec notamment l'emploi d'explosifs de dernière génération, à usage militaire et top secret, comme on le verra ? Et possède-t-elle le savoir-faire pour s'en servir ? On peut légitimement en douter, notamment parce qu'elle ne s'est jamais resservi de cette arme terrible depuis.

Il y a un autre problème de taille : pour préparer son attentat, l'organisation de Ben Laden, forcément, aurait dû avoir accès au WTC 7. Fréquemment, et sur une durée relativement longue. Et là, c'est une autre histoire… Ben Laden avait déjà déclaré la guerre aux États-Unis, et il n'est pas sûr, mais alors pas sûr du tout, qu'on ait laissé des hommes de type arabe rentrer du matériel, se promener à leur guise, effectuer des travaux et installer leurs machines infernales, sans problème, dans le building n° 7 du World Trade Center…

Parce qu'il y a une autre donnée, et pas des moindres : la qualité des occupants de ce building. On le sait, il abrite pas moins que le quartier général de crise de la ville de New York, au vingt-troisième étage. Un vrai bunker, que Rudolf Giuliani, pour la modique somme de 15 millions de dollars, avait rendu totalement autonome. Non seulement il avait fait équiper cet étage d'alimentations indépendantes en eau et en air, mais il l'avait même fait protéger contre les balles, les bombes... et l'avait rendu étanche à la poussière ! On peut supposer que la protection rapprochée de cet étage, en termes de personnels accrédités – et costauds –, était du même tonneau. Mais le WTC 7 avait d'autres hôtes de grande marque...

La Securities & Exchange Commission (SEC), par exemple, c'est-à-dire l'équivalent de la Commission des opérations boursières en France (COB), le gendarme de la Bourse. La SEC occupait les onzième, douzième et treizième étages du building, et avait notamment en charge, à l'époque, entre trois et quatre mille dossiers de fraudes importantes. Dont deux emblématiques : les dossiers Enron et World Com, avec des milliards de dollars d'escroquerie à la clé.

Juste en dessous, les étages 9 et 10 étaient occupés par le US Secret Service, et le *New York Times* découvrira l'existence de... bureaux top secret de la CIA, à un endroit indéterminé de l'immeuble [29]. On avouera qu'il y avait du beau monde, dans cet immeuble ciblé par un attentat... Et qu'en aucun cas, cela semble assez clair, une équipe de fous de Dieu n'a pu planifier, préparer et mettre en œuvre une pareille machination.

---

29. « Secretive CIA Site in New York Was Destroyed on Sept. 11 », James Risen, le *New York Times,* 4 novembre 2001.

Quelqu'un d'autre l'a donc fait, puisque la destruction du WTC 7, elle, n'est pas une vue de l'esprit. Ce qui nécessite naturellement, au grand minimum, le fait d'avoir accès à un building truffé d'agents secrets…

En tout état de cause, on peut considérer deux choses. Premièrement, la destruction criminelle du WTC 7 est le fruit d'une conspiration, quelle qu'elle soit, puisque tous les éléments cités ci-dessus ne sont pas autre chose qu'une définition élargie de ce mot précis. Et dans ce cas précis, on a beaucoup de mal à admettre – pour ne pas dire que c'est totalement impossible – qu'Al Qaïda en soit le maître d'œuvre.

Secundo : il paraît difficile – pour ne pas dire impensable – de ne pas intégrer cette conspiration du WCT 7 à celle, globale, qui visait le World Trade Center et tout particulièrement les Twin Towers.

Le plus important – et c'est bien pourquoi l'étude de ce qui s'est passé au WTC 7 est d'une importance capitale –, est que l'on retrouvera un grand nombre de similitudes entre ce qui s'est passé au building 7 et à propos des tours jumelles… On avouera que c'est très loin d'être neutre…

« Le bâtiment 7 constitue bel et bien le talon d'Achille de la théorie du complot de l'administration Bush-Cheney, celle qui veut, entre autres, que deux avions détournés par des fanatiques aient fait s'écrouler à la vitesse de la chute libre… trois bâtiments du World Trade Center », estime d'ailleurs David Ray Griffin [30].

***

30. Entretien avec l'auteur, avril 2009.

La Commission d'enquête n'a donc même pas cité le cas du WTC 7, dans son rapport final de juillet 2004. Il y a de toute évidence de bonnes raisons à cela, notamment celles que nous venons de voir. Devant le tollé général, le NIST explique qu'il va se pencher sur ce cas particulier, et promet un rapport pour 2005. Il faudra attendre… août 2008 pour avoir connaissance de ce fameux rapport.

Pourtant, j'ai fait une découverte extrêmement intéressante. J'avais téléchargé depuis le site même du NIST [31] un document PDF consacré au WTC 7, sobrement intitulé, page 1, « Table of contents – Appendix L », « table des matières de l'annexe L ». Et plus loin, page 5 « Interim Report on WTC 7 », c'est-à-dire « Rapport provisoire sur le WTC 7 ».

Ce rapport de cinquante-six pages mentionne notamment page 27, sous forme graphique, les zones d'impacts attribuées au débris des chutes des Twin Towers, qui auraient provoqué des incendies. Et à vrai dire, elles ne sont pas vraiment compatibles avec les feux de faible intensité observés ici et là dans le building… En outre, un graphique décrit page 31 la vitesse de chute du WTC 7, 8,1 secondes, soit de 25 % supérieure à la vitesse constatée chronomètre en main devant les vidéos, 6,5 secondes… Ce rapport est d'ailleurs toujours totalement contesté, et même discrédité, par les ingénieurs et physiciens du Movement for Truth.

Mais ce qui m'a le plus étonné est que ce rapport, étrangement, n'était ni daté, ni signé. Il est assez facile de déterminer la date de création d'un fichier PDF : sélectionner le document, clic droit (ou « pomme i » sur Macintosh), menu

31. http://wtc.nist.gov.

déroulant, onglet « propriétés » puis, dans la fenêtre qui s'ouvre, clic sur « PDF ».

La surprise qui m'attendait est que ce document, signé « csawyer » a été créé le mercredi 6 juin à 20 h 59, et modifié pour la dernière fois le vendredi 8 juin à 18 h 12, mais en... 2004 ! Le NIST avait donc toutes ces informations avant la parution du rapport final de la Commission d'enquête, qui ne fait aucune mention du WTC 7 ! Il n'y a clairement que deux solutions : soit le NIST n'a pas fourni ces données à la Commission d'enquête, soit cette dernière a choisi de ne pas les faire figurer dans ses conclusions...

Une nouvelle fois, la preuve est faite que le WTC 7 n'est pas une épine, mais un véritable clou de charpentier planté dans le pied de l'administration Bush. Et là encore on peut parler de forfaiture : le NIST – agence fédérale sous contrôle du ministère du Commerce, rappelons-le – donne en août 2008 des informations qu'il avait depuis juin 2004, plus de quatre ans !

Et fin août 2008 n'est pas une date neutre : on sait très bien que George W. Bush comme Dick Cheney, moins de trois mois plus tard, ne seront plus à la présidence des États-Unis...

***

Il va de soi que les scientifiques des *Truthers*, entre autres, contestent et contesteront toujours le rapport de 2008 fourni par le NIST, qui sera d'ailleurs bien obligé de revoir sa copie, ainsi que le raconte David Ray Griffin :

« Quoi qu'il en soit, je vais encore indiquer une autre raison pour laquelle le bâtiment 7 constitue bien le talon d'Achille de la théorie du complot de l'administration Bush-

Cheney. J'ai dit tout à l'heure que le bâtiment 7 s'était effondré pratiquement en chute libre. Dans la première version du rapport, publié en 2008 pour le public, le NIST affirmait que l'effondrement avait duré bien plus longtemps que s'il s'était produit en chute libre. Il expliquait également pourquoi, selon sa théorie de l'"effondrement progressif", la chute libre absolue aurait été impossible.

> « Mais David Chandler, un professeur de physique, réalisa une vidéo montrant que l'immeuble s'était effondré en chute libre absolue, au moins pendant plus de deux secondes. En plus de placer sa vidéo sur Internet, Chandler confronta le NIST à son travail lors d'un débat public, diffusé en direct.
>
> De façon surprenante, dans son deuxième rapport final (!), publié en novembre 2008, le NIST concéda que le bâtiment 7 était tombé en chute libre pendant plus de 2 secondes. Mais il ne modifia pas sa théorie pour autant. Dans ses toutes dernières conclusions, le NIST admet donc la chute libre comme un fait empirique mais établi, tout en élaborant une théorie qui n'autorise tout simplement pas… la chute libre !
>
> On peut considérer que cette contradiction constitue l'ultime autodestruction de la théorie officielle. » [32]

La remarque – très importante – de David Ray Griffin s'applique là au seul WTC 7. Mais nous verrons plus loin qu'elle concerne aussi le World Trade Center dans son ensemble, et en particulier les Twin Towers.

***

32. David Ray Griffin, conférence publique, Lausanne, 18 avril 2009 ; entretien avec l'auteur, avril 2009.

Un autre fait jette une ombre assez énorme sur ce dossier précis. Pas très longtemps avant la révélation du rapport du NIST en 2008, une campagne a démarré avec le but précis de décrédibiliser le témoignage de Barry Jennings, le témoin clé du WTC 7. Le plus dangereux pour la version officielle, lui qui avait entendu des explosions et mentionné la présence de corps de victimes. Il n'était jamais revenu sur ses premières déclarations, en direct le 11 septembre, malgré bien des tracas.

En 2007, il avait accordé une interview aux réalisateurs des films *Loose Change* et *Loose Change 2*, deux œuvres démontant sévèrement la version officielle du 11-Septembre, avec un certain Dylan Avery à la baguette. Ces derniers préparaient en effet le dernier volet de leur trilogie, *Loose Change Final Cut* [33]. Jennings avait répété mot pour mot ce qu'il avait déjà dit à plusieurs reprises, ajoutant des détails supplémentaires et convaincants lui étant revenus en mémoire avec le temps.

À la fin du printemps 2008, toutefois, Barry Jennings demanda à Dylan Avery de retirer cette séquence de *Loose Change Final Cut*: il avait de sérieux problèmes, il avait reçu des menaces, et il craignait de perdre son travail, où les pressions ne manquaient pas... Dylan Avery accéda de bonne grâce à sa demande, vu les circonstances, mais probablement la mort dans l'âme...

Entre-temps, toutefois, Jennings avait également raconté son histoire pour un documentaire réalisé par la BBC. Mais cette dernière, non seulement n'expurgea pas son interview, mais la replaça dans un timing correspondant à la chrono-

33. Ce dernier est visible gratuitement sur Internet, avec un doublage en français, sur les sites dédiés à la vidéo en ligne.

logie officielle, celle de Rudolf Giuliani. Laissant habilement entendre que l'énorme explosion, décrite par Jennings, était en fait le bruit et les effets d'une des tours jumelles qui s'effondrait. La chaîne monta son document de telle manière, là aussi très habilement... que pour le téléspectateur Jennings était tout seul, piégé dans le WTC 7 ! Du grand art, en termes de manipulation, pour un doc diffusé le 6 juillet 2008. C'est-à-dire très peu de temps avant la publication du fameux rapport du NIST...

La BBC diffusa même une deuxième version de son documentaire, après les « révélations » du NIST au mois d'août, y incluant cette fois le témoignage de... Michael Hess, muet comme une carpe depuis près de sept ans ! Jennings n'était donc plus seul dans le WTC 7... Mais, dans ce document, Hess soutient la chronologie défendue par Rudolf Giuliani, le NIST et la BBC ! Il cautionne en outre leurs affirmations, selon lesquelles aucune explosion ne s'était produite dans le bâtiment 7... Détail : depuis 2002, Michael Hess n'était plus seulement un « ami » de Giuliani : il était devenu le vice-président de la société de consulting de ce dernier... *No comment*...

Si la BBC a pu se permettre cette deuxième « enquête », sans crainte pour Michael Hess d'être contredit, c'est qu'un événement grave s'était produit entre-temps : tout simplement la mort subite de Barry Jennings, 53 ans, sans problème de santé notoire... deux jours avant la publication du NIST.

Il ne s'agissait au départ que d'une rumeur, propagée en août sur le net. Mais une rumeur persistante, à tel point qu'à la mi-septembre 2008 les *Truthers*, et en particulier Dylan Avery, se penchèrent sérieusement sur la question. Cette information était en effet d'une importance assez capitale, et pas un média ne s'en était fait le relais, pas plus que la famille de Jennings, à leur grand étonnement.

Dylan Avery obtint enfin la confirmation du décès de Barry Jennings, auprès de son employeur, et le 16 septembre 2008, Aaron Dykes, pour infowars.com, put confirmer en exclusivité la mort de Barry Jennings, le 19 août précédent [34]. Plus d'un mois après…

L'information provenait d'un porte-parole de l'employeur de Jennings, la New York City Housing Authority, un service de la ville de New York, Howard Marder. Ce dernier confirma qu'en effet Jennings était bien décédé, après plusieurs jours passés dans un hôpital, environ un mois plus tôt. Marder ajouta que Barry Jennings était un homme bien, apprécié de tous à la Housing Authority, et que tout le monde le regrettait.

Mais il refusa de donner la moindre information supplémentaire, hormis que son administration n'avait pas encore pu contacter sa famille…

Aucune info sur la cause de son décès. Pas plus sur l'hôpital dans lequel Jennings serait mort. Impossible de retrouver la famille. Tout ceci à propos d'un témoin capital, contredisant une partie très importante de la version officielle du 11-Septembre, qui était l'objet de menaces, d'une campagne de désinformation, et craignait de perdre son emploi, mort deux jours avant la parution d'un rapport d'enquête officiel que ses témoignages contredisaient totalement…

Sans tomber dans la paranoïa, on avouera que cette affaire sent mauvais, et même très mauvais… De plus, quelques

34. Voir à www.infowars.com/key-witness-to-wtc-7-explosions-on-911-dead-at-53.

jours plus tard, le 30 août 2008, on apprenait la mort d'un certain Kenny Johannemann, par suicide. Il était devenu dépressif, a-t-on expliqué. Quoique moins connu, Johannemann était lui aussi un témoin de première main, dangereux à l'égard de la version officielle : il avait expliqué – comme pas mal d'autres d'ailleurs – avoir sans l'ombre d'un doute vu et entendu des explosions à différents étages des Twin Towers, où il travaillait, inexpliquées par le rapport final de la Commission d'enquête.

Même s'il ne le dit par ouvertement, mais entre les lignes, David Ray Griffin a beaucoup de mal à encaisser un décès « naturel » de Barry Jennings : « On n'a rien pu apprendre des circonstances de son décès, à part qu'il était mort dans un hôpital. Mais quelle qu'en ait été la cause, il faut bien avouer qu'il s'est produit au bon moment… Par exemple, il ne peut plus témoigner, après la publication du rapport controversé du NIST. Cette mort mystérieuse, soudaine, illustre bien que la vérité sur ce qui s'est passé au WTC 7 représente unc vraie menace pour la version officielle… » [35]

***

Même si on l'ignore en France, ce fameux rapport officiel à propos du WTC 7, ainsi que les conclusions de la Commission d'enquête en 2004, ont laissé des traces dans l'opinion publique, aux États-Unis.

Un sondage, réalisé par l'institut Zogby, une référence, montre que plus de la moitié des Étatsuniens [36], 51 %,

35. Entretien avec l'auteur, avril 2009.
36. www.zogby.com/news/ReadNews.dbm?ID=1354.

demandent une enquête du Congrès sur les actes de George W. Bush et Dick Cheney avant, pendant et après les attentats du 11-Septembre…

En outre, la même étude démontre que deux personnes sur trois, 67 %, estiment que la Commission aurait dû mener des investigations sur l'effondrement inexpliqué du WTC 7, et ne pas ignorer totalement le sujet en 2004.

Avec ce sondage, en se basant sur les chiffres de l'élection présidentielle qui a consacré Barack Obama, on peut calculer, abstentions et votes nuls ou blancs compris, que plus de 36 millions de citoyens étatsuniens demandent une enquête du Congrès sur les agissements de Bush et Cheney avant, pendant et après les événements du 11-Septembre ! C'est-à-dire, pour donner un ordre d'idée, un chiffre supérieur aux suffrages exprimés, en France, lors du deuxième tour de la dernière élection présidentielle : 35 773 578… [37]

Pour bien saisir l'importance de l'histoire, imaginons que le 11 septembre 2001 se soit déroulé en France. Eh bien aujourd'hui, en proportion, plus de 6,3 millions de Français sceptiques demanderaient la création d'une commission d'enquête parlementaire sur les faits et gestes de Jacques Chirac à l'époque, et plus de 8 millions de citoyens lui demanderaient pourquoi aucune étude sérieuse et plausible n'a été donnée sur le cas du WTC 7… Même si l'on retire de ces chiffres la petite minorité des « conspirationnistes », il semble bien qu'ils restent extrêmement parlants…

Et ces chiffres impressionnants, on va le voir, ne sont pas près de baisser…

37. Source : ministère de l'Intérieur.

5

Les Jumelles à la loupe

Ces longues et édifiantes considérations sur le Pentagone et le building 7 du WTC étant données, il faut évidemment examiner, à la lumière de ce contexte peu favorable à la version officielle, ce qui s'est exactement passé à propos des Twin Towers. Les fameuses tours jumelles, le joyau du World Trade Center.

Qui n'a pas vu et revu les collisions des Boeing contre ces deux immeubles géants de 415 mètres de haut, dans d'énormes boules de feu ? Ceux qui ont observé leur effondrement en direct, sur probablement toutes les chaînes de télé du monde, ont été hébétés par cette vision... Des chutes de folie, accompagnées de tonnes et de tonnes de poussière grise et noire, les gens affolés courant devant ces immenses nuages de plusieurs étages de hauteur qui les poursuivaient ; bref, un spectacle époustouflant, pourtant déjà vu. Mais dans des films catastrophe à gros budgets qui, pour être des œuvres de fiction, n'en donnaient pas moins la chair de poule. Mais, ce 11-Septembre, c'était du vrai, du palpable. La réalité dépassait tout simplement la fiction...

Il y a, comme cela, des événements ou des catastrophes qui vous « sonnent » le spectateur, qui dépassent son entendement. La vision est là, pas la réflexion. La force de frappe de l'image est terrible, c'est un fait acquis. Surtout dans des conditions de cataclysme telles que celles du 11-Septembre 2001. Et les séquences qui nous étaient proposées en boucle ne pouvaient nous amener qu'à une conclusion : des barbares avaient massacré 3 000 innocents à New York, et quelques heures plus tard on savait que ces attentats suicides étaient nés du cerveau diabolique, sadique et malade d'un certain Oussama Ben Laden.

***

Dans toutes les épopées, et le 11-Septembre en est une, il y a des histoires dans l'Histoire. Une multitude – des milliers en l'occurrence – d'anecdotes, de faits moins connus, voire inconnus, des milliers de personnes qui ont vécu, chacune selon son destin, cette journée vraiment exceptionnelle, totalement hors norme.

J'ai choisi de sortir de cette masse de vécu l'aventure assez extraordinaire d'un témoin qui s'avérera capital par la suite, un certain William Rodriguez. Capital en ce sens que son témoignage est d'une force telle qu'à lui seul, il réunit pratiquement toutes les données pour que la version officielle de l'administration Bush, à propos des Twin Towers, prenne l'eau de toute part. Capital, aussi, dans la mesure où il contient des éléments extrêmement précis, recoupés – et par conséquent confirmés – par des centaines de témoins directs, pompiers, policiers, employés et autres personnes de passage ce jour-là, à cet endroit-là et à ces heures-là.

William Rodriguez, employé d'origine portoricaine au nettoyage dans le WTC 1, la tour Nord, arrivait toujours à l'heure au travail. Le 11 septembre, fait exceptionnel, il ne prend ses fonctions qu'à 8 h 30, avec une demi-heure de retard. Trente minutes qui vont changer toute sa vie, outre le fait qu'elles lui évitèrent la mort…

Voici ce qu'il a dit, lors d'une des nombreuses conférences qu'il a données à travers le monde, ces huit dernières années :

> « Aujourd'hui cela fait cinq ans. Cinq ans de ma vie dédiés à cela, depuis que j'ai été retiré des décombres jusqu'à aujourd'hui, cinq ans que je lutte pour le droit des immigrés, le droit des victimes et la vérité sur le 11-Septembre, la gestion des catastrophes, et contre la guerre en Irak. C'est ce que fait un activiste : il passe d'un sujet à l'autre jusqu'à produire un changement.
>
> Après le 11-Septembre, cette chose merveilleuse que nous avions dans les années soixante, cet activisme, a été totalement éradiqué à cause du Patriot Act. Le Patriot Act a éliminé cinquante ans de droits civiques. Mais quand ils se servent du 11-Septembre, de notre tragédie et de notre désespoir pour mener leur politique, élaborer leur agenda guerrier, contre les gens, ici et à l'étranger, je pense que j'ai le devoir de l'ouvrir et de me plaindre.
>
> J'ai donc passé vingt ans dans le building WTC 1. Revenons sur ce qui m'est arrivé ce jour-là. Je suis arrivé en retard, et aujourd'hui je me dis que j'avais une mission ce 11-Septembre. Car si j'étais arrivé à l'heure, à 8 heures, je me serais trouvé au sommet de la tour au restaurant Windows on the World au moment de l'effondrement, et je serais mort…
>
> Donc je suis arrivé en retard, 8 h 30, au sous-sol B1. Au niveau B1 – il y avait six sous-sols, de B1 à B6 – se trouvaient les entreprises sous-traitant la maintenance du WTC 1, dont la mienne. Je parlais avec un collègue, à 8 h 46, on discutait, quand soudain nous

avons entendu un énorme BOUM ! Une explosion si forte qu'elle nous a soulevés du plancher. Soulevés ! Elle venait des sous-sols, entre les niveaux B2 et B3. À ce moment, je pensais que c'était la salle des machines, où se trouvent les pompes et les générateurs pour l'immeuble, que peut-être un générateur venait d'exploser. Après vingt ans de building, vous faites la différence entre ce qui vient d'en bas et ce qui vient d'en haut...

Tout le monde s'est mis à crier. L'explosion avait été si forte que les murs s'étaient craquelés, le plafond nous est tombé sur le dos, le système anti-incendie s'est déclenché, etc. Et comme j'allais dire que c'était un générateur qui avait sauté, on a entendu BOUM ! Tout là-haut, l'impact de l'avion, là-haut !! Deux événements différents, à deux moments différents !

Plus tard, j'ai même pensé : “Ils n'ont pas bien synchronisé tout ça...” Parce que l'explosion du sous-sol devait sans doute affaiblir la base du building, et être synchronisée avec l'impact de l'avion au sommet, et le building devait probablement s'effondrer tout de suite. Mais ça n'a pas marché.

Quand l'explosion du sous-sol s'est produite, il y a eu des cris partout, et quelqu'un s'est précipité dans le bureau en criant : “Une explosion !!! Une explosion !!!” Il avait les bras écartés, et la peau lui pendait aux aisselles, le long de ses bras, et jusqu'au bout de ses doigts. La peau pendait de ses mains... Je croyais que c'était un morceau de tissu... et puis j'ai réalisé que c'était sa peau ! Et j'ai dit : “Mais que s'est-il passé ? ! Que s'est-il passé ?” J'ai regardé son visage, sa peau était là aussi en lambeaux... Il s'appelle Felipe David, et il est du Honduras. Je ne le connaissais pas. Il travaillait pour une société de distributeurs de friandises. Il était au niveau B2 quand l'explosion s'est produite, et il s'est protégé le visage avec ses bras. C'est comme ça qu'il a été brûlé... Vous voyez, toute la peau pendait de son visage... des deux côtés...

J'ai dit: "Ne bougez pas !", et je suis allé appeler l'unité de secours, qui se trouvait dans le second building, la tour Sud – elles étaient connectées par le sous-sol –, j'allais décrocher le téléphone quand j'ai entendu une autre explosion !!! Elle était si puissante, le building a tellement oscillé que les murs se sont craquelés encore plus. Les gens croyaient que c'était un tremblement de terre, et ils se sont massés sous les portes démontées. J'ai dit: "Non je pense que c'est une bombe !" Parce que j'ai survécu à l'attentat de 1993 [1]. Je suis même resté coincé dans un ascenseur pendant quatre heures, ce jour-là ! Ils ont même dû démolir un mur pour nous sortir de là. Alors immédiatement, j'ai pensé à une bombe...

J'ai dit: "Nous devons sortir d'ici !" J'ai guidé cette quinzaine de personnes hors du bureau, par le quai de chargement vers l'extérieur du building, avec Felipe David sur mon dos. On a vu une ambulance, on a mis Felipe dedans, et là, il est tombé dans le coma...

C'est là que j'ai entendu quelqu'un dire: "Un avion a percuté le building !!!" Il y avait un gars de la sécurité, et sa radio répétait: "Un avion est rentré dans le building ! Un avion est rentré dans le building !" J'ai levé les yeux et j'ai vu le trou, l'incendie, la fumée, etc., mais je ne pouvais pas voir l'antenne au sommet du WTC 1.

Et c'est là que j'ai pensé: "Oh, les employés de Windows on the World !", le restaurant au sommet de la tour, au cent sixième étage. Je prenais mon petit

1. Le 26 février 1993. Un camion chargé de 680 kg d'explosifs au nitrate se désintégra dans un parking souterrain de la tour Nord, faisant six morts et 1 042 blessés. L'extension des dommages, un cratère de 30 X 60 mètres à travers cinq niveaux de sous-sol, et les incertitudes quant aux dommages subis par les colonnes porteuses centrales (mais une seule fut légèrement affectée) firent que les deux tours restèrent fermées pendant plusieurs mois. Six extrémistes islamistes, dont Ramzi Yousef, furent condamnés à perpétuité pour leur rôle dans l'attentat.

déjeuner avec eux tous les matins… Je commençais à nettoyer les escaliers depuis le haut, j'allais dans les cuisines des employés, et je discutais tous les jours avec eux. Je connais chacune des soixante-seize personnes qui sont mortes là-haut…

Quand j'ai songé à ça, je me suis écrié : "Nous devons y retourner ! Nous devons y retourner !" Personne ne voulait me suivre… Mon chef m'a dit : "Non, Rodriguez, tu restes ici !" J'ai répondu : "Non, nous devons y retourner, nous devons aller aider ces gens !" Il m'a dit : "Non, non, non : tu restes ici !"

Alors j'ai pris la radio du garde et j'ai couru dans le building, par le sous-sol, vers la tour Nord ! Il y avait de l'eau partout, à cause du système anti-incendie. Pourquoi le système anti-incendie s'était-il déclenché au sous-sol, alors que l'avion avait frappé là-haut ? Réfléchissez à cela : ça n'avait pas de sens ! De l'eau partout…

J'ai couru vers la tour Sud, où il y avait le Centre de contrôle opérationnel, qui a été créé après 1993. Ils ont dépensé 155 millions de dollars pour améliorer le building, après l'attentat, et mettre en place un système de sécurité complet, dont le Centre de contrôle. Eh bien quand je suis allé frapper à la vitre, il n'y avait… personne ! Il n'y avait personne ! Personne au Centre de contrôle, où ils ont les caméras, les enregistrements, etc.

J'ai retrouvé un gars qui s'appelait Jimmy Barrett. Il était dans l'autre tour, la tour Sud, et il ne savait pas ce qui se passait. Je lui ai crié : "Vous devez sortir ! Vous devez sortir !" Ça vous donne une idée de la situation : il était aux sous-sols de la tour Sud… Combien de personnes sont mortes sans jamais savoir ce qui était arrivé ? Puis j'ai trouvé une femme qui travaillait pour l'hôtel Mariott. Elle avait tout entendu. Elle restait là, derrière son comptoir d'accueil… Je lui ai dit : "Mais qu'est-ce que vous faites là ? Sortez !" Vous savez ce qu'elle m'a répondu ? "Je ne peux pas, je suis nouvelle et je ne veux pas me faire virer..." Voyez leur ignorance de ce qui se passait... Elle ne savait pas. Alors je l'ai fichue dehors...

J'ai couru vers l'autre tour, la tour Nord à nouveau, il y avait de l'eau partout. J'ai trouvé un gars qui travaillait pour une société de recyclage, qui disait: "J'entends des cris..." Le WTC comptait cent cinquante ascenseurs. J'ai collé mon oreille à l'une des portes, et j'ai entendu des personnes coincées dans l'ascenseur qui criait: "On va se noyer !" C'était surréaliste... J'essayais de comprendre ce qui se passait... Et toute cette eau du système anti-incendie se déversait dans la cage d'ascenseur, et ils étaient coincés entre le niveau B2 et B3. Et ils avaient de l'eau jusqu'à la taille.

Je n'ai jamais été croyant, j'étais agnostique. Je ne croyais rien du tout. Mais à cet instant, j'ai dit: "Dieu, viens-moi en aide !" J'ai cherché et trouvé un tuyau en métal, dans un endroit supposé débarrassé des débris de construction. J'ai pris le tuyau, je l'ai placé contre la porte de l'ascenseur, et avec Barrett nous avons ouvert les portes. Mais ça n'a pas marché, et l'eau s'engouffrait de plus belle dans la cage d'ascenseur... Et les cris ont redoublé. J'ai regardé en bas, c'était trop profond. Et puis la providence m'a fait trouver une échelle suffisamment longue. Un vrai miracle: normalement, elle était cadenassée pour éviter qu'on ne la vole... Elle était là pour ça. J'ai pris l'échelle, je suis retourné vers la cage d'ascenseur. Je suis descendu, j'ai ouvert la grille, j'ai fait sortir ces deux personnes. L'une d'elles, Salvator John Paco, un peintre que je ne connaissais pas non plus, m'a dit qu'il y avait eu une énorme explosion au sous-sol, qu'ils avaient essayé de se protéger de l'incendie en entrant dans l'ascenseur, que les portes s'étaient refermées, que l'ascenseur avait commencé à descendre et qu'il s'était bloqué. Ce sont ses propres mots.

Je les ai aidés à sortir du building, à monter dans une ambulance, et je suis retourné dans le gratte-ciel. J'ai entendu : "N'y retourne pas ! Tu es fou !" J'ai répondu *no entiendo, no entiendo !* [2] Mais je priais en anglais !

Je suis retourné au sous-sol j'ai retrouvé une personne, l'officier de police David Lim. Il était responsable de l'Unité canine, et responsable des secours pour les Autorités portuaires. Il m'a demandé : "Willy est-ce que tu as la clé ?" En fait, il me demandait si j'avais le passe-partout. Il y en avait seulement cinq pour tout le complexe. Les Autorités portuaires avaient les quatre autres. Ils étaient entraînés au secourisme, aux premiers soins, au sauvetage... et ils ont été les premiers à s'échapper !

Alors j'ai dit : "On y va !" Nous sommes remontés vers le hall. Quand nous y sommes arrivés, les pompiers étaient là. Ils attendaient avec ce qu'ils appellent la "clé d'accès incendie". Elle leur permet de forcer n'importe quel ascenseur. Je leur ai dit : "Inutile d'attendre, il n'y a plus d'ascenseur. Suivez-moi !" Nous sommes donc montés par les escaliers. C'était très difficile pour ces pauvres pompiers, à cause des équipements qu'ils avaient sur le dos : entre 30 et 50 kilos d'équipement chacun ! De temps en temps, on se heurtait aux gens qui descendaient, parce que les escaliers n'étaient pas assez larges...

Donc on a continué de monter, et on entendait des petites explosions, provenant de différents endroits... Pan ! Pan ! Pan ! J'ai demandé aux pompiers : "C'est quoi ça ?" Et l'un d'eux m'a dit : "Je pense que ce sont les bonbonnes de gaz des cuisines." Mais c'était impossible, parce que c'était un building de classe A : toutes les cuisines étaient équipées en électrique. D'où venaient ces explosions ?!

2. Je ne comprends pas [ce que vous me dites, NdA], en espagnol.

Alors, pourquoi ce passe-partout était-il si important pour les pompiers ? Parce que dans le building de classe A, à New York, la norme est la suivante : dans chaque escalier, trois portes sur quatre sont verrouillées. Nous devions donc ouvrir toutes ces portes bloquées. En 1993, les pompiers avaient perdu beaucoup de temps à enfoncer les portes pour parvenir aux étages. C'est pourquoi le passe était si important. Il permettait d'accéder au complexe entier.

Comme nous montions, il y a quelque chose dont on ne parle pas, et qui me reste dans le cœur. Ce sont les cris, que j'ai entendus, des gens coincés dans les ascenseurs, et qu'on ne pouvait pas aider. Si vous me demandez quel est mon pire cauchemar, je vous dirai qu'il y en a deux, et celui-là est le plus fréquent. Chaque fois que je prends un ascenseur, j'ai les cris de ces gens dans ma tête. Et ce genre de chose vous brise le cœur. Vraiment... Ces gens n'avaient aucune chance.

Alors que je montais, quelqu'un m'a dit : il y a une personne en fauteuil roulant au vingt-septième étage ! J'ai redescendu deux étages pour dire aux pompiers qu'il y avait quelqu'un en fauteuil roulant, qui avait besoin d'aide. L'un d'eux m'a expliqué qu'ils évacuaient les handicapés en dernier, car cela ralentissait le sauvetage du plus grand nombre... C'est un choix terrible...

Quand nous sommes arrivés au vingt-septième étage, les pompiers se sont effondrés, les uns après les autres. Il ne pouvait plus monter. Il leur était physiquement impossible de continuer. Ils ont jeté leurs équipements, leurs vestes. Ils se sont jetés eux-mêmes sur le sol. J'ai été très perturbé en voyant ça, et je me suis dit : il va falloir que j'y aille seul, maintenant ! Avec David Lim, nous avons cassé les distributeurs d'eau pour apporter des bouteilles aux pompiers.

Et puis j'ai appelé ma mère depuis un bureau. Mais ma mère était à Porto Rico et je voulais lui dire, au cas où elle entendait les nouvelles, que j'allais bien.

Elle m'a dit: "Mais qu'est-ce que tu fais là ? !" Le monde entier savait tout ce qui s'était passé, sauf nous ! Elle m'a disputé: "Sors de là tout de suite !" Alors je lui ai expliqué que je ne pouvais pas, et que je n'étais pas en danger. Mais mon intention était de monter à Windows on the World, pour aider mes amis. C'était ce qui me motivait, et m'a donné la force de monter. Parce que je connaissais des gens qui étaient coincés là-haut.

J'ai raccroché, et j'ai eu un appel radio de mon chef: "Rodriguez, quitte les buildings tout de suite !" J'ai dit: "Je ne peux pas, j'aide les pompiers." Lui: "Ce n'est pas ton boulot, sors de là !" J'ai coupé la radio et j'ai continué à monter, tout seul, pour ouvrir les portes et laisser sortir les gens, jusqu'à ce que j'arrive au trente-troisième étage. Là, j'avais une armoire où je suis allé prendre des masques contre la poussière, pour les donner aux gens qui sortaient, à cause de la fumée dans l'escalier. C'était une fumée acre, qui vous prenait à la gorge. J'en ai parlé au professeur Jones et à des experts, qui m'ont dit que ça ressemblait à du nitrate d'ammonium. Moi, je ne suis pas expert de ces choses-là...

En allant chercher ces masques, j'ai trouvé une femme assise sur le sol, tremblante, pieds nus, en position fœtale. Je lui ai demandé: "Qu'est-ce que vous faites ici ? Sortez !" Elle a dit qu'elle ne savait pas quoi faire, ni où aller... Elle était nouvelle, et personne ne lui avait expliqué les consignes de sécurité ! Je l'ai relevée, guidée vers l'escalier et demandé aux gens qui descendaient de s'occuper d'elle.

J'ai continué à monter, jusqu'au trente neuvième étage, où David Lim m'a rejoint avec deux pompiers. On discutait de ce que nous allions faire, quand on a entendu boum ! L'impact sur l'autre tour. Ce fut si violent, et notre building a tellement bougé que nous avons failli tomber. Et aussitôt après nous avons entendu: Boum ! Boum ! Boum ! Boum ! Boum !

Boum !!! Et la radio disait : "Nous avons perdu le 65 !" Ça signifiait que le soixante-cinquième étage venait de s'effondrer. [...] J'ai crié : "Il faut monter !" David Lim m'a dit : "Rodriguez, vous en avez assez fait... Vous n'êtes pas payé pour ça !" J'ai dit : "Quoi ? ! Je monte !" Lim : "Non, vous restez ici ! Vous êtes un civil, sous ma responsabilité !" Alors je lui ai dit : "Désolé, mais je ne donne la clé à personne. Je monte !" David Lim : "Je préfère que vous aidiez à secourir la personne en fauteuil roulant, au vingt-septième étage". J'ai dit : "OK, David, je descends avec vous pour vous aider, mais je remonte aussitôt après."

Je suis donc redescendu au vingt-septième étage. J'ai crié aux pompiers : "J'ai l'ordre d'évacuer la personne en fauteuil roulant !" La personne était déjà sur une civière, attachée. J'ai empoigné la civière avec trois hommes, et nous avons commencé à descendre. Tandis qu'on descendait, c'était comme dans le film La Tour infernale. Il y avait des débris enflammés qui tombaient du plafond, des murs. Et on entendait les néons des escaliers se briser, les uns après les autres, à cause de l'oscillation du building, à l'unisson : Clash ! Clash ! Clash ! Clash ! Et nous n'avions plus de visibilité pour descendre. L'éclairage de secours ne fonctionnait qu'à certains niveaux. Et pour sortir du building, nous n'en avions pas.

Nous sommes enfin parvenus au rez-de-chaussée. Et en arrivant dans le hall, qu'est-ce que je vois ? Les ascenseurs étaient ouverts de bas en haut, déchirés, indiquant que quelque chose de puissant s'était produit au sous-sol. Pas besoin d'être un génie pour comprendre que quelque chose n'allait pas... Un des pompiers m'a demandé d'aller chercher l'ambulance. L'autre tour, la 2, était tombée pendant que nous descendions. Je me souviens avoir dit à la personne sur la civière : "Ne vous inquiétez pas : après, on ira boire une bière !" Je ne bois pas... Mais je voulais l'encourager à tenir bon. Et j'essayais moi-même de digérer ce qui venait de se passer.

On m'a demandé d'aller chercher l'ambulance, et j'ai réalisé que toute la partie à ma gauche était détruite. Il y avait de la poussière partout, les caméras de sécurité pendaient par leur fils. Le magnifique marbre de l'entrée était complètement démoli. Réduit en miettes. Il ne restait plus que les plots de ciment à l'endroit où il y avait le marbre… Je suis sorti du building par l'entrée principale. Là, j'ai vu que toutes les vitres étaient brisées en mille morceaux, il n'y en avait plus une seule intacte. Plus de portes coulissantes, non plus. J'étais face à l'entrée, et j'ai entendu : "Ne regardez pas derrière vous !" Quand on vous dit cela, qu'est-ce que vous faites ? Je me suis retourné et j'ai regardé… Et mesdames et messieurs… [William Rodriguez observe un silence grave, une boule dans la gorge semble l'empêcher de continuer, NdA.]

J'ai vu les corps des gens qui avaient sauté du building. J'ai vu comment ils s'étaient écrasés sur le sol, avec l'impact que cela suppose… La femme du trente-troisième étage que j'avais aidée, je l'ai retrouvée coupée en deux, à cause du verre qui était tombé du sommet. Il l'avait coupée en deux, comme une guillotine… Et j'ai dit : "Mon Dieu, mais que se passe-t-il ?" Et puis j'ai entendu : "Courez ! Courez !"

J'ai regardé à gauche, j'ai vu que l'hôtel Marriot avait pratiquement disparu. Il y avait des corps partout. J'ai pensé : "Mon dieu, mon Dieu, aidez-moi !" Et j'ai vu ce camion de pompiers devant le building, je me suis glissé dessous, et aussitôt le building a commencé à s'effondrer. On a entendu des "boum, boum, boum, boum, boum". Et le camion s'est enfoncé…

Il y a eu un grand silence, et ce nuage de poussière est arrivé. Et alors je me suis dit que je n'allais pas mourir écrasé, mais que j'allais être asphyxié. Parce que vous ne pouviez plus respirer. Vous sentiez vos poumons se dilater, se contracter. Je me suis dit que ça allait être une mort lente… Et je ne pensais qu'à cette pauvre femme, coupée en deux. La chose la plus effroyable que j'ai jamais vue... À ce moment-là, je me suis dit: "Je vais mourir, ça y est..." J'ai essayé de contrôler ma respiration, de me concentrer et de rester calme. Mais je m'attendais à mourir.

Par chance CNN et GlobalVision, du Brésil, étaient de l'autre côté de la rue et ils filmaient la scène: "Cet homme, le dernier à être sorti !" C'est comme ça qu'ils m'ont secouru. J'ai été retiré des décombres. Ils m'ont pris pour un pompier, parce que j'avais une veste avec une inscription "Safety 11" écrite dessus, qui ressemblait à une tenue de pompiers...

Je suis resté dans le périmètre, j'ai continué à rechercher des gens. Je me souviens être retourné au camion, voir s'il n'y avait personne d'autre. J'avais été sauvé juste à temps... Je suis allé vers le pont qui relie la tour Nord et le World Financial Center, et qui s'est effondré sur les camions de pompiers. Là, j'ai vu une paire de bottes, je les ai tirées, et je suis resté avec les bottes dans les mains... À l'intérieur il y avait des jambes d'un pompier... J'ai hurlé, et les pompiers sont venus sortir le corps, car c'était tout ce qui restait... Je suis resté des heures sur les lieux...

Et puis les journalistes me sont tombés dessus, et ont fait ces reportages qui ont été diffusés dans le monde entier. Ils m'ont interviewé, et j'ai parlé des explosions que j'avais entendues, de la personne en fauteuil roulant... toute l'histoire, quoi. Les jours suivants je n'ai pas dormi...

Par la suite, les familles et moi nous nous sommes organisés, j'ai créé l'Association des victimes hispaniques, car les Hispaniques ne bénéficiaient pas des fonds de compensation de façon équitable. Je me suis donc rendu au Congrès avec un groupe de familles, pour demander qu'une commission soit créée pour enquêter sur le 11-Septembre.

Souvenez-vous, le président [Bush] a dit que nous n'avions pas besoin d'une enquête, puisque nous connaissions les coupables ! Mais ce n'était pas la chose à dire aux familles… Car nous avons poussé très fort, et nous l'avons eue !

J'ai été l'une des dernières personnes à témoigner. Mais j'ai dû témoigner à huis clos… Tout le monde avait témoigné devant les caméras de télévision ! Vous vous souvenez de ces auditions [3]. J'ai témoigné, et jusqu'au rapport final j'ai pensé qu'ils allaient faire ce qu'il fallait…

Mais quand le rapport final est arrivé, quelle surprise ! Mon témoignage n'y était pas, même s'ils m'ont bien dorloté… Mon nom ne figurait même pas une fois, dans un rapport de près de six cents pages ! J'avais cité vingt-deux personnes étant prêtes à témoigner : des pompiers, des victimes, des survivants, etc. Elles avaient partagé mon expérience… Elles n'ont jamais été sollicitées par la Commission !

Felipe David, le grand brûlé, a survécu. Il est resté treize semaines dans le coma. Il a été interviewé à la télé nationale, et son histoire a fait le tour du monde… mais en espagnol ! En espagnol, notre histoire est parfaite. En anglais, elle a toujours été coupée ! Lui non plus n'a pas été entendu comme témoin…

Voilà pourquoi nous faisons cela. Nous devons la vérité aux victimes, aux survivants, à ceux dont le 11-Septembre a bouleversé la vie. Je fais cela parce que j'ai perdu deux cents amis le 11-Septembre. Deux cents personnes qui n'ont pas la possibilité de réclamer la vérité, de se faire entendre. Et moi je suis vivant grâce à un miracle : c'est mon devoir de le faire pour eux. »

3. Les auditions de témoins devant la Commission d'enquête étaient télévisées en direct par certaines chaînes, NdA.

On conviendra que ce témoignage est on ne peut plus complet et édifiant. La version officielle de l'effondrement des Twin Towers, comme on le verra, ne correspond en rien à ce qu'a vu, entendu et subi William Rodriguez ce matin-là. De plus, tout ce qu'il raconte dans ses conférences à travers la planète, pour être très spectaculaire, n'en a pas moins été raconté en direct devant les caméras de nombreuses télévisions, étatsuniennes et étrangères, le 11 septembre 2001 et les jours suivants. Les témoins qui l'ont vu agir se comptent par centaines, en particulier les employés de la tour Nord qui lui doivent la vie, et plus d'une vingtaine d'entre eux désirent témoigner officiellement.

Rodriguez est même devenu, très officiellement, un héros national : il a été reçu à la Maison Blanche par les époux Bush avec tous les honneurs, félicitations, remerciements de la nation, médaille du *National Hero* et grande fête à la clé. Le balayeur du WTC 1 était devenu une star... La suite sera moins porteuse pour « Willy », nous le verrons également...

Outre la vision d'un témoin direct et en pleine action, ce qu'il faut retenir de ses dires est le nombre d'explosions invraisemblable qui se sont produites dans le WTC 1. Notamment celle du sous-sol, qui a occasionné des dégâts assez énormes à la base et dans les fondations de la tour, *avant* que le vol 11 ne vienne la frapper entre les quatre-vingt-treizième et quatre-vingt-dix-neuvième étages !

Les explosions de la tour Nord décrites dans ce témoignage sont également totalement incongrues, dans le décor final rapporté par la Commission d'enquête. William Rodriguez n'est pas seul à en faire état : des centaines d'employés, se ruant dans les escaliers, la peur aux tripes, les ont bien entendues, eux aussi [4].

Les policiers et les pompiers présents dans la tour infernale aussi, du reste. Et puis surtout, est-on tenté de dire, les journalistes de toutes les chaînes de télévision, en direct, qu'au moins tous les États-Unis ont entendus et vus en temps réel... [5]

Juste un exemple : le reporter Pat Dawson, de NBC, se trouve sur le site alors que, et c'est extrêmement important, aucune des deux tours ne s'est encore écroulée. Voici ce qu'il rapporte en direct : « Il y a juste quelques instants, j'ai parlé au chef de la sécurité du Département du feu de la ville de New York. Le chef Albert Turi a eu des informations sur l'éventualité d'un dispositif secondaire en train de se mettre en marche, qui serait en fait une autre bombe. Il a essayé de faire sortir ses hommes aussi vite qu'il a pu, mais il a dit qu'une autre explosion s'était produite. Alors, une heure après le premier impact d'avion ici même, le premier crash, il a dit qu'une autre explosion s'était produite dans l'une des deux tours ici. Il pense qu'en fait des engins explosifs étaient installés dans le building. Le deuxième engin explosif, pense-t-il, était probablement déjà installé dans le building. » [6]

---

4. Une compilation de plus de deux cents témoignages est disponible en français à l'adresse Internet suivante : www.scribd.com/doc/5685775/Plus-de-200-Survivants-Proches-des-victimes-remettent-en-cause-le-rapport-de-la-Commission-sur-le-11-Septembre?autodown=pdf.
5. De très nombreux témoignages face caméra sont visibles sur les nombreux documentaires réalisés à propos du 11-Septembre, et aussi sur internet, dont une compilation assez complète de reportages en direct à www.youtube.com/watch?v=5IqSsTmWv7k&eurl=Interviewvid%E9o%E0NBCTodayShowavecArthurDelBianco
6. NBC, Breaking News, 11 septembre 2001.

Un « dispositif secondaire », « une autre bombe », « une autre explosion s'est produite », « des engins explosifs étaient installés dans le building », et tout ceci avant les effondrements : peut-on penser à autre chose qu'à une démolition contrôlée, pour parler vrai, même si c'est encore tabou huit ans après ?

Les pompiers présents dans les tours, eux, au contact, en première ligne, savent parfaitement ce qui s'est passé. Ceux du Centre 7 ont eu la chance de tous rentrer à la caserne, un par un, en ordre dispersé. Harassés, fourbus, ils se comptent chaque fois que l'un d'entre eux rentre au bercail. Ils se tombent dans les bras les uns des autres : « P…, c'est bon de te revoir, vieux… Je pensais que tu y étais resté, toi aussi… Et Todd, tu l'as revu ? On sait où il est ? »

Dans ce milieu, où la fraternité et l'entraide sont des valeurs énormes, ils savent déjà, eux, le tribut insensé que leur corporation a payé au World Trade Center… Mais, tout à leurs pensées macabres, ils n'en imaginent probablement pas l'ampleur : dans les 3 000 morts recensés, ce ne sont pas moins de 347 de leurs frères d'arme qui sont restés sur le carreau…

C'est du document brut, caméra à l'épaule. Ce film des Français Jules et Gédéon Naudet, qui à l'époque tournaient un documentaire sur les *firefighers* new-yorkais, et sont restés avec eux toute cette journée-là, est remarquable [7].

Le capitaine Dennis Tardio, justement patron du centre 7, y est interviewé au calme, dans un studio, probablement un bon moment après les événements. Toujours sous le

7. *New York : 11 septembre*, a été primé par deux Emmy Awards en 2002.

choc. Regard dans le vide, ou les yeux fermés : « Tant des nôtres sont morts… » On revient au direct dans la séquence suivante : une demi-douzaine de pompiers discutent de ce qui s'est passé dans les heures précédentes, en demi-cercle. Tardio est avec ses hommes, un café à la main. L'adrénaline est retombée, mais n'a pas totalement disparu.

Un jeune, carrure de pilier de rugby : « On est descendus aussi vite qu'on pouvait : il y avait des explosions ! »

Dennis Tardio, défait : « Oui… Et que pouvions-nous faire ? Rien… » Il lève la main et mime les explosions à chaque étage : « Pan ! Pan ! Pan ! Pan ! » en descendant sa main droite à chaque « pan ». Le costaud renchérit : « Oui, étage par étage : Bam ! Bam ! Bam ! Bam ! »

Le capitaine Tardio, mimant cette fois beaucoup plus rapidement la séquence : « Oui, mais plus vite que ça : boum-boum-boum-boum-boum-boum ! » Ce sont des professionnels : ils savent déjà très bien ce qui s'est réellement passé…

Du reste, un dernier plan montre l'un d'eux venant en direction de la caméra, sortant visiblement de la salle de télé de la caserne, alors que ses collègues écoutent le fameux discours que George W. Bush prononce ce 11-Septembre, à 20 h 30, pour toutes les chaînes du pays – et du monde.

Bullshit ! balance-t-il en passant à l'attention du réalisateur, à propos de Bush. Que l'on traduira, pour rester correct, par : « C'est du pipeau »…

Pour revenir aux médias, à propos de la presse écrite, cette fois, les plus grands journaux regorgent, eux aussi, dans leurs éditions du 12 septembre, de témoignages sur le vif, saisis par leurs envoyés spéciaux. Chaque quotidien a également recueilli bien sûr, l'avis d'experts en tous genres.

Dans ce domaine, voici un épisode très édifiant quant au suivi médiatique de ces catastrophes, inédit en France à ma connaissance.

Ce 11 septembre 2001, à Albuquerque, Nouveau-Mexique, un journaliste fait son travail. Les Twin Towers viennent de s'effondrer, et il a la chance d'avoir sous la main des experts de tout premier plan, au New Mexico Institute of Mining and Technology, tout proche, *The Tech* comme le nomment les habitants d'Albuquerque.

Olivier Uyttebrouck, du *Albuquerque Journal*, contacte donc l'un des meilleurs : Van Romero, le vice-président délégué à la recherche, expert en démolition et usage d'explosifs.

L'analyse de ce dernier est immédiate et sans équivoque [8] : « Les images télévisées [qui passent en boucle au moment où Romero répond au journaliste, NdA] suggèrent que ce sont des explosifs qui ont causé l'effondrement des Twin Towers. Leurs chutes apparaissent trop méthodiques. Mon opinion, à la vue des images télévisées, est qu'après que les avions ont frappé les tours, des explosifs placés à l'intérieur des buildings ont provoqué leur chute. La démolition de ces structures ressemble à celles que l'on observe lors de démolitions contrôlées, lorsqu'on détruit de vieux bâtiments. Il serait vraiment difficile pour un avion de provoquer des dégâts aux conséquences pareilles. »

Il faut garder à l'esprit qu'au moment de cet entretien, on est au cœur de la catastrophe. Les événements ont très rapidement été attribués à Ben Laden et Al Qaïda, et proba-

8. *The Albuquerque Journal*, « Explosives Planted in Towers, New Mexico Tech Expert Says », par Olivier Uyttebrouck, 12 septembre 2001.

blement peu de gens au monde ont des doutes sur l'origine de ces carnages. Van Romero compris. Il s'exprime « en direct », en tant que scientifique et visiblement sans arrière-pensée, sinon celle qu'Al Qaïda a placé des bombes dans les immeubles.

« C'est une technique connue, employée par les terroristes », explique-t-il d'ailleurs à son interlocuteur. « Ils font exploser une première bombe de "diversion", qui fait des morts et des blessés, puis une deuxième lorsque les secours et les badauds sont agglutinés sur les lieux, qui occasionne autant de dégâts sinon plus. Si mon scénario est correct, les collisions d'avions ont été la "diversion". »

Son jugement technique *a priori,* à propos des tours, peut être considéré comme fiable si l'on fouille son *curriculum vitae :* avant de devenir vice-président du New Mexico Institute of Mining and Technology, Van Romero en a été le directeur de recherches sur l'énergie des matériaux et du Centre d'essais. C'est-à-dire qu'il supervisait les études sur les explosifs et leurs effets sur les bâtiments, immeubles, avions, etc. À ce titre, le *Tech* est d'ailleurs à l'époque un interlocuteur privilégié de la justice étatsunienne en matière de recherches criminelles.

Pourtant, dix jours plus tard, dès le 21 septembre 2001, le *Albuquerque Journal* corrige sa copie dans son édition papier. Et l'article d'Olivier Uyttebrouck y est contredit, dès le titre, par son camarade de rédaction John Fleck : « Un expert estime que c'est le feu, et non des explosifs, qui ont détruit les tours. » [9] L'expert en question est… le même Van Romero, et le papier ne lui attribue que deux courtes citations, peu convaincantes par ailleurs.

9. www.abqjournal.com/terror/anniversary/pmvan09-21-01.htm.

« Romero *rejoint* d'autres experts, qui ont expliqué l'affaiblissement des structures d'acier par l'incendie des avions », explique le journal, qui le cite, pour une réponse vraiment minimaliste. Mot pour mot : « Le feu a certainement causé la chute des buildings. » « Certainement » ? Quel est le sens de ce « certainement » : « Peut-être » ?

Deuxième citation de Romero, sachant que son interview du 12 septembre était consultable en ligne sur le site Internet du *Albuquerque Journal*, et que l'expert a été assailli de mails adressés par des « théoriciens du complot », selon les termes du quotidien : « J'en suis très triste. Je n'essayais pas d'expliquer que telle ou telle chose était arrivée… », fin de citation. En gros : « J'ai simplement dit ce que je voyais. » Avec toutefois un œil d'expert en démolitions et en explosifs plus que confirmé, est-on tenté d'ajouter.

On peut admettre qu'en termes de rétractations, on a vu nettement plus convaincant… On notera aussi, au passage, que moins de dix jours après les attentats, il existe déjà des « conspirationnistes », puisque le terme employé par le *Albuquerque Journal* est on ne peut plus clair : *conspiracy theorists*. Lesquels voient dès les jours suivant les attentats, toujours selon le quotidien du Nouveau-Mexique, « la participation possible du gouvernement » des États-Unis…

On l'a vu, Van Romero est vice-président du New Mexico Institute of Mining and Technology. Lequel, comme tous les instituts, ne peut fonctionner qu'avec un budget conséquent, alimenté pour la plus grosse partie par des subventions. Nationales pour l'essentiel, dans son cas, puisque le *Tech* travaille notamment pour la justice et le gouvernement.

Le détail qui tue : son principal bailleur de fonds est… le Pentagone ! Du reste, lorsqu'il répond à l'interview téléphonique d'Olivier Uyttebrouck, le 11 septembre 2001, Van Romero est à Washington, à deux pas du Pentagone. Il lui explique qu'il est en compagnie de Denny Peterson, vice-président du *Tech*, délégué à l'administration et aux finances. Tous les deux y ont rendez-vous pour élaborer un programme de recherches de la Défense – et le budget conséquent qui l'accompagne –, qui serait conduit par leur Institut. Vous avez dit « conflit d'intérêt », entre ce qu'a déclaré Van Romero en direct et le principal financier de son institut ?…

L'article d'Olivier Uyttebrouck, lui, a disparu du site Internet de *l'Albuquerque Journal*, initialement à cette adresse : www.abqjournal.com/aqvan09-11-01.htm. Au moment où ces lignes sont écrites, fin mars 2009, il ne s'agit pas d'une « erreur 404 », fréquente sur Internet, c'est-à-dire un lien mort, une page disparue, introuvable. Non : on est bien sur le site recherché, à l'adresse indiquée, mais la page est blanche… Étonnant.

En fouillant un peu, toutefois, j'ai réussi à dénicher l'article qui a contraint Van Romero à manger son chapeau : il se trouve, planqué, copié-collé, à la suite du « contre-article » de John Fleck, à l'adresse Internet citée plus haut. Ferait-on finalement de la résistance, chez les journalistes du *Albuquerque Journal* ?

Je pose ici une petite parenthèse, à propos de ces effondrements des Twin Towers. On l'a constaté sans équivoque, des centaines et des centaines d'« acteurs » malgré eux de ces catastrophes n'ont absolument aucun doute sur les explosions qui ont précédé les chutes des tours. Pour eux – et très objectivement il faut bien se rendre à leur évidence –, les Twin Towers, si elles ont pris de plein fouet deux Boeing 767, étaient néanmoins truffées d'explosifs.

Un homme prendra une décision très importante, même si son but avoué – semble-t-il – n'est pas de mettre en difficulté l'administration Bush : Thomas Von Essen, membre de la commission City Fire de la ville de New York. Il commande ainsi un compte rendu des témoignages de cinq cent trois pompiers et techniciens d'urgence médicale du FDNY (Département du feu de New York), lesquels seront collectés d'octobre 2001 à janvier 2002. Le but de Thomas Von Essen est de « préserver ces paroles [tant que les souvenirs sont encore vifs et précis, NdA] avant qu'elles ne soient déformées par la mémoire collective ».

Le résultat de cette entreprise prendra la forme d'un volume de douze mille pages très précieuses de témoignages de ces hommes du feu. Très précieuses dans le sens où toute une partie noire de l'existence de New York y est présente pour l'éternité, et pour les historiens futurs. Mais non moins inestimable au cas où une autre enquête sur les attentats du 11-Septembre serait ouverte, dans les années à venir, sous la pression des *Truthers*. On notera d'ailleurs que ces derniers ont dû avoir recours à la « force », par le biais de la fameuse loi sur l'information, la FOIA, pour obtenir ces documents…

De nombreux témoins extérieurs, également, ont entendu les bombes, et en outre on peut assez nettement distinguer sur des vidéos des phénomènes étranges. Des *squibs*, par exemple, c'est-à-dire des jets de fumée et de poussière, parfois accompagnés d'une lueur, qui signent, pour les experts, des explosions à des endroits stratégiques de démolition. Et ces fameux *squibs* se produisent pendant les chutes des tours, mais à des étages situés *en dessous* du déroulement de l'effondrement…

Cela dit, il faut bien garder en tête que pour les mêmes témoins, toujours en temps réel, cette donnée ne fait qu'accompagner les crashes d'avions dans une stratégie de destruction des Twin Towers. Les explosions de bombes entendues, vues et ressenties font donc pour eux partie intégrante du complot d'Al Qaïda, afin de donner le maximum d'impact à l'agression.

Probablement l'idée que je veux exprimer ici a-t-elle été soulevée, même si pour ma part je ne l'ai pas lue ou entendue. En tout cas pas dans les centaines d'enregistrements vidéo ou audio, de documentaires ou autres témoignages, ou encore dans les quelques milliers de pages et de documents que j'ai consultés près de huit ans durant.

Cette réflexion me semble pourtant d'une évidence biblique : les terroristes d'Al Qaïda auraient truffé le World Trade Center d'explosifs, sur ce que l'on vient de voir, avec un taux de réussite exceptionnel dans les résultats. On parle là de haute technologie, donc de résultats techniquement prévisibles de destructions et de chutes de bâtiments. Dans cette perspective – même un résultat moins terrible que celui observé aurait bien évidemment constitué une victoire sans précédent et tout aussi historique pour Al Qaïda –, les terroristes avaient-ils besoin d'envoyer dix des leurs rencontrer Allah au sommet des Twin Towers ?

***

J'ai pris le parti de parler essentiellement de ce qui s'est passé au WTC 1, mais de manière assez complète je pense. Pour la bonne raison que ce qui s'est passé dans le WTC 2 est la copie conforme de ce qu'on a constaté dans la tour Nord, à quelques exceptions mineures près. Des tours réellement jumelles, jusque dans leur destruction... À ceci près que la tour Sud, frappée après la tour Nord, s'est effondrée avant cette dernière, ce qui a marqué les esprits. Il y a probablement une raison rationnelle à cela, mais personne ne la connaît, semble-t-il, à aujourd'hui.

Mais voyons maintenant ce que disent les enquêtes officielles du sort des Twin Towers. C'est la Federal Emergencies Management Agency, la FEMA, donc, qui s'y colle en premier lieu. Pas dans la facilité, il faut bien le dire, car les bâtons dans les roues ne manqueront pas.

Tout d'abord, les autorités s'empressent de faire évacuer les débris des Twin Towers, en un temps record... Essentiellement des éléments métalliques, d'ailleurs, puisqu'on ne retrouvera pratiquement pas, ou très peu, de blocs de béton... Tout simplement parce que ce dernier est... parti en fumée, ou plutôt en poudre : ces fameux et immenses nuages de poussière que l'on a pu observer ne sont autre que les plusieurs milliers de tonnes de béton présents dans les tours jumelles...

Et quand on parle de poussière, du reste, on ferait mieux d'évoquer de la farine... Dans des échantillons prélevés immédiatement et dans les jours suivants, on observera en effet que les plus gros « morceaux » ne dépassent que très rarement la taille du millimètre... ce qui est tout simplement ahurissant. Nous nous repencherons plus loin sur ces échantillons, d'ailleurs : ils sont extrêmement intéressants...

Pour ce qui concerne les poutres d'acier du WTC, la décision de les faire évacuer immédiatement est tout simplement énorme. Nous sommes sur une scène de crimes –

3 000 personnes assassinées, excusez du peu –, et la première chose que l'on fait est de faire disparaître des éléments d'enquête des lieux. Et vite : des rotations de camions emportent le tout 24 heures sur 24 ! Autre particularité pour le moins étonnante : les véhicules sont équipés, au bout de quelques jours, de système GPS contrôlant leurs allées et venues à la seconde près…

Toute cette ferraille est acheminée vers les ports les plus proches, déjà vendue, à destination pour la plus grande partie de l'Asie, et notamment la Chine…

Il ne s'agit pas d'autre chose, au regard de la loi fédérale américaine, que de la destruction volontaire d'indices sur une scène de crime. Car ce sont bien entendu les « fédéraux » du FBI qui, comme au Pentagone et au WTC 7, ont pris les choses en main. Pourtant cette initiative constitue un délit majeur aux États-Unis. Drôle de façon d'appliquer sa propre loi…

Les ingénieurs, experts et autres spécialistes de la FEMA, pour leur part, n'auront droit qu'à une courte visite – guidée – du site. Plusieurs s'en plaindront, d'ailleurs, et à juste titre semble-t-il : « Ça n'a pas été autre chose qu'une petite balade touristique », ont ainsi constaté amèrement plusieurs d'entre eux. Non sans raison : enquêter sur des effondrements d'immenses immeubles demande, *a minima,* de passer pas mal de temps à examiner les décombres, non ?

Quoi qu'il en soit, nous allons voir que ça ne changera pas grand-chose à leur rapport final… Pour faire simple, ce dernier explique en effet la chute des Twin Towers uniquement par l'impact des Boeing 767, et les incendies qui en ont découlé.

Avant de discuter de ce point, voyons la conception des tours jumelles à l'origine. Elles étaient construites autour d'une énorme colonne d'acier centrale, assemblage formé de quarante-sept poutres énormes et complètement solidaires entre elles : *the core*, le « cœur ». Les poutrelles en « U » et en « H » utilisées pour construire ces colonnes avaient été fabriquées avec un acier de pas moins de… dix centimètres d'épaisseur [10] !

Solidement ancrées à ce « pilier » central, pas moins de deux cent quarante autres colonnes forment le pourtour, de forme carrée. Les planchers des étages, sont donc fixés de manière très solide et sécurisée, cela va sans dire, entre le *core* et les colonnes du pourtour.

Les différents rapports et enquêtes officiels, ceux de la FEMA, du NIST et de la Commission d'enquête, s'appuient sur deux éléments fondamentaux pour expliquer les écroulements des Twin Towers.

Le premier est que les Boeing ont causé de très sévères dommages à la structure métallique des tours, lors des crashes.

Le second est que les incendies, provoqués par le carburant des long-courriers, ont affaibli de manière considérable ces mêmes structures d'acier, jusqu'à « ramollir » le matériau – voire le fondre.

La logique de ces données, dans les enquêtes officielles, est donc que les étages touchés, très affaiblis en termes de solidité, n'auraient pas pu supporter la charge des étages situés au-dessus des zones de crash. Ils auraient donc cédé sous le poids des planchers supérieurs, et la force engen-

10. voir www.facebook.com/ericraynaud.

drée par ce premier écroulement aurait entraîné l'effondrement total des tours.

Ces explications sont encore aujourd'hui la version officielle et définitive donnée et entérinée par l'administration Bush, en 2005 pour la dernière mouture du NIST. Même si devant les hauts cris des familles de victimes quelques amendements seront apportés, ils ne changeront strictement rien en ce qui concerne l'hypothèse centrale.

Cette dernière souffre pourtant de carences manifestes et assez énormes, à propos de problèmes non étudiés. Ou plutôt, est-on logiquement en droit de penser, très bien étudiés par ces experts, mais volontairement mis de côté et non évoqués, que ce soit à leur initiative ou non…

Prenons les crashes des Boeing, par exemple. Dans une interview datant de janvier 2001, soit neuf mois avant les attentats, l'un des créateurs des Twin Towers, Franck Martini, explique la genèse de leur construction. Les architectes avaient ainsi tenu compte, dans leurs travaux, d'une telle éventualité. Pour une bonne raison : durant la Seconde Guerre mondiale, un bombardier de l'US Air Force, perdu dans le brouillard, était entré en collision avec le mythique Empire States Building. Qui était resté debout, du reste. Mais l'accident était dans toutes les mémoires new-yorkaises, et en particulier chez les promoteurs de gratte-ciel.

C'est ainsi qu'un nouveau concept était né, avec la construction des plus hautes tours du monde, en ces années soixante-dix. « Pour prendre une image parlante, expliquait ainsi Martini, décédé avant le 11-Septembre, les réseaux d'armatures d'acier sont conçus comme une "moustiquaire". Un avion qui entrerait en collision avec l'une des tours aurait ainsi l'effet d'un stylo qu'on enfoncerait à travers une moustiquaire : le trou reste, mais la structure globale, autour, ne change pas. Les Twin Towers sont conçues pour résister à l'impact d'un avion de ligne, voire plusieurs »…

On notera que, neuf mois avant les attentats, Franck Martini parle d'autant plus librement qu'il n'a strictement aucune raison de se justifier quant à ses études et son travail sur le WTC. Il indique simplement que ses collègues de l'équipe d'architectes et lui ont travaillé avec l'idée qu'une telle catastrophe pourrait se produire, et que selon leurs calculs, forcément très rigoureux, les tours auraient résisté à l'impact d'au moins un Boeing.

En ce qui concerne les incendies, on peut faire une première constatation : lors des chocs contre les tours, on voit parfaitement une énorme boule de feu se former. C'est évidemment le kérosène des appareils qui s'est enflammé, et on ne peut que constater qu'une partie de ce dernier part en fumée dès les premières secondes. Par ailleurs, sachant que les avions de ligne détournés ont fait un aller-retour assez important, pour revenir sur New York [11]. Il est évident qu'ils ont déjà consommé un certain volume de carburant.

Les incendies qui se sont déclarés dans l'instant, aux étages touchés des Twin Towers, sont relativement violents. Pourtant, assez vite, ils se transforment en feux « couvants ». Cette observation a été faite par de nombreux experts, et en particulier les pompiers de New York. En effet, les grandes flammes orange, dégageant de gros nuages de fumée blanche, disparaissent assez rapidement du décor. Elles laissent place à des lueurs que l'on peut apercevoir à l'intérieur des immeubles, et à des fumées noires. « Le syndrome du

11. voir www.facebook.com/ericraynaud.

barbecue », explique l'un des *firefighters* [12]. « Dans ce cas, d'évidence, les foyers manquent d'oxygène pour être plus violents, et la couleur de la fumée est un signe manifeste de cet état de fait. »

Pour tout dire, l'explication de la FEMA est loin d'être convaincante, pour un certain nombre de raisons. La première concerne justement les températures signalées, qui auraient affaibli la structure d'acier au point de les faire craquer. Même l'ingénieur Jonathan Barnett, vingt ans d'expérience en protection contre le feu, et qui travaille pourtant avec la FEMA, explique que « jusqu'au 11-Septembre, je n'avais jamais vu de structures d'acier protégées s'effondrer à cause du feu ». Il était loin d'être le seul…

On sait ainsi que l'acier ne fond qu'à partir d'environ 1 538 °C. Le problème, pour la version officielle, est qu'un feu d'hydrocarbure ne peut en aucun cas atteindre cette chaleur, et même difficilement sa moitié. Y compris Thomas Eagar professeur de physique des matériaux au prestigieux Massachusetts Institute of Technologies, outre le fait qu'il a travaillé avec la FEMA pour son enquête, explique qu'elle ne peut être que de 870 à 930 °C. En outre, les spécificités des incendies des Twin Towers, selon le même Eagar, font qu'elles étaient « probablement seulement de 650 à 700 °C » [13]. En 2008, un ingénieur ayant participé à l'enquête de la FEMA avouera même que les études menées n'ont pu démontrer de manière certaine que les incendies avaient provoqué des températures supérieures à 300 ou

12. *The Los Angeles Times*, 12 septembre 2001.
13. « L'effondrement : point de vue d'un ingénieur », NOVA TV, interview de Thomas Eagar.

400°, une notion que l'on retrouve d'ailleurs dans le rapport du NIST…

Pour faire court, il aurait fallu, pour que les incendies provoquent la chute des tours par l'affaiblissement des structures d'acier, que ces derniers montent très haut en température, près de 1 000 °C. Et surtout, condition *sine qua non*, durent assez longtemps pour amener l'acier à leur propre température. Et en tout cas beaucoup plus longuement que les cinquante-deux minutes du WTC 2, ou même les une heure quarante-deux du WTC 1, timings observés entre l'impact des avions et les chutes des tours.

Et puis il y a des précédents très parlants. New York, août 1970 : un immeuble de cinquante étages brûle pendant six heures sur cinq étages, il ne s'effondre pas ; Los Angeles, mai 1988 : un gratte-ciel de soixante-deux étages flambe pendant près de quatre heures sur cinq étages, il ne s'effondre pas ; Philadelphie, février 1991, un immeuble de trente-huit étages subit un incendie de dix-huit heures, sur huit étages, il ne s'effondre pas ; Caracas, Venezuela, octobre 2004, un hôtel de cinquante-quatre étages subit un violent incendie pendant dix-sept heures, sur vingt-six étages, il ne s'effondre pas… Il y a d'autres exemples, tout aussi spectaculaires, notamment à Madrid et Séoul, concernant de très hauts bâtiments à armatures d'acier : même s'il ne reste que ça après les incendies, les colonnes d'acier sont toujours debout à l'extinction définitive des feux…

Il ne faut pas oublier, non plus – et cet épisode a probablement échappé à la mémoire des enquêteurs de la FEMA et du NIST… – qu'en février 1975, la tour Nord fut déjà victime d'un sérieux incendie. Le feu s'était déclenché au onzième étage du WTC 1, et s'était rapidement répandu aux niveaux supérieurs. Il fallut aux pompiers plusieurs heures pour venir à bout du foyer principal. La structure centrale de la tour ne fut pas touchée et rien ne s'écroula, même si les dégâts furent à l'origine des fermetures des deux tours durant plusieurs mois.

Quoi qu'il en soit, la FEMA expliquera que, leurs structures affaiblies, les tours se sont effondrées selon la théorie du « pancake », dite aussi de « la pile d'assiettes » les étages s'empilant les uns sur les autres au fur et à mesure de l'effondrement, celui du dessus « écrasant », « décrochant » celui du dessous, jusqu'à effondrement complet.

Deux énormes problèmes contrarient cette étude de la FEMA – reprise à quelques détails près par le NIST et la Commission d'enquête. Avant de les livrer, il faut avoir connaissance d'une information de taille : les deux enquêtes – tout comme le rapport de la Commission d'enquête, du reste – n'abordent les chutes des Twin Towers que jusqu'à la seconde où elles… s'apprêtent à tomber ! Aucune étude officielle ne décrit les effondrements en eux-mêmes, ce qui est tout de même monumental… Il faut bien dire, et on va le constater, qu'il valait mieux pour l'administration Bush s'en arrêter là, car il aurait alors fallu composer avec les témoignages vus plus haut…

La première de ces incongruités concerne la colonne centrale, le *core*. En effet, on explique que les planchers s'en sont désolidarisés par l'action du feu, avant d'aller s'empiler les uns sur les autres jusqu'au sol. Dans ce cas précis, le *core,* lui, aurait dû rester debout, au moins en grande partie, à partir du soixante-dix-septième étage ! Or, le monde entier l'a vu à la télévision, sur « Ground Zero », nulle trace du *core* vertical, pas même sur cinq ou six étages… On a bien retrouvé ses structures, mais éparses et dans un rayon assez important. Ce qui reste une anomalie totale.

Le deuxième point qui cloche a fait couler énormément d'encre et de salive, et a poussé un nombre impressionnant de scientifiques à plancher sur le sujet. Il s'agit de la vitesse de chute des deux tours. Dix secondes, chronomètre en main. Y compris pour le NIST, d'ailleurs, qui a bien dû inclure cette donnée dans son rapport [14].

Une pomme, lâchée depuis le toit d'une des tours jumelles, serait arrivée au sol à la vitesse de la chute libre, c'est-à-dire, selon tous les experts, en environ 9,22 secondes. N'ergotons pas : les Twin Towers se sont donc effondrées à la vitesse de la chute libre. Ce qui est totalement impossible, sans « accélérateurs ». En l'occurrence et bien sûr, pour les scientifiques, des destructions par explosifs anticipant la chute en elle-même.

Comme tout le monde, lorsque j'ai vu tomber les tours en direct, le 11-Septembre, je n'ai pas fait attention à la vitesse de chute. Je voyais simplement une énorme catastrophe se dérouler. Mais quand j'ai pris connaissance de cette donnée, des tours de 415 mètres qui s'écroulent en dix secondes, je dois dire que j'ai été littéralement scotché.

J'ai donc effectué un calcul grossier, en me disant que si chaque étage chutant a rencontré une résistance d'une demi-seconde en tombant sur le suivant, ces immeubles de cent-dix étages seraient tombés en 55 secondes. Près d'une minute… Mes notes en matières scientifiques ayant toujours gravement handicapé mes moyennes scolaires, tant au collège qu'au lycée, j'ai pensé que, ignare que j'étais, un

14. http://wtc.nist.gov/

quart de seconde serait peut-être plus approprié. Mais ce nouveau calcul simpliste, avec pourtant pour base un timing très rapide, 25 centièmes de seconde par étage, donnait un résultat de 22,5 secondes de durée de chute. Plus de deux fois supérieur à la vitesse réelle, observée par la terre tout entière… J'avais évidemment laissé de côté les notions de conservation du mouvement et d'énergie cinétique, dont je n'avais que les appellations pour souvenir, pour au final une réflexion empirique et pas très sérieuse…

Cela dit, de nombreux experts de très haut niveau se sont penchés sur la question, avec des arguments autrement plus étayés par la science que les miens. L'un d'eux a choisi d'être le plus « pessimiste » possible, incluant dans de longs et compliqués calculs tout ce qui aurait pu précipiter, augmenter les vitesses de chutes des tours en « pancake ». Son résultat : 21 secondes… Plus de deux fois la vitesse observée là aussi.

De nombreux calculs d'experts tournent autour de la trentaine ou de la quarantaine de secondes. J'ai retenu celui du Dr Judy Wood [15], que cette dernière livre sur son site Internet. Il a pour lui d'être très solide d'un point de vue scientifique, comme les autres bien sûr, mais il possède le grand mérite d'être très didactique pour le profane.

D'après ses calculs, si l'effondrement en pancake s'était produit étage par étage, il aurait fallu compter près de 100 secondes pour que le plus haut arrive à terre… Avec un autre raisonnement, c'est-à-dire une « fracture » des immeubles tous les dix étages, elle conclut à une chute de

15. Le Dr Judy Wood est docteur en physique des matériaux, voir à www.drjudywood.com.

27,8 à 30,6 secondes. Prenons cette hypothèse, pour illustrer le propos de façon parlante.

Imaginons par exemple que le roi de l'athlétisme mondial, le sprinter jamaïcain Ussain Bolt, porte les couleurs de la version « pancake » de Judy Wood. À la vitesse déterminée par la scientifique, appliquée sur un 100 mètres, le double médaillé d'or de Pékin courrait sa distance de prédilection en 8,63 secondes, explosant littéralement son propre record – 9,69 secondes.

Mais mettons Ussain Bolt en concurrence avec un très honnête coureur de 200 mètres, dont le record personnel sur cette distance serait, disons, de vingt secondes. Ce dernier porterait les couleurs de la vitesse réelle des chutes des tours, observée, enregistrée et entérinée, en gros celle de la chute libre.

Imaginons maintenant que les deux hommes partent ensemble, au coup de pistolet du starter, Hussain Bolt pour courir son 100 mètres et son adversaire un 200 mètres. On l'a vu, Bolt pulvériserait son record. Mais il serait dans le même temps battu à plate couture par le coureur de 200 mètres, qui courrait sa distance en… 4,79 secondes ! Avec, sur la ligne d'arrivée, une bonne quarantaine de mètres d'avance sur le Jamaïcain !

Voilà à peu près l'illustration de ce qui sépare la théorie de la chute en « pancake » des Twin Towers, qui n'en est pas moins la version officielle de l'administration Bush encore aujourd'hui, et la version imparable que des dizaines de vidéos proposent toujours sur Internet, pour se faire une idée, c'est-à-dire la vitesse de la chute libre observée en direct des chutes des Twin Towers…

Question : comment les officiels de l'époque, et les experts qui ont élaboré cette théorie, peuvent-ils encore soutenir leur version ? Comment peuvent-ils penser que le bon peuple soit bête au point d'avaler un pareil boa ? Et surtout, alors que les choses bougent énormément ces derniers mois autour du 11-Septembre, notamment depuis la prise de fonction de Barack Obama, comment comptent-ils s'en sortir en cas de réouverture d'une enquête ? En achetant un ranch au Paraguay ?

Et puis voici le coup de grâce : pour vérifier les conditions d'effondrement des tours, et l'effet de la chaleur sur l'acier, le NIST a sous-traité plusieurs tests, dont certains ont été menés par la société Underwriters Laboratories, « UL ». Cette institution, très connue aux États-Unis, délivre des normes de conformité « UL », à la manière de « NF », pour « Norme française », par exemple en Europe. Kevin Ryan, qui travaillait pour cette société, et avait suivi de près les essais demandés, a rompu l'omerta autour de ce problème. Son témoignage face caméra, dans *Zero : enquête sur le 11-Septembre* [16], est édifiante :

« Nous avons bien testé le plancher, à l'aide de modèles fidèlement reconstitués, en août 2004. Ces tests ont totalement réfuté la théorie principale, la "pancake theory", c'est-à-dire celle de la "pile d'assiettes". Selon cette affirmation, les planchers de l'immeuble seraient tombés les uns sur les autres et les colonnes se seraient désintégrées. Lors de nos tests, les modèles de planchers, fabriqués à l'identique, ne se sont pas effondrés malgré que nous ayons utilisé des températures plus élevées, et des durées d'incendie plus longues. »

Résultats : aucun effondrement !

16. *Zero : enquête sur le 11-Septembre, op. cit.*

« Des mois plus tard, continue Kevin Ryan, le gouvernement a publié une mise à jour de ses propres conclusions, indiquant non seulement l'absence d'effondrement des planchers, mais aussi que les examens des prélèvements dans les zones incendiées avaient prouvé que les températures… étaient très basses. »

En fait, ces températures n'étaient même pas assez élevées pour seulement ramollir l'acier de la structure, tout au plus le déformer légèrement. Et pourtant, le NIST publie un résumé final qui explique que ça s'est bien passé ainsi… Que l'acier s'était ramolli et que les planchers s'étaient donc effondrés…

« Ils ont minimisé ou ignoré nos résultats, et ont tout saisi dans un ordinateur », dévoile Kevin Ryan.

« Grâce aux ordinateurs, expliquent les réalisateurs de *Zéro*, le NIST a pu régler le problème. La “pile d'assiettes” est donc devenue le “fléchissement concave”… Selon cet institut, la chaleur a affaibli les planchers, qui ont fléchi, ainsi que les murs extérieurs, jusqu'à ce qu'ils ne soutiennent plus le poids d'au-dessus, provoquant l'effondrement des tours. »

« Leur théorie finale, reprend Kevin Ryan, est basée presque entièrement sur des images de synthèse. Le problème est que l'ordinateur est inaccessible ; ils ne nous ont pas permis de l'examiner…

Après une investigation de dix-huit mois, toutesfois, j'ai découvert qu'ils ont contrefait les résultats de leurs propres tests. Ils ont aussi manipulé les paramètres de ces mêmes tests. Ils ont ainsi doublé une donnée, divisé une autre par deux, etc.

Ils estiment ainsi le poids du carburant des avions à 13 tonnes. La FAA elle-même estime que c'est plutôt 6,5 tonnes… Ils l'ont doublé… Pour leurs simulations, ils ont également presque doublé la durée d'exposition des poutres au feu. Par exemple 90 minutes pour la tour Sud, au lieu de la durée réelle qui est connue entre l'impact de l'avion et l'effondrement, à savoir cinquante-deux minutes… »

Un exemple très frappant, parmi d'autres : les spécialistes d'Underwriters Laboratories avaient constaté, concernant une partie spécifique des structures métalliques, une déformation de 7,5 centimètres de l'acier à certains endroits. Pour son étude assistée par ordinateur, les enquêteurs du NIST ont entré dans le logiciel dédié, pour la même déformation, une valeur de… 100 centimètres ! Un mètre [17] !

Kevin Ryan n'était pas un simple quidam de la société Underwriters Laboratories. Expert dans le domaine concerné et les études demandées, il en était tout simplement le directeur exécutif… Par sens éthique, par sens civique, probablement aussi parce que le travail de sa société avait été saboté, il a donc contesté publiquement le rapport du NIST à sa parution.

Kevin Ryan a été viré d'Underwriters Laboratories dans la semaine…

Venons-en maintenant à un problème de taille, directement en rapport avec les feux étudiés plus haut, mais aussi les explosions ressenties par les témoins et autres

17. « Réexaminer le 11-Septembre en appliquant la méthode scientifique », Steven E. Jones, professeur au département de physique et d'astronomie de la Brigham Young University, mai 2007.

pompiers et policiers. Très vite, en dégageant les décombres des Twin Towers, les pompiers new-yorkais – à la recherche pour leur part d'éventuelles dépouilles ou restes humains identifiables – découvrirent des poches, des flaques et même de véritables petits ruisseaux de... métal en fusion !

La température à ces endroits était telle que, durant des semaines, elle a été repérée et photographiée par satellites [18], des marques rouge orangé signalant leur présence aux emplacements des bases des Twin Towers, mais aussi du WTC 7... Les pompiers new-yorkais ne sont venus à bout de ces poches de métal en fusion que des semaines, voire des mois après le 11-Sepembre. La dernière a été éteinte le... 23 décembre 2001, près de trois mois et demi après les attentats !

Comme on l'a vu, le NIST a rencontré les pires difficultés pour établir une « séquence » politiquement correcte des événements sans précédents survenus le 9/11, c'est-à-dire les effondrements de trois buildings du WTC. Mais, malgré de nombreux changements dans leurs versions des faits, le NIST n'a jamais abordé, dans aucune de ses hypothèses, le fait que des matériaux explosifs ou pyrotechniques aient pu être employés... [19]

Cette omission, normalement, avait peu de chances de se produire. Tout d'abord, cet « oubli » est d'autant plus étrange que la norme standard nationale NFPA 921, dans une enquête de ce type, à propos d'un incendie, demande l'obligation d'étudier d'éventuelles relations avec des explosifs, y compris la thermite ou d'autres outils pyrotechniques.

18. voir www.facebook.com/ericraynaud.

19. http://wtc.nist.gov/pubs/factsheets/faqs_8_2006.htm, question 12.

Il est bien évident que ces experts de haut niveau, qui ont officié pour l'agence fédérale, ne pouvaient ignorer cette norme NFPA 921. Tout simplement parce que c'est l'une des bases de leur métier... De plus, et pour la même raison, ils ont par définition une grande expérience des explosifs, et par conséquent de la thermite.

Cette façon de faire a d'ailleurs donné lieu à un échange surréaliste, lors d'une conférence de presse, entre un journaliste et le porte-parole du NIST :

Le journaliste : Pourquoi n'avez-vous pas cherché de traces d'explosifs dans les décombres des tours effondrées ?

Le porte-parole : Tout simplement parce qu'il n'y en avait pas...

Le journaliste : Mais comment pouvez-vous savoir qu'il n'y en avait pas, puisque vous n'en avez pas cherché ?

Le porte-parole : Nous n'allions pas chercher quelque chose qui n'existait pas, ça aurait été une perte de temps pour nous, et une perte d'argent pour le contribuable. (À l'assemblée) question suivante ?

Michel Audiard aurait probablement beaucoup apprécié...

Pour revenir à ces zones de métal en fusion, une longue étude scientifique de l'un des fers de lance des *Truthers*, le très réputé – aux États-Unis – professeur Steven Jones, est éloquente :

> « Beaucoup d'observations intéressantes ce jour témoignent d'un écoulement orange le long de la tour Sud, quelques minutes avant son effondrement. Les débris et les poussières qui furent collectés pour analyse ultérieure contiennent une information précieuse que nous pouvons observer et analyser.

Toutes ces observations constituent des faits physiques incontestables et des preuves [20]. [...]

En fait, mes collègues et moi, nous pensons à présent que nous avons assez de données pour conclure que les collisions des avions avec les deux tours ne sont pas suffisantes pour expliquer leur effondrement total et rapide, ainsi que celui du WTC 7. Nous concluons que les preuves nous forcent à admettre que la destruction des buildings du WTC impliquait l'utilisation de charges coupantes, comme des explosifs et des produits incendiaires. [...]

Ainsi, nous arrivons à la possibilité (notre quatrième hypothèse) de réactions très fortement exothermiques, comme la thermite (terme utilisé ici pour inclure toutes les réactions aluminothermiques). À la base, la thermite est tout simplement un mélange de poudre d'aluminium et d'oxyde de fer. Il est important d'avoir tout sous forme de poudre pour que l'oxyde de fer et les particules d'aluminium soient en contact et réagissent très rapidement. Si vous mélangez les poudres minutieusement et vous les enflammez, le résultat est du fer fondu chaud et blanc, et un nuage de poussière d'oxyde d'aluminium gris-blanc.

Un laboratoire indépendant a constaté la sulfuration et l'oxydation à haute température – cohérentes sinon révélatrices de la corrosion causée par du thermate – dans des échantillons d'acier pris dans les décombres du WTC 7 et des tours du WTC : "La preuve d'une sévère attaque par corrosion à haute température de l'acier, y compris la sulfuration et l'oxydation avec fusion intergranulaire, était clairement visible... L'importante corrosion et l'érosion

20. Cet article est basé sur une conférence que Steven Jones a donnée à l'Université de Californie à Berkeley, le 7 novembre 2006, avec d'importantes mises à jour.

consécutive des échantillons 1 [WTC 7] et 2 [tours jumelles] est un événement très inhabituel. Aucune explication claire ne permet d'identifier la source du soufre." » [21] [Susceptible d'abaisser la température de fusion de l'acier, NdA.] [...]

Depuis que j'ai présenté mes propres recherches sur les possibles résidus de thermite trouvés dans la poussière du WTC, Frank Greening a parlé de la possibilité que du perchlorate d'ammonium ait contribué d'une manière ou d'une autre à la destruction des tours du WTC ainsi qu'à la formation de sphères riches en fer dans la poussière (lors d'une communication privée). Son explication ne prend cependant pas en compte la composition chimique détaillée (dont une quantité importante d'aluminium) de ces microsphères riches en fer qui a été découverte par nos mesures EDS des échantillons de poussière du WTC.

La composition des éléments métalliques présents avec le soufre peut être déterminée avec certitude. Bien sûr, en raison de la nature de la réaction thermite et des hautes températures durant la formation des sphérules, les teneurs de certains métaux varient quelque peu d'une sphère à une autre et même en deux endroits différents d'une même sphère. La présence de la signature d'une réaction aluminothermique est sans équivoque; comme indiqué par Materials Engineering, Inc. (MEI):

"Lorsque des composés donnant des réactions thermites sont utilisés pour initier un incendie, ils produisent une marque caractéristique de brûlure et laissent une preuve derrière eux. Ces composés sont plutôt uniques dans leur composition chimique, contenant des éléments courants tels que le cuivre, le fer, le calcium, le silicium et l'aluminium, mais aussi des

21. www.fema.gov/library/wtcstudy.shtm FEMA, Appendix C, www.fema.gov/pdf/library/fema403_apc.pdf.

éléments moins courants comme le vanadium, le titane, l'étain, le fluor et le manganèse. Tandis que certains éléments sont consumés dans l'incendie, beaucoup sont toujours présents dans le résidu.

Le MEI a utilisé la spectrométrie dispersive en énergie (EDS) sur de minuscules traces de résidu, identifiant ainsi la présence de ces éléments chimiques. Les résultats, couplés avec les faits observés sur le site, fournissent la certitude absolue que des réactifs de type thermite étaient présents, prouvant donc que l'incendie [de poutres d'acier par charges chimiques coupantes, NdA] était d'origine volontaire et certainement pas d'origine naturelle." [22]

Notez que le rapport du NFPA 921 (National Fire Protection Association, Guide for Fire and Explosion Investigations) [Guide d'enquête sur les explosions et les incendies, NdA] déclare clairement: "Des résidus inhabituels pourraient résulter du carburant initial. Ces résidus pourraient provenir de thermite, de magnésium, ou d'autres matières pyrotechniques". » [23] [...]

Dans cette longue étude, disponible en français [24], Steven Jones explique sans ambages que de la thermite a été utilisée lors de la chute des tours. Ce produit est un explosif ou un incendiaire surpuissant, suivant l'usage que l'on veut en faire. Quelques grammes suffisent, par exemple, pour couper en moins d'une seconde un rail de chemin de fer. En y ajoutant du soufre, la thermite devient de la thermate, encore plus puissante, et à application le plus souvent militaire... Enfin, ce produit « s'autoalimente » lors de son action de

22. www.materials-engr.com/ns96.html.
23. NFPA 921 www.interfire.org/res_file/92112m.asp.
24. www.reopen911.info/11-septembre/reexaminer-le-11092001/

fusion : il n'a pas besoin, au contraire d'un feu classique, d'oxygène pour continuer son action.

C'est ainsi que des poches de métal en fusion ont « vécu » si longtemps, au plus profond des décombres des tours 1,2 et 7 du WTC… Et ce qu'ont photographié les satellites cités plus haut n'est autre que la vision thermique de la chaleur de ces foyers, ressentie à la surface de l'empilement de débris. Les pompiers new-yorkais s'en sont très vite aperçus, d'ailleurs, puisqu'à certains endroits de leurs recherches leurs bottes… fondaient, tout simplement !

Les scientifiques qui travaillent à la cause du Movement for Truth tiennent là un os qu'ils ne sont pas près de lâcher. Steven Jones décrit également, dans son étude, la découverte de « sphérules », de petites sphères de l'ordre du millimètre ou moins, dans les poussières des effondrements. Nous verrons plus loin que cette trouvaille est très loin d'être neutre.

La présence de cet explosif surpuissant expliquerait d'ailleurs un phénomène observable sur toutes les vidéos des effondrements des tours. Au départ de la chute, un énorme nuage de poussière et de débris est éjecté horizontalement des Twin Towers. La version officielle explique que ce phénomène est dû à la pression d'air engendrée par la chute, en tout premier lieu, du bloc d'étages supérieurs sur les planchers touchés. Ce qui pourrait être plausible, en particulier pour la poussière.

En revanche, il y a un problème de poids, sans jeu de mot, que les scientifiques du NIST ont beaucoup de mal à expliquer. Le fait, par exemple, qu'une partie de façade de plus de 4 tonnes ait été expulsée à… 182 mètres de la base de la tour Sud ! Il en est d'ailleurs de même pour des dizaines de colonnes de plusieurs tonnes, comme on peut facilement l'observer sur les vidéos de l'événement [25]. Il a même été calculé que les objets expulsés des tours l'étaient à la vitesse de 90 km/h, passant de l'inertie à cette vitesse en 0,09 seconde…

On relèvera aussi, dans la catégorie « spectaculaire », une partie entière du WTC 2, pesant à peu près deux fois le poids d'un Boeing 767, envoyée s'encastrer dans un immeuble proche de la tour…

On avouera que tout ceci ressemble de beaucoup plus à une explosion d'une violence inouïe, qu'à la conséquence d'une expulsion par de l'air comprimé, même à un très haut degré.

Et puis il y a une donnée à ne pas négliger, dans cette histoire : le travail 24 heures sur 24 des bases sismologiques situées aux alentours de New York… Par exemple, pour ce qui concerne le WTC 1, les stations de TBR (Boston), ARNY (État de New York) et BRNJ (New Jersey) ont enregistré un signal sismique de petite amplitude, précédant un signal sismique de plus grande intensité [26]. Ce dernier correspond, en se référant aux horaires d'enregistrements, à l'effondrement et la chute des débris. Le premier signal, lui, débute environ cinq secondes *avant* l'effondrement de la tour Nord ! Ce qui semble confirmer, scientifiquement cette fois, le témoignage de William Rodriguez et des blessés graves du sous-sol, à propos d'une bombe

25. voir www.facebook.com/ericraynaud.
26. voir www.facebook.com/ericraynaud.
Voir également à www.counterpunch.com/ lindorff12202005.html.

de forte puissance débutant un travail de sape de l'immeuble…

Enfin, l'un des grands mystères, dans l'attaque des Twin Towers, aura été que jamais on n'ait retrouvé les fameuses boîtes noires des deux Boeing – lesquelles sont en fait orange fluo et d'une solidité pratiquement à toute épreuve. Par exemple, elles sont conçues pour résister à une température de 1 800 degrés, plus d'une demi-heure, ce qui est beaucoup plus élevé que ce qui a pu se produire dans les crashes des Twin Towers. Elles résistent, également, à la chute d'un long-courrier à pleine vitesse au sol…

Ces appareils d'enregistrement, on le sait, sont d'une importance capitale pour reconstituer ce qui s'est passé lors d'un crash. Il y en a deux par appareil. L'une enregistre les voix et les bruits qui peuvent se produire dans le poste de pilotage, gardant en continu les trente dernières minutes d'enregistrement. On a ainsi connaissance des paroles des pilotes, de leurs dialogues avec par exemple une tour de contrôle, mais aussi leurs bavardages et, dans le pire des cas, les bruits et autres cris qui signent un détournement de l'avion par des passagers.

L'autre garde intégralement les traces des aspects techniques du vol, enregistrés en temps réel : vitesse, altitude, direction, manœuvres de l'appareil, etc. L'analyse de ces instruments couvre donc l'intégralité de ce qui se passe durant un vol aérien, et permet de le reconstituer entièrement. C'est bien pour cela qu'elles sont fabriquées pour être pratiquement indestructibles.

Il est très rare de ne pas les retrouver. Ted Lopatkiewicz, directeur des Affaires publiques au NTSB[27], un office qui a la charge d'analyser les données des boîtes noires en cas d'accident, ne dit pas autre chose[28] : « Il est vraiment inhabituel de ne pas retrouver les enregistrements après un crash d'avion, même s'il est également inhabituel de voir des long-courriers s'écraser contre des buildings. »

Qu'on en ait retrouvé que deux ou trois sur les quatre, dans l'énormité des décombres du WTC, aurait pu être acceptable. Et encore... Pourtant, le FBI déclara – ce qui fut repris sans aucune hésitation dans le rapport de la Commission d'enquête – qu'aucune des quatre boîtes noires normalement présentes dans les décombres du World Trade Center n'avait été retrouvée.

Le 19 décembre 2005, c'est encore une fois un média de la presse non alignée qui sort une exclusivité à ce sujet. Le journaliste Dave Lindorff, après une longue enquête – non contestée de manière sérieuse et étayée à ce jour, sinon par un simple démenti du FBI –, la titre ainsi : « Les boîtes noires manquantes du WTC retrouvées par des pompiers, analysées par le NSTB, recelées par le FBI » !

« Il y a toujours eu un gros doute quant à l'affirmation du FBI », révèle Dave Lindorff. « Surtout depuis que deux pompiers, Mike Bellone et Nicholas De Masi, ont témoigné en 2004 en avoir retrouvé trois, et que des agents fédéraux les leur avaient prises en leur "recommandant" de ne jamais parler de leurs découvertes... De plus, il est extrêmement

27. National Transportation Safety Board, Bureau national de la sécurité des transports.
28. www.counterpunch.com/lindorff12202005.html, 19 décembre 2005.

rare qu'on ne retrouve pas les boîtes noires d'un avion, même si elles s'avèrent inutilisables. Et il faut savoir que le nettoyage des décombres des Twin Towers a été particulièrement méticuleux : on y a par exemple retrouvé de très petits morceaux d'os humains et de chair, ce qui explique qu'on ait pu identifier définitivement une bonne partie des victimes. »[29]

***

À la lumière de tout ce que nous venons de voir, à propos des Twin Towers, il semble assez nécessaire – pour donner dans l'euphémisme – de remettre en question la version qui a été donnée par l'administration Bush. D'autant plus indispensable, même, que c'est bien là que 3 000 personnes ont perdu la vie, et que des dizaines de milliers d'autres demandent justice depuis huit ans maintenant pour ce qui s'y est passé.

---

29. www.counterpunch.org/

6

Près de 600 pages de mensonges

LORSQUE le rapport de la Commission d'enquête paraît enfin, en juillet 2004, l'un des premiers à se ruer sur cet ouvrage est probablement le professeur David Ray Griffin. Et il y a fort à parier qu'il ait perdu son flegme légendaire, au fur et à mesure de sa lecture… Il y répertorie en effet pas moins de cent quinze « mensonges et omissions » des rapporteurs nommés par l'administration Bush, entre autres dénis assez incroyables.

Nous allons en passer ici en revue quelques-uns, très significatifs, mais ce survol est loin d'être exhaustif.

David Ray Griffin note ainsi qu'au moins six des pirates de l'air présentés par le FBI – dont Waleed al-Shehri, que l'on accuse d'avoir poignardé une hôtesse de l'air du vol UA11 – sont toujours en vie…

La commission « oublie » des preuves concernant Mohamed Atta, pourtant établies et signalées par les services secrets étatsuniens : il boit de l'alcool, mange du porc et a un certain penchant pour les *strip-teases*. Autant d'informations en contradiction formelle avec les affirmations de la Commission : selon elle, il était un fanatique religieux pur et dur.

Pour Griffin, la Commission a volontairement créé la confusion autour des preuves, pourtant éloquentes, que Hani Hanjour était un pilote totalement incapable d'amener un Boeing à s'écraser sur le Pentagone. Elle a en outre « oublié » le fait que les listes des passagers, rendues publiques, ne comportaient aucun nom à consonance arabe.

La Commission a omis de signaler le fait qu'aucun incendie, jamais ni nulle part, n'a provoqué l'effondrement total d'un bâtiment à structure d'acier. Ni avant, ni après le 11 septembre 2001.

Elle ne fait strictement aucune allusion au bâtiment 7 du WTC, qui n'a pas été touché par un avion et n'a connu que de petits incendies localisés, mais s'est aussi écroulé. Et que la FEMA elle-même a reconnu ne pouvoir expliquer cet événement…

Ce point est d'une grande importance : dans son rapport, la Commission estime que le cœur de la structure verticale de chacune des tours jumelles était « un puits d'acier vide ». Cette affirmation « gomme » tout simplement la présence, bien réelle, de quarante-sept énormes colonnes d'acier, qui constituaient en réalité la structure intérieure porteuse de chaque tour. La théorie de « l'empilement des étages » (la *pancake theory*), présentée par le rapport officiel, est censée expliquer les effondrements des Twin Towers. Si cela avait été le cas, les colonnes d'acier auraient dû rester dressées vers le ciel, sur un certain nombre de dizaines de mètres…

David Ray Griffin note qu'à aucun moment, la Commission ne fait état du fait que l'acier des bâtiments du WTC fut rapidement déblayé de la scène du crime, et embarqué sur des navires à destination de l'étranger, *avant* qu'il puisse être analysé pour y déceler, par exemple, des traces d'explosifs.

Il note encore l'omission, dans le rapport, de la déclaration du maire Rudolf Giuliani, selon laquelle il avait été prévenu que le WTC allait s'effondrer.

Grave, encore : la commission a « oublié » de lancer toute discussion, afin d'établir si les dommages observés sur le Pentagone étaient compatibles avec l'impact d'un Boeing 757, s'écrasant à plusieurs centaines de kilomètres/heure contre l'une de ses façades.

De la même manière, elle a omis de signaler qu'il existe des photos, montrant que la façade de l'aile ouest ne s'est effondrée que trente à quarante-cinq minutes après la frappe. Et, accessoirement, que le trou d'entrée apparaît bien trop petit pour un Boeing 757. Idem en ce qui concerne tout témoignage contradictoire, au sujet de la présence ou de l'absence de débris visibles d'un Boeing 757, que ce soit à l'intérieur ou à l'extérieur du Pentagone…

La Commission omet de mentionner la référence du ministre de la Défense, Donald Rumsfeld, à « un missile pour endommager [le Pentagone, NdA] », lors d'une interview télévisée.

Elle ne mentionne nulle part le rapport selon lequel il a été conseillé au ministre de la Justice, John Ashcroft, de ne plus prendre des lignes aériennes commerciales avant le 11 septembre…

Le rapport de la Commission, et ce n'est pas rien, ne fait aucune mention du fait que des agents du FBI ont affirmé avoir eu connaissance des cibles et dates des attaques terroristes, et ce longtemps à l'avance. Certains persistent et signent toujours, d'ailleurs, encore aujourd'hui…

David Ray Griffin réfute encore « l'affirmation, par une réfutation circulaire qui présume la question résolue, que le volume inhabituel des achats en bourse d'options à la baisse, avant le 11-Septembre [et en particulier sur des actions United Airlines et American Airlines, NdA] n'impliquait pas que les acheteurs savaient à l'avance que les attaques se produiraient ». (!)

Il note l'omission, par la Commission, de citer des rapports d'enquêtes selon lesquels le maire de San Francisco, Willie Brown [qui fut en fait averti directement par Condoleeza Rice, NdA], et certains responsables du Pentagone, reçurent des mises en garde sur le fait de prendre un avion le 11 septembre.

Il remarque aussi que dans le rapport final, on a juste « oublié » de mentionner les trois heures et demi de déposition devant la Commission par Sibel Edmonds, ancienne traductrice au FBI. Ses déclarations, selon une lettre qu'elle avait elle-même rendue publique, et adressée au président de la Commission, révélaient de sérieuses dissimulations en relation avec le 11-Septembre, effectuées par des responsables du FBI, et ce au quartier général même du Federal Bureau of Investigations…

En ce qui concerne le financement des terroristes pour les attentats, David Ray Griffin cloue la Commission au pilori : cette dernière ne mentionne pas dans son rapport l'enquête de Gerald Posner, un journaliste d'investigation très réputé aux États-unis, qui comporte le témoignage essentiel d'un certain Abu Zubaydah. Ce dernier explique en effet que trois membres de la famille royale saoudienne – qui ont tous les trois connu, dans la même semaine, des morts pour le moins mystérieuses – finançaient Al Qaïda et avaient connaissance des attaques du 11-Septembre.

Dans la même veine, la Commission oublie la preuve que le général Mahmoud Ahmad, patron des services secrets pakistanais, l'ISI, avait ordonné l'envoi de 100 000 dollars à Mohamed Atta, par l'intermédiaire de l'Arabie Saoudite, peu avant le 11 septembre 2001... Griffin pointe aussi du doigt l'oubli, dans le rapport, du fait que le même Mahmoud Ahmad se trouvait à Washington une semaine avant le 11-Septembre, où il rencontra le directeur de la CIA, George Tenet, ainsi que d'autres hauts responsables de l'administration Bush...

Dans ce livre-référence, David Ray Griffin avance encore les contre-vérités énoncées dans le rapport de la Commission. Elles sont toutes démontées de manière imparable, arguments, documents, rapports et autres preuves à l'appui. Voici un échantillon de ces réfutations :

– L'affirmation selon laquelle le protocole de la FAA (Federal Aviation Agency) au sujet du 11-Septembre demandait un long processus, passant par plusieurs étapes dans la chaîne de commandement, et cela même si le rapport officiel de la Commission... cite des preuves du contraire !

– L'affirmation selon laquelle ces jours-là, seules deux bases de l'US Air Force dans le secteur nord-est du Norad (North American Aerospace Defense Command, Commandement de la défense aérienne de l'Amérique du Nord) conservaient des chasseurs en alerte, et qu'en l'occurrence il n'y avait pas d'avions de combat en alerte sur les bases de McGuire ou d'Andrews.

– L'affirmation, entérinée par la Commission, que la perte du signal du transpondeur d'un avion rend virtuellement impossible sa localisation par les radars de l'armée américaine.

– L'affirmation selon laquelle l'armée américaine n'a pas été informée du détournement du vol UA175 avant 9h03, moment exact où il percutait la tour Sud du WTC.

– L'affirmation selon laquelle la FAA n'a installé de téléconférence qu'à partir de 9h20 ce matin-là.

– L'affirmation selon laquelle la téléconférence de la NMCC (National Military Command Center, Centre national du commandement militaire), ne débuta pas avant 9h29.

– L'affirmation selon laquelle le vol AA77 vola près de quarante minutes dans l'espace aérien américain en direction de Washington sans être détecté par les radars des militaires.

– L'affirmation que les militaires ne furent pas contactés par la FAA à propos du probable détournement du vol AA77 avant que le Pentagone soit touché.

– L'affirmation selon laquelle Jane Garvey (directrice de la FAA) ne s'est pas jointe à la vidéoconférence de Richard Clarke avant 9h40, c'est-à-dire après que le Pentagone a été percuté.

– L'affirmation qu'aucune des téléconférences ne parvint à coordonner la FAA et les réponses des militaires aux détournements, parce « qu'aucune n'incluait les bons responsables au sein de la FAA et du ministère de la Défense », bien que Richard Clarke ait expliqué que sa vidéoconférence incluait Jane Garvey, ainsi que le ministre de la Défense Donald Rumsfeld et le général Richard Myers, le chef des forces armées.

– L'affirmation de la Commission qu'elle ne savait pas qui, au sein du ministère de la Défense, participa à la vidéoconférence avec Richard Clarke, alors que Clarke affirme lui-même, dans un livre *déjà paru* qu'il s'agissait de Donald Rumsfeld et du général Myers.

– L'affirmation selon laquelle les responsables du Pentagone ne savaient rien d'un avion s'approchant d'eux avant 9 h 32, 9 h 34, ou 9 h 36, et dans tous les cas seulement quelques minutes avant que le bâtiment soit touché.

– L'affirmation que le vice-président Cheney ne donna l'autorisation de tir qu'après 10 h 10 – plusieurs minutes après que le vol UA93 s'est écrasé – et que cette autorisation ne fut pas transmise à l'armée US avant 10 h 31.

– L'affirmation que les pilotes de chasse de la base militaire de Langley, qui reçurent soi-disant l'ordre de décoller rapidement pour protéger Washington contre le « vol fantôme » AA11, n'étaient pas aux environs de Washington parce qu'ils furent envoyés vers l'océan « par erreur ».

– L'affirmation que le vice-président Cheney ne gagna l'abri souterrain du PEOC qu'à 9 h 58, et l'omission de multiples témoignages devant la Commission elle-même, dont celui de Norman Mineta, ministre des Transports, selon lequel Dick Cheney se trouvait dans le bunker du PEOC avant 9 h 20.

– L'affirmation que le patron du contre-terrorisme, Richard Clarke, ne reçut la demande d'autorisation d'abattre les avions détournés qu'à 10 h 25, et l'omission du témoignage de Clarke lui-même, qui explique qu'il a reçu cette demande d'autorisation vers 9 h 50.

– L'affirmation selon laquelle l'autorisation d'abattre un avion civil doit être donnée par le président.

– L'affirmation de la Commission – présentée pour expliquer pourquoi les militaires n'ont pas obtenu d'information au sujet des avions détournés à temps pour les intercepter – selon laquelle le personnel de la FAA a inexplicablement échoué à suivre les procédures standards pas moins de… seize fois !

David Ray Griffin cerne également, de manière impitoyable, tous les « oublis » et autres « omissions » de la Commission, autant d'éléments qui ne sont jamais gratuits, comme on va le voir :

– L'oubli de mentionner que des représentants des États-Unis dirent, à l'occasion d'une rencontre en juillet 2001, que parce que les talibans refusaient leur proposition de développer la construction d'un oléoduc, une guerre contre eux commencerait en octobre. [Ce qui se passa d'ailleurs, comme tout le monde le sait, NdA.]

– L'omission du fait que dans son livre publié en 1997, Zbigniew Brzezinski, l'un des penseurs néo-conservateurs étatsuniens, avait écrit : « Pour que les États-Unis maintiennent leur domination globale, ils devaient contrôler l'Asie centrale et ses vastes réserves de pétrole, mais un nouveau "Pearl Harbor" serait nécessaire pour obtenir l'adhésion de l'opinion publique américaine à ces visées impérialistes, mais aussi guerrières.

– L'omission, dans le rapport, des notes des conversations de Donald Rumsfeld le 11-Septembre, quelques heures après les attentats, qui montrent ce dernier déterminé à utiliser les attaques comme un prétexte pour une guerre contre l'Irak.

– L'« oubli », par la commission, du fait que la base Andrews, de l'US Air Force, conservait en fait plusieurs avions de chasse en alerte de façon permanente.

– L'absence pour la Commission de toute explication à propos d'un rapport antérieur du Norad, qui stipule que :

1. Cette étude du Norad, selon laquelle la FAA avait prévenu les militaires du détournement du vol UA175 à 8h43, était officiellement considérée comme fausse.

2. Comment ce rapport, s'il était faux, a pu être publié et laissé en l'état, c'est-à-dire non corrigé, pendant près de trois ans.

– L'omission du fait qu'un mémo de Laura Brown, de la FAA, affirme que la téléconférence de crise fut établie à environ 8h50, et qu'elle porta notamment sur le détournement du vol UA175.

– L'absence du témoignage du ministre des Transports de George Bush, Norman Mineta, donné à la Commission elle-même, affirmant que le vice-président Dick Cheney et les autres personnes présentes dans l'abri souterrain du PEOC étaient avertis à 9h26 qu'un avion s'approchait du Pentagone.

– L'omission d'évoquer toutes les preuves suggérant que ce qui frappa le Pentagone n'était pas le vol AA77.

– L'omission de mentionner toutes les preuves indiquant que le vol UA93 fut abattu par un avion militaire.

– L'omission du fait qu'il existait au moins six bases militaires avec des chasseurs en état d'alerte dans la région Nord-Est des États-Unis ce 11 septembre 2001.

– L'oubli de mentionner que la Maison Blanche chercha d'abord à empêcher la création de cette Commission officielle d'enquête sur les attaques terroristes du 11-Septembre, puis plaça de nombreux obstacles sur sa route, comme le fait de lui accorder un budget extrêmement restreint.

– L'omission de mentionner que le président de la Commission, la plupart des autres membres, et donc au moins la moitié du personnel avait de sérieux conflits d'intérêt avec l'affaire en cours…

David Ray Griffin dénonce aussi l'« oubli » de la Commission, qui se vantait que la présentation de son rapport final s'était faite « sans dissension », de mentionner que cela n'avait été possible que parce que Max Cleland, le membre le plus critique à l'encontre de la Maison Blanche, qui jura « qu'il ne serait pas complice d'un traitement partial des informations », dut démissionner de la Commission pour accepter un poste à la Banque Export-Import. Et surtout que la Maison Blanche entérina cette nomination seulement après qu'il est devenu très direct dans ses critiques…

Tout ceci n'est qu'un survol (!) des accusations que David Ray Griffin porte contre le rapport de la Commission d'enquête. Bien d'autres sont disponibles dans l'ouvrage qu'il y a consacré, *Omissions et Distorsions*, Éd. Demi-Lune pour la version française.

« Je terminerai en précisant ce que j'ai conclu de mon étude sur ce que j'ai fini par nommer le "rapport de Kean-Zelikow", confie le théologien. « Au final, les conclusions de la Commission d'enquête sur le 11-Septembre, loin de chasser mes soupçons sur une complicité officielle dans les attentats du 11-Septembre, ne servit qu'à les confirmer…" »

Et il pose effectivement la question qui tue : « Pourquoi les responsables, chargés de la rédaction de ce rapport final, s'engageraient-ils dans une telle entreprise de supercherie, si ce n'était pour tenter de couvrir de très grands crimes ? » Imparable…

David Ray Griffin évoque là Philip Zelikow, un personnage clé de l'administration Bush. Henry Kissinger évincé de la Commission sous la pression des familles de victimes, comme on l'a vu, Bush s'arrangea pour nommer Zelikow directeur exécutif de la même Commission. Le loup dans la bergerie : on s'aperçut plus tard du rôle qu'il joua dans l'enquête… C'est lui managea les investigations, évitant soigneusement, par exemple, que les commissaires se penchent de trop près sur certains aspects disons… embarrassants.

Or, qui est Philip Zelikow, en 2001 ? Un jeune loup aux dents très longues, appartenant à l'administration Bush et très proche de Condoleeza Rice – avec qui il écrivit d'ailleurs un ouvrage – et néoconservateurs sans état d'âme. Il figure d'ailleurs parmi les signataires du Project for a New American Century [PNAC, Projet pour un nouveau siècle américain, NdA], élaboré par la ligne dure des néoconservateurs. Laquelle prônait entre autres la mainmise des États-Unis sur les pays à forte potentialité en énergie, gaz et pétrole, bien entendu, par le biais de la force. Dans le golfe Arabique en particulier, bien entendu.

En 2000, ce *think tank* expliquait que ce projet pourrait se montrer long à réaliser, l'opinion publique étatsunienne n'étant pas favorable à de nouvelles aventures guerrières. Ajoutant, tenez-vous bien : « Sauf à ce qu'un élément moteur n'advienne, du type Pearl Harbor, qui retournerait l'opinion et permettrait de passer immédiatement à l'action. » Ce n'est hélas pas de la science-fiction, ce document est d'ailleurs librement consultable sur Internet [1].

1. www.newamericancentury.org/RebuildingAmericasDefenses.pdf.

C'est aujourd'hui un secret de polichinelle, et les historiens s'accordent à dire aujourd'hui que si Pearl Harbor il y a eu, c'est-à-dire la destruction de la marine américaine par des bombardiers japonais, là aussi avec environ 3 000 morts, c'est bien, pour faire simple, parce qu'Eisenhower a subtilement laissé passer l'aviation nippone : l'opinion publique n'était pas favorable à l'entrée des États-Unis dans le Seconde Guerre mondiale, il fallait la retourner par un événement fort. On est tenté de dire qu'Eisenhower et ses conseillers avaient œuvré pour la « bonne cause », avec les exploits d'un dénommé Adolf Hitler en Europe.

Au lendemain de Pearl Harbor, les *boys* faisaient la queue pour aller signer leur engagement à aller casser du Japonais. Ils auraient d'abord à débarquer en Normandie…

Alors, quand les tenants du PNAC évoquent en 2000 un « nouveau Pearl Harbor » susceptible d'accélérer leurs plans, un an avant les attentats, on peut estimer qu'ils sont très vite et très efficacement aidés par le destin, avec le 11-Septembre, non ?…

***

Puisque l'on parle de mensonges, un fait réellement important, voire décisif, s'est produit très récemment. Un certain John Farmer a publié un livre tout à fait édifiant, *The Ground Truth* : *The Story Behind America's Defense on 9/11*, le 18 avril 2009. Il y dévoile comment « le public a été sérieusement trompé, concernant ce qui s'était produit le matin des attaques », et déclare que : « À certains niveaux du gouvernement, à un certain moment, il y avait un accord pour ne pas dire la vérité sur ce qui s'est passé. »

De la langue de bois, pour expliquer qu'à très haut niveau on a menti aux Américains à propos de ce qui s'est réellement passé le matin du 11-Septembre ? Non : de la précautionneuse « langue d'avocat », pour dire exactement la même chose…

Car, et c'est là que l'affaire prend une dimension assez énorme et inattendue, qui est ce John Farmer ? Pour commencer, c'est tout simplement un homme de loi de très haut rang, puisqu'il a été procureur général de l'État du New Jersey. Mais surtout, pour ce qui nous intéresse, il était entièrement partie prenante de l'équipe de la Commission d'enquête, au titre d'avocat-conseil… Un poste plutôt important et stratégique, on en conviendra.

« La position de Farmer est donc que le gouvernement a accepté de créer une version officielle mensongère sur les événements, afin de dissimuler la véritable histoire derrière le 11-Septembre », analyse ainsi Paul Joseph Watson [2], et il faut bien admettre qu'il paraît difficile de le contredire. L'éditeur de Farmer, Houghton M. Harcourt, déclare pour sa part que « Farmer établit sans aucun doute possible que la version officielle n'est pas seulement partiellement fausse, mais sert à créer une fausse impression d'ordre et de sécurité ».

Pour explosif qu'il soit, le livre de John Farmer fait suite à une donnée peu connue : les soupçons exprimés par les membres de la Commission eux-mêmes, révélés par le *Washington Post* en 2006 [3]. Des membres de la Commission

2. Paul Joseph Watson, pour prison planet.com, 14 avril 2009 ; consultable en français sur www.reopen911.info.
3. « 9/11 Panel Suspected Deception by Pentagon Allegations Brought to Inspectors General », Dan Eggen, *The Washington Post,* 2 août 2006.

avaient conclu que le Pentagone avait menti, quant à sa réponse aérienne aux attaques terroristes, le 11 septembre, et avait délibérément caché des informations à la Commission et au public. Les choses étaient allées si loin que les dix membres de la Commission s'étaient réunis en secret, après avoir remis leur rapport. Le but de cette réunion : pas moins que décider ou non de saisir le ministère de la Justice, pour qu'il ouvre une enquête criminelle sur ce problème !

John Farmer était d'ailleurs lui-même cité dans cet article : « J'ai été choqué de constater à quel point la vérité était différente de la façon dont elle nous était décrite… Les cassettes produites par le Commandement de la défense aérienne [le Norad, NdA] racontaient une histoire totalement différente de ce qui nous avait été expliqué pendant deux ans… Ce n'était pas la vérité. »

Le président de la Commission lui-même, Thomas Kean, ancien gouverneur républicain du New Jersey, se montrait également très critique, dans le même article : « Nous n'avons à ce jour aucune idée de la raison pour laquelle le Norad nous a dit ce qu'il nous a dit. C'était vraiment loin de la vérité… C'est l'une de ces absurdités qui n'ont jamais été résolues. » Plus tard, du reste, Thomas Kean et Lee Hamilton, le vice-président démocrate de la Commission, écrivirent à quatre mains un ouvrage [4] dans lequel ils dénoncèrent les irrégularités, obstructions et tromperies flagrantes qui leur avaient été opposées.

---

4. *Without Precedent : The Inside Story of the 9/11 Commission,* Thomas H. Kean and Lee H. Hamilton Ed. Random House, août 2006.

Les dix membres de la Commission, donc, avaient finalement trouvé un compromis, en adressant plutôt leurs griefs aux ministères des Transports et de la Défense, qui avaient eux-mêmes la possibilité de mettre l'affaire dans les mains de la justice, pour ce qui n'était pas moins qu'une série de crimes fédéraux. Mais ces derniers n'en firent finalement rien…

Une affaire du même type avait déjà fait du bruit, en mai 2004, quand le *Washington Post,* encore, révéla que des responsables de la FAA avaient détruit des cassettes d'enregistrements [5], à propos des vols détournés le 11-Septembre…

Tout ceci concerne, évidemment, le fait que l'US Air Force se soit montrée incapable de stopper les quatre Boeing détournés ce jour-là, comme on l'a vu.

Enfin, le cheminement de cette Commission d'enquête avait été quelque peu cahoteux, au point que l'un des membres, un sénateur, en démissionna avec fracas en expliquant que les résultats qui émaneraient de ses travaux étaient déjà compromis…

Il avait fallu aux commissionnaires faire des pieds et des mains pour amener les membres de l'administration Bush à témoigner. Ils n'avaient paraît-il pas à témoigner, selon la présidence… Pourtant, il semble que la faillite totale de l'administration, le 11-Septembre – pour autant que ça ait été une faillite –, demandait quelques explications de texte de sa part. Devant la pression de l'opinion publique, toutefois, Condoleeza Rice parla sous serment

5. « FAA Managers Destroyed 9/11 Tapes », Sara Kehaulani Goo, *The Washington Post*, 6 mai 2004.

devant la Commission. Son audition est une pièce de collection dans la catégorie langue de bois, et elle se permettra même une contre-vérité assez flagrante. Sous serment… Sauf que prudemment, George W. Bush, en créant cette Commission d'enquête, avait prévu qu'elle n'aurait pas de valeur juridique…

Puisqu'on parle de lui, la Commission avait également demandé que Bush et son vice-président, Dick Cheney, soient entendus à titre de témoins. C'était bien le moins… Elle se heurta d'abord à un refus catégorique, avant que, encore sous la pression publique, les comparses n'acceptent. Sous conditions, toutefois, et quelles conditions… George W. Bush et Dick Cheney acceptèrent finalement d'être entendus, mais ensemble, à la Maison Blanche, et devant seulement deux membres de la Commission dont Philip Zelikow ! En outre, ils exigèrent de ne pas témoigner sous serment, et que l'entretien ne soit enregistré sous aucune forme !

On se demande réellement pourquoi, d'ailleurs, si les choses étaient aussi claires que ce qu'ils prétendaient…

Pour revenir au livre de John Farmer, « ne nous y trompons pas », prévient Paul Joseph Watson, « Farmer ne dit pas que le 11-Septembre était un *inside job* [un coup monté de l'intérieur, NdA]. Mais son témoignage, ajouté à ceux de ses collègues de la Commission d'enquête, mène à la conclusion que peu importe ce qui s'est réellement passé le 11-Septembre : l'histoire officielle donnée à la population, qui demeure la version officielle des autorités encore aujourd'hui, est un mensonge. Ce sont ceux-là mêmes, désignés par le gouvernement pour enquêter sur cette affaire, qui le disent !

« Ce fait, termine Watson, aucun *debunker* [un *debunker*, en la circonstance, est quelqu'un qui tente de discréditer, si possible en la ridiculisant, toute théorie alternative à celle de l'administration Bush, NdA], aucun apologiste de l'administration Bush ne pourra jamais légitimement le nier. »

***

Un autre élément « aérien » met à mal la version de la Commission d'enquête : celui des fameux appels téléphoniques de passagers à leurs proches. Notamment en ce qui concerne le vol 93 de la United Airlines, qui se serait écrasé quelque part en Pennsylvanie. Le mystère est d'ailleurs encore grand, en ce qui le concerne : la version officielle veut que les passagers se soient révoltés contre les pirates de l'air, et que l'échauffourée se soit terminée en crash. Deux films, du reste, ont consacré l'héroïsme de ces femmes et de ces hommes.

Le problème, car problème il y a, est que tout comme le vol 77, qui aurait frappé le Pentagone, on n'a pratiquement rien retrouvé du vol 93… Des témoins visuels l'ont vu exploser en vol au-dessus de leur tête. Ce qui expliquerait que l'on ait retrouvé quelque débris sur une distance d'une dizaine de kilomètres. Sauf que la version officielle veut qu'il se soit crashé à un endroit bien défini, près de Shanksville. Le gros, l'énorme problème, est que les secouristes, pompiers, témoins, et même le maire de Shanksville, assez vite sur les lieux, ont effectivement trouvé un cratère, mais… absolument vide ! La supposition la plus répandue, aujourd'hui, est que le vol 93 a été abattu en vol par un chasseur de l'Air Force, mais cette version est vraiment à prendre au conditionnel.

Cela dit, dans la liste des dix-neuf pirates de l'air très rapidement élaborée par le FBI, le vol 93 aurait été détourné par un commando de quatre extrémistes seulement – le Français Zacarias Moussaoui ayant visiblement raté l'avion –, alors qu'ils étaient cinq dans les autres appareils. Mais comme beaucoup le savent, six des dix-neuf supposés pirates de l'air sont toujours bel et bien vivants, et l'ont fait savoir… dont deux censés être à bord du vol 93 ! Il n'y aurait donc eu que deux hommes pour détourner le vol 93, avec des cutters pour armes. Ce qui fait peu, on en conviendra, contre un équipage et quelques dizaines de passagers décidés à ne pas mourir…

C'est pourtant de ce vol qu'on passera le plus d'appels téléphoniques, depuis des portables, une douzaine au total sur les quinze recensés pour les quatre avions de ligne…

La plupart de ces appels auraient été passés alors que les avions volaient à plus de 10 000 mètres d'altitude. Or, on l'a vu, le Movement for Truth cher à David Ray Griffin est particulièrement bien équipé en experts en tous genres. En l'occurrence, ce sont les pilotes et les scientifiques du Mouvement qui se sont penchés sur la question. Ils en ont conclu – et écrit – que, compte tenu de la technologie téléphonique de l'époque, il était impossible de passer un appel depuis un aéronef volant à 10 000 ou 12 000 mètres d'altitude.

« Les défenseurs de la version officielle, comme *Popular Mechanics* [*Popular Mechanics* est un journal de vulgarisation scientifique étatsunien, qui a longtemps soutenu les thèses de l'administration Bush, NdA], affirmèrent le contraire », raconte David Ray Griffin. « Mais le FBI lui-même leur a opposé un sérieux démenti. En 2006, lors du procès de Zacarias Moussaoui, le soi-disant vingtième pirate de l'air, il fut demandé au FBI de présenter des preuves concernant les appels passés depuis les quatre avions de ligne. Son rapport indiquait que parmi les trente-sept appels provenant du vol UA93, seuls deux d'entre eux avaient été passés depuis un téléphone portable – lorsque l'avion, sur le point de s'écraser, était à très basse altitude. En d'autres termes, le FBI a implicitement soutenu la thèse présentée par le Mouvement pour la vérité, selon laquelle les appels de téléphones portables depuis un avion à haute altitude étaient impossibles. Un coup rude pour *Popular Mechanics*... », conclut malicieusement Griffin, le sourire en coin.

Mais il y a un autre exemple, particulièrement important. Une femme très connue aux États-Unis voyageait sur le vol 77, qui se serait écrasé contre le Pentagone, Barbara Olson. Cette dernière, au moment des faits, est une présentatrice populaire, qui officie sur la chaîne de télévision CNN. En outre, elle est l'épouse de Ted Olson, procureur général au ministère de la Justice, lui aussi un personnage très en vue. « L'idée que des musulmans avaient assassiné Barbara Olson allait être instrumentalisée pour prêcher la soi-disant guerre contre le terrorisme », fait d'ailleurs remarquer David Ray Griffin.

Le 11-Septembre, la nouvelle de sa mort dans les entrailles du Pentagone secoue évidemment l'opinion publique. Ce même jour, Ted Olson est bien sûr contacté par les médias, et en particulier par la chaîne où travaillait son épouse. Il explique ainsi à CNN que Barbara, l'avait appelé deux fois avec son téléphone portable, et lui avait raconté le détournement du Boeing 757, les pirates de l'air armés de cutters, etc. Olson fera les mêmes déclarations aux agents du FBI, qui prendront sa déposition le même jour.

Ces deux appels sont cruciaux. Tout d'abord, le moment où ils sont passés indique qu'à ce moment-là, le Boeing 757 serait toujours en vol. Alors que, comme on l'a vu, on perd sa trace un long moment et on estime qu'il s'est crashé ; et que, si ces appels ont bien abouti, c'est qu'il se déplace à très faible altitude. Pourtant, de manière tout à fait incroyable, c'est le FBI lui-même qui fera tomber cette histoire !

Le Federal Bureau of Investigations a en effet été prié, donc, de produire un rapport dans le cadre du procès Zacarias Moussaoui. La partie de ce rapport consacrée aux appels téléphoniques du vol 77 établit tout simplement que ceux de Barbara Olson… n'existent pas ! Il détaille qu'elle a « tenté » de passer un seul appel, qui n'a « pas abouti ». Durée : « Zéro seconde » ! Noir sur blanc…

C'est tout simplement hallucinant… Le FBI, on le sait, est sous la coupe du ministère de la Justice. Mais, dans son rapport de 2006, les « fédéraux » expliquent donc que les deux appels rapportés par l'ancien procureur général de ce même ministère n'ont jamais existé !

« Cela ne laisse que deux options, analyse David Ray Griffin : soit Ted Olson a inventé cette histoire, soit il a été dupé, comme Deena Burnett. [Le mari de Deena Burnett voyageait sur le vol 93, et cette dernière a reçu un appel de ce qu'elle a cru être son époux, alors qu'il a été démontré que c'était techniquement impossible, NdA.] Dans les deux cas, un des éléments fondateurs de la théorie officielle repose sur des mensonges. »

« Combien de gens, continue-t-il, croiraient encore en la version officielle s'ils apprenaient qu'elle a été, de plusieurs façons, contredite par le FBI lui-même ? Peu, vraisemblablement. Ceci illustre mon propos : la plupart de ceux qui continuent de croire en la théorie du 11-Septembre, version Bush-Cheney, ne sont pas au courant de dizaines de faits qui la contredisent. »

7

Qui n'était pas au courant ?

On sait parfaitement aujourd'hui, huit ans après les faits, qu'un nombre impressionnant de personnes étaient au courant de l'imminence d'une attaque, à l'été 2001. Les enquêtes, témoignages et autres déclarations recueillies depuis le 11-Septembre sont innombrables. Y compris Robert Mueller, le *big boss* du FBI à l'époque, l'a finalement reconnu : « Il y avait des signes »... Tant de signes ont été donnés à l'administration Bush, qu'on est tenté de poser non pas la question inquisitrice « qui était au courant ? », mais « qui n'était pas au courant ? » C'est peut-être un brin provocateur, mais à peine caricatural.

On se souvient parfaitement que les plus hauts représentants de l'administration Bush, président en tête, ont hurlé à la surprise totale dès les premières heures des attentats. On sait aussi, aujourd'hui, qu'ils ont tous menti. Tous. Le mot d'ordre général : « Personne ne pouvait envisager une telle attaque ! »

On a vu ce qu'il en était plus tôt dans cet ouvrage, concernant Georges W. Bush, avec la fameuse histoire du briefing du 6 août, à propos d'attaques imminentes...

Condoleeza Rice en personne, conseillère à la sécurité nationale en exercice, rappelons-le, avait été sérieusement mise en garde le 6 septembre 2001, cinq jours avant les attentats, par une vieille connaissance, l'ancien sénateur du Colorado Gary Hart. Ce jour-là, Gary Hart, président au Sénat de la Commission sur la sécurité nationale pour le XXIe siècle, avait sérieusement alerté, selon ses dires, Condoleeza Rice : « Vous devez agir plus, et plus vite, à propos de la sécurité nationale. Un attentat va bientôt se produire ! » [1] Par la même occasion, le sénateur avait conseillé, sur le même thème, une compagnie aérienne canadienne.

Rice a-t-elle été convaincue par les craintes de son ami de vingt ans ? Vu le résultat, on peut soit en douter, soit se dire qu'elle a laissé passer l'histoire… Sans oublier de prévenir un autre ami, toutefois, Willie Brown, le maire de San Francisco. D'après Pacifica Radio [2], entre autres, elle lui téléphona en effet pour lui conseiller de ne pas voyager en avion avant quelque temps…

Mais ce ne sont que broutilles, par rapport au nombre d'avertissements reçus par les services secrets des États-Unis à propos de ces attentats, FBI, CIA, NSA et autres offices moins connus.

Ainsi que je le révèle dans un ouvrage précédent [3], Benazir Bhutto, alors Premier ministre du Pakistan, avait réussi à faire arrêter Ramzi Yousef, l'un des auteurs de l'attentat contre le World Trade Center de 1993. Après avoir

1. WABC Radio, 29 mai 2002.
2. Pacifica Radio, 17 mai 2002.
3. *Benazir Bhutto, jusqu'au bout du destin*, Éd. Alphée, juin 2008.

obtenu les renseignements dont elle avait besoin, Benazir Bhutto fit extrader Yousef aux États-Unis, qui le réclamaient pour le traduire en justice. Ceci est connu. Ce qui l'est moins, c'est qu'en prime elle fournit aux États-Unis des plans saisis dans l'une des caches du terroriste, décrivant un projet d'attaque contre « des immeubles des grandes villes de la côte Ouest des États-Unis, à l'aide d'avions de ligne détournés »... C'était sept ans avant le 11-Septembre... Plusieurs autres signaux sérieux ont également été donnés, notamment à travers la découverte d'un plan « Bojinka » qui fit un peu de bruit.

Mais dans les mois précédant le 11-Septembre, les services étatsuniens ont reçu des renseignements multiples de services secrets étrangers, en provenance d'au moins onze pays. Y compris de la France, par le biais d'un rapport assez complet de la DGSE, en janvier 2001, huit à neuf mois avant. De l'Allemagne, aussi, où les services secrets surveillaient de près les activités d'un certain Mohammed Atta, outre le fait qu'ils s'aperçurent que la même surveillance du prétendu *leader* des pirates de l'air était effectuée par une antenne... de la CIA !

D'autres alertes très sérieuses furent fournies à Washington par le Mossad israélien, qui ne plaisante pas spécialement avec ce genre de choses, du MI6 britannique, des services secrets d'Argentine, d'Islande, d'Égypte, d'Italie, de Jordanie, du Maroc, de Russie, et il y en a d'autres... Comme par exemple... l'Afghanistan ! Certains de ces documents furent même remis en main propre à leurs destinataires. Toutefois, les agents du FBI furent priés par leur hiérarchie, à l'abri de la « Directive de 1991 », de ne pas enquêter plus que cela sur les cellules d'Al Qaïda présentes aux États-Unis ! John Ashcroft, ministre de la

Justice en exercice, l'a d'ailleurs dit lui-même, pour expliquer cette déroute totale des services secrets : « Nous n'enquêtions pas sur Al Qaïda »...

Ce qui est tout de même, il faut bien l'avouer, très troublant. Voici toutefois une revue de presse, bien loin d'être exhaustive, de cette énorme anomalie qu'a été, de manière incontestable, la non prise en compte par les USA des avertissements provenant de services étrangers.

Agence France-Presse, 16 avril 2007 : « Les services de renseignements français ont alerté en janvier 2001, soit huit mois avant les attentats du 11-Septembre, leurs homologues américains d'un projet de détournement d'avion américain par Al Qaïda, révèle lundi *Le Monde.* Le quotidien publie le fac-similé de la première page d'une "note de synthèse" classifiée "confidentiel défense" de la Direction générale de la sécurité extérieure (DGSE, espionnage). La note de cinq pages, datée du 5 janvier 2001 et titrée "Projet de détournement d'avion par des islamistes radicaux", a été transmise, assure *Le Monde*, quelques jours plus tard au chef de poste de la CIA à Paris, Bill Murray. [...] Cette note cite également sept compagnies d'aviation susceptibles d'être la cible de ce détournement, dont les deux compagnies américaines visées par les terroristes du 11-Septembre (American Airlines et United Airlines) qui ont fait près de 3 000 morts. »

The New York Times, 4 juin 2002 : « Le président égyptien Hosni Moubarak a affirmé dans une interview que les services de renseignements d'Égypte avaient averti les officiels américains, environ une semaine avant les attaques terroristes du 11-Septembre, que le réseau d'Oussama Ben Laden, Al Qaïda, se trouvait à une étape avancée dans l'exécution d'une opération importante contre une cible américaine. »

The Telegraph, Londres, 16 septembre 2001 : « Des officiels du renseignement israélien affirment avoir averti leurs homologues américains le mois dernier que des attaques terroristes d'envergure sur des cibles hautement visibles sur le territoire des États-Unis étaient imminentes. [...] Le *Telegraph* a appris que deux experts haut placés du Mossad, le service de renseignements militaire israélien, avaient été envoyés à Washington en août pour alerter la CIA et le FBI de l'existence d'une cellule contenant jusqu'à deux cents terroristes, prétendument en préparation d'une grande opération. »

The London Times, 12 juin 2002 : « Un agent des services secrets marocains affirme avoir infiltré Al Qaïda pendant deux ans, avant de sortir de l'ombre l'été dernier pour avertir ses supérieurs que le groupe terroriste planifiait "quelque chose de spectaculaire" à New York. [...] M. Hassan Dabou n'était pas certain de connaître précisément la cible, sachant seulement qu'il s'agirait d'une "opération de grande envergure à New York à l'été ou l'automne 2001". Il semble que les responsables des services secrets avaient pris au sérieux le renseignement de l'un de leurs plus expérimentés informateurs, et avaient immédiatement transmis les détails à Washington. [...] Des informations en provenance de Casablanca affirment que M. Dabou a été transporté secrètement par avion à Washington, où il coopérait avec les agents des services de renseignements des États-Unis, lorsque les terroristes ont frappé. Les preuves que les agences occidentales de renseignements n'ont pas donné suite aux pistes marocaines sur Al Qaïda à l'été 2001 s'accumulent. »

The BBC, 7 septembre 2002 : « Un assistant de l'ancien ministre des Affaires étrangères talibanes, Wakil Ahmad Muttawakil, a révélé qu'il avait été envoyé pour avertir les diplomates américains et les Nations unies qu'Oussama Ben Laden était sur le point de déclencher une énorme attaque sur le territoire des États-Unis. [...] Il s'est d'abord rendu au consulat américain de Peshawar, au Pakistan, puis aux Nations unies. Mais aucun de ses avertissements ne retint l'attention. »

USA Today, 4 juin 2002 : « Les services de renseignements américains ont surpris des membres d'Al Qaïda en train de discuter d'une attaque terroriste majeure et imminente, dans les semaines précédant le 11-Septembre, et avaient des agents à l'intérieur du groupe terroriste. Mais les interceptions et les rapports de terrain ne spécifiaient pas où ni quand l'attaque allait survenir, selon des responsables américains. [...] Certains de ces indices se retrouvent enfouis parmi 350 000 pages de documents remis par la CIA pour les audiences [de la Commission d'enquête, NdA] :

– Des rapports discutant de la possibilité d'attentats-suicides, des complots visant à faire percuter des édifices par des avions, et des attaques contre le Pentagone, le World Trade Center, ainsi que d'autres cibles importantes.

– Des interceptions électroniques de membres d'Al Qaïda, remontant même jusqu'au 10 septembre, discutant énigmatiquement d'une attaque majeure. Deux responsables aux services de renseignements américains, en paraphrasant les interceptions hautement confidentielles, affirment qu'elles incluaient des remarques telles que "de bonnes choses arrivent", "Surveillez les nouvelles" et "demain sera un grand jour pour nous". »

CNN, 2 novembre 2007 : « L'Arabie Saoudite aurait pu aider les États-Unis à prévenir les attaques d'Al Qaïda en 2001 contre New York et Washington si les responsables américains avaient consulté les autorités saoudiennes d'une manière "crédible", a affirmé l'ancien ambassadeur du royaume [4] dans un documentaire diffusé jeudi. Les commentaires du prince Bandar bin Sultan sont semblables aux remarques faites cette semaine par le roi saoudien Abdullah, qui a insinué que l'Angleterre aurait pu prévenir les attentats à la bombe de 2005 à Londres si les avertissements de Riyad [capitale saoudienne, NdA] avaient été considérés. Sur le réseau satellitaire arabe Al-Arabiya, Bandar – maintenant conseiller à la sécurité nationale du roi Abdullah – a affirmé jeudi que les services de renseignements saoudiens "poursuivaient activement" la plupart des terroristes du 11-Septembre "avec précision". "Si les autorités de sécurité américaines s'étaient impliquées avec leurs homologues saoudiens d'une manière sérieuse et crédible, à mon avis, nous aurions évité ce qui s'est produit", a-t-il déclaré. »

Indianapolis Star, 18 mai 2002 : « Lorsque CBS News a révélé mercredi l'information explosive selon laquelle le président George W. Bush avait été averti que le réseau terroriste d'Oussama Ben Laden planifiait de détourner

4. Le prince Bandar bin Sultan, longtemps ambassadeur de l'Arabie Saoudite aux États-Unis.

des avions de ligne [5], David Schippers [6] a dû avoir l'impression qu'on lui donnait raison. Après tout, quelques semaines seulement avant le 11-Septembre, Schippers avait tenté de faire part « aux responsables à Washington de renseignements sur une attaque possible » contre des édifices dans le bas Manhattan, mais il fut ignoré. La même chose lui était arrivée avant l'attentat à la bombe d'Oklahoma City en avril 1995. [...] Il avait tenté de contacter le procureur général John Ashcroft, la Maison Blanche, et même les dirigeants de la Chambre des représentants avec qui il avait travaillé. Mais personne n'a répondu à ses appels. »

National Public Radio (NPR), David Welna, correspondant de la station au Congrès, 11 septembre 2001, juste après les attentats : « J'ai parlé avec le représentant au Congrès Ike Skelton, un démocrate du Missouri, membre du Comité des services interarmes, qui m'a dit que tout récemment le directeur de la CIA [George Tenet, NdA] avait averti qu'une attaque pourrait survenir, une attaque imminente de cette nature contre les États-Unis. Alors ceci n'était pas entièrement inattendu. »

The Times, Londres, 11 février 2005 : « Les autorités de l'aviation américaine ont reçu de nombreux avertissements concernant des attaques d'Al Qaïda au cours des six mois précédant le 11-Septembre. Cinq d'entre eux mentionnaient des détournements d'avions et deux évoquaient des opérations suicides, a-t-il émergé [du

5. Par le biais du fameux briefing présidentiel quotidien du 6 août 2001.

6. David Schippers est à l'époque un député, connu notamment pour avoir voté la mise en accusation de Bill Clinton dans l'affaire Lewinski.

rapport de la Commission d'enquête, NdA]. Un rapport précédemment publié par la commission chargée de mener l'enquête sur les attaques du 11-Septembre contre les États-Unis révèle que l'autorité fédérale de l'aviation américaine [la FAA, NdA] a reçu cinquante-deux rapports de renseignements sur Al Qaïda entre avril et septembre 2001. Le nombre de rapports sur Oussama Ben Laden ou sur son réseau terroriste reçus par la FAA dans les mois précédant le 11-Septembre fut si élevé, qu'entre mars et mai des rapports confidentiels sur la menace d'Al Qaïda furent remis aux responsables de la sécurité des dix-neuf aéroports les plus fréquentés des États-Unis. »

The Times, Londres, 27 septembre 2001 : « L'auteur Salman Rushdie croit que les autorités américaines étaient au courant de l'imminence d'une attaque terroriste lorsqu'ils lui ont interdit de prendre des vols intercontinentaux au Canada et aux États-Unis, une semaine seulement avant les attaques. [...] La FAA a avisé l'éditeur de Salman Rushdie que les services des renseignements américains lui avaient fourni un avertissement concernant "quelque chose dans l'air", sans fournir plus d'informations. La FAA a confirmé qu'elle avait haussé ses mesures de sécurité envers M. Rushdie, mais a refusé d'en divulguer la raison. »

The New York Times, 17 août 2005 : « Une équipe de renseignements militaires a contacté le FBI à de nombreuses reprises, en 2000, pour l'avertir de l'existence d'une cellule terroriste basée aux États-Unis qui incluait le chef de bande des attaques du 11-Septembre, [Mohammed Atta, NdA] selon un haut gradé des renseignements de l'armée, qui affirme maintenant avoir décidé de risquer sa carrière en discutant publiquement de cette information. L'officier, le lieutenant-colonel Anthony Shaffer, a dit que des avocats militaires ont plus tard empêché l'équipe de partager ces informations avec la CIA. Le colonel Shaffer a déclaré que le petit programme de renseignements, hautement confidentiel et connu sous le nom d'"Able Danger", avait identifié le meneur des terroristes, Mohammed Atta, ainsi que trois autres des futurs terroristes, nommément, à la mi-2000, et a tenté d'organiser une rencontre cet été-là avec des agents du siège du FBI à Washington pour transmettre ces informations. Mais il a affirmé que des avocats militaires ont forcé les membres d'Able Danger à annuler trois rencontres prévues avec le FBI à la dernière minute, ce qui laissa la CIA sans les informations qui, selon le colonel Shaffer, auraient pu mener à Mohammed Atta et aux autres terroristes, alors que les attaques du 11-Septembre n'étaient encore qu'en préparation. [...] Le département de la Défense n'a pas contesté le témoignage du colonel Shaffer, le premier officier militaire à reconnaître publiquement son rôle dans le très secret programme Able Danger. »

Pourquoi le lieutenant-colonel Anthony Shaffer monte-t-il ainsi au créneau ? Tout simplement parce que dans son rapport final, la Commission d'enquête explique que les agences de renseignements étatsuniennes n'avaient pas identifié Mohammed Atta comme terroriste avant le... 11 septembre 2001 !

Cette revue de presse, courte par rapport à ce qui a été écrit ici et là sur le sujet, en près de huit années maintenant, est semble-t-il très éloquente. Qui peut croire un millième de seconde, après cette lecture pourtant loin d'être exhaustive, aux faits que :

« Personne, de notre gouvernement, ou du précédent, ne pouvait prévoir que des avions détournés se crasheraient dans des buildings, à une échelle aussi massive. » (George W. Bush, 14 septembre 2001) ;

« Il n'y avait pas de menace particulière sur une opération terroriste interne, ou sur ce qui s'est passé dans les villes de New York et Washington avec des avions de ligne détournés. » (Donald Rumsfeld, 16 septembre 2001) ;

« Je ne pense pas que quiconque aurait pu prédire qu'ils auraient essayé d'utiliser des avions détournés comme missiles. » (Condoleeza Rice, 13 septembre 2001) ;

« Je n'ai eu connaissance d'aucun avertissement sur ce type d'opération dans le pays. » (Robert Mueller, directeur du FBI, 17 septembre 2001) ;

« Il est clair que quelque chose d'imprévu s'est passé hier, à New York. Nous n'avions aucune information précise à ce propos. » (Ari Fleischer, porte-parole de la Maison Blanche, 12 septembre 2001).

***

Un autre aspect, « collatéral » est-on tenté de dire, montre à l'évidence que beaucoup de monde était au courant des attentats à venir : l'énorme délit d'initiés qui a accompagné le 11-Septembre. C'est ce qu' Éric Laurent, un confrère journaliste, nomme « la plus importante arnaque mondiale » dans un ouvrage sur le sujet [7]. Les délits d'initiés sautent

7. Éric Laurent, *La Face cachée du 11-Septembre*, Éd. Plon, 2004. Éric Laurent est également l'auteur de *La Guerre des Bush, les secrets inavouables*, et de *Le Monde secret de Bush*, également chez Plon.

aux yeux de toutes les bourses du monde dès la réouverture de Wall Street, une huitaine de jours plus tard. Dans les jours précédant le 11-Septembre, à partir des 6 et 7, des options à la vente sont prises sur certaines compagnies cotées à la bourse. Parmi lesquelles… United Airlines et American Airlines, propriétaires des avions détournés !

Pour faire simplissime, l'option à la vente – la « put option » – est une opération à risque. Elle consiste à acheter des actions d'une société dont on pense – ou on sait, ce qui constitue un délit d'initié – que le cours va baisser. Toujours pour faire très simple, prenons un exemple : l'action Machin Airlines vaut 100 euros. Si pour une raison X cette valeur dégringole, disons à 45 euros, vous empochez 55 euros.

Entre le 6 et le 7 septembre, près de 5 000 options de vente « put options » sont achetées sur United Airlines. Le 10 septembre, veille des attentats, plus de 4 500 des mêmes « put options » sont acquises sur American Airlines.

Et la valse des acquisitions à la baisse se poursuit le matin même du 11-Septembre, y compris alors que les crashs du World Trade Center ont eu lieu ! L'ensemble correspond tout simplement à des niveaux… « vingt-cinq fois supérieurs à la moyenne des transactions opérées habituellement sur ces deux compagnies » (!), confie ainsi un financier de très haut niveau à Éric Laurent.

Cela dit, les attentats du 11-Septembre pénalisent aussi lourdement, par un effet de dominos, de très grandes sociétés d'assurance et surtout de réassurance, susceptibles de payer des milliards pour couvrir les pertes de leurs clients dues aux attaques. Là aussi le délit d'initié est flagrant, puisque l'on enregistre des niveaux très élevés d'options de vente, toujours, sur les actions de ces sociétés, et en particulier deux géants de la réassurance, Munich Re et le Groupe AXA.

La finance n'échappe pas à la règle : les même manœuvres sont observées à propos de compagnies financières touchées par les attentats, comme Merrill Lynch, Morgan Stanley, Bank of America, etc.

Wall Street rouvre en très forte baisse, bien entendu, et les valeurs des sociétés évoquées ci-dessus dévissent très gravement. C'est le jackpot, un énorme jackpot, pour les investisseurs qui ont joué en « put options », à la baisse. Les « put options » sont des placements à risque, à la limite du jeu de casino. Sauf, évidemment, si on a la bonne martingale, en l'occurrence l'information adéquate… CQFD.

À l'inverse, avant les attentats, des niveaux énormes d'achats d'actions sont enregistrés sur la société étatsunienne Raytheon, dont la valeur montera en flèche dès la réouverture de la bourse. Détail : Raytheon est l'un des plus gros fabricants d'armes américains…

À la lumière de ces informations, il n'y a aucun doute : pas mal de monde savait ce qui allait se passer le 11-Septembre, mais aussi après, puisque l'on a spéculé à la hausse sur des sociétés d'armement... Les chiffres ne mentent jamais, et il est clair que le 11-Septembre on a fait de l'argent, énormément d'argent, sur les cadavres de 3 000 innocents.

Du reste, dès la réouverture de Wall Street, les spécialistes de la finance ne sont pas dupes. Ainsi John Kinnucan, un cadre de Broadband Research, explique dès le 18 septembre à Associated Press que « [Il a] vu un nombre d'achats/ventes plus élevé que je n'ai jamais observé depuis dix ans que je suis les marchés, en particulier sur les marchés d'options » [de vente, NdA]. Dylan Ratigan, de Bloomberg Business News, parlant des mouvements sur Morgan Stanley et d'autres compagnies, fait pour sa part dans l'humour noir sur ABC News, neuf jours après les attentats : « Ce serait une des coïncidences les plus extraordinaires dans l'histoire de l'humanité… si c'était une coïncidence. » Sur ABC News également, un expert estimera que ces délits d'initiés n'ont pas de précédent dans l'histoire de la finance, et qu'ils ne sont pas cantonnés aux États-Unis, loin de là : il cite par exemple le Japon et l'Europe.

Tout cela est tellement énorme, on le constate, que l'administration Bush se voit bien obligée d'ouvrir une enquête, sous les auspices de la SEC, le gendarme de la bourse étatsunienne, en relation avec la Justice, et donc le FBI, qui en dépend. Après deux ans d'enquête effectués par plusieurs centaines d'agents, presque jour pour jour, en septembre 2003, le FBI rend ses conclusions. Un porte-parole explique benoîtement qu'il n'existe absolument aucune preuve que les spéculateurs ayant effectué ces opérations connaissaient l'imminence des attentats… Par ailleurs, il ne cite aucun nom, pas plus des investisseurs visionnaires, du coup, que des sociétés concernées. Curieux, on en conviendra, tout comme le fait que les médias ne s'intéresseront pas vraiment à cette enquête.

Interrogé plus tard sur les « enrichis » du 11-Septembre, toutefois, le FBI expliquera que, de toutes façons, les heureux gagnants sont « absolument insoupçonnables ». Si c'est le FBI qui le dit…

Le brillant financier britannique cité plus haut, lui, estime qu'en l'occurrence on a couvert ou dissimulé « le plus spectaculaire délit d'initié jamais survenu », et que l'on ne trouvera « personne, dans la communauté financière, pour croire en la fable officielle ».

Le crime aurait pu être parfait, la destruction des tours effaçant toute trace de preuve. Pourtant, on retrouvera trente-deux disques durs, dans les décombres des Twin Towers. Très abîmés et inutilisables, ça va de soi. Toutefois, une société allemande, Convar, est très spécialisée dans la récupération de données informatiques, en cas de sinistre. Elle a mis au point un système très sophistiqué à base de lecture laser, et Convar emportera le marché de récupération de données.

Un reporter de l'agence Reuters livre un reportage sur cette société, située à Pirmasens, à la frontière franco-allemande, le 17 décembre 2001. Pas loin de deux ans avant la conclusion de l'enquête des « fédéraux ». Le PDG de Convar, Peter Henschel, lui explique que des ordres de bourse très douteux ont été passés automatiquement, alors même que les Twin Towers flambaient. Mais Peter Henschel ne donnera aucun nom.

On apprendra tout de même que 100 % des données sont récupérées sur la plupart des disques durs, et transmises immédiatement aux États-Unis. C'est-à-dire au FBI, bien entendu. Il faut aussi savoir que Convar travaillait de longue date, une quinzaine d'années, avec l'armée américaine…

Richard Wagner, un expert de la société, est plus bavard. Il confie ainsi à Reuters que des transferts de l'ordre de 100 millions de dollars ont pu être passés immédiatement avant les attentats, et jusqu'à ce que les tours s'écroulent... « ils pensaient sûrement que les enregistrements de leurs transactions ne pourraient jamais être retrouvés, après ce désastre », estime Wagner.

« Ils » se trompaient, donc. Mais ce n'est pas pour autant que le FBI divulguera leurs identités.

Pour rester dans le pan financier du 11-Septembre, un témoignage intéressant est apparu en mai 2009. Dans un ouvrage, Amir Weitmann, un analyste financier de haut niveau, dissèque la désormais très célèbre affaire Bernard Madoff [8]. L'auteur travaille en 2001 pour une très grosse société, qui confie une bonne partie de ses investissements au financier véreux. Weitmann, qui a un portefeuille très important à gérer, veut absolument le rencontrer, et rendez-vous est finalement pris le... mardi 11 septembre 2001, à 8 h 30, dans les bureaux new-yorkais de l'escroc.

Un gros quart d'heure plus tard, premier attentat sur la tour Nord. Madoff, impassible : « Ce n'est pas un accident. C'est une attaque terroriste. Le marché va maintenant être fermé quelques jours et rouvrira en forte baisse. » Peu après 9 heures, deuxième crash, sur la tour Sud. Madoff, toujours aussi calme : « C'est un attentat, je vous l'ai dit. L'Amérique est la cible de terroristes. C'est sûrement Al Qaïda et Ben Laden, ces terroristes qui ont déjà essayé de faire sauter le World Trade Center en 1993. Cette fois-ci, ils ont réussi. »

En gros, toute la planète croit à un accident, le 11-Septembre à 8 h 46, quand un premier Boeing 757 s'écrase

---

8. Amir Weitmann, *L'Affaire Madoff, les secrets de l'arnaque du siècle,* Éd. Plon, mai 2009.

contre l'une des Twin Towers, sauf Bernard Madoff. Qui sait dans la seconde que c'est en fait un attentat global qui débute, et qui en connaît même les auteurs... Visionnaire, « Bernie » ? Je penche personnellement beaucoup plus pour le terme « initié ». Un sentiment renforcé par le fait que la SEC, qui a contrôlé ses activités à raison d'environ une fois tous les dix-huit mois, après des dénonciations de spécialistes financiers, n'a jamais rien trouvé de répréhensible dans ses activités ! Y compris quatre ans après le 11-Septembre, en novembre 2005, lorsqu'elle a reçu un rapport imparable, démontant point par point tout son système de fraude...

Question : le nom de Madoff figure-t-il dans la liste des spéculateurs du 11-Septembre, « absolument insoupçonnables », recelée par le FBI ?

Et puisqu'on en est là, il semble utile pour le débat de mentionner également Jérôme Kerviel, le trader de la Société Générale qui a tant fait parler de lui... Que vient faire Kerviel dans cette histoire ? Ceci : dans l'un des rares entretiens qu'il a accordés depuis le début de ses problèmes, il a expliqué au *Parisien*, en janvier 2009, que « la meilleure journée de toute l'histoire de la Société Générale, en matière de gains en bourse, a été le 11 septembre 2001. Du moins, c'est ce qu'un de mes managers m'a raconté. Il semble que les profits ont été colossaux ce jour-là »...

Cette information a été reprise le 23 janvier 2009 par le très sérieux *Times*, à Londres, qui s'est visiblement intéressé de très près à cet épisode [9]. Et à un autre, qui concerne

9. http://business.timesonline.co.uk/tol/business/industry_sectors/banking_and_finance/article5568518.ece.

l'Angleterre d'encore plus près, recueilli dans le même entretien : « J'ai eu une expérience similaire pendant les attentats de Londres, le 7 juillet 2005 », explique ainsi le trader français. Et Adam Sage, le correspondant du *Times* à Paris, d'écrire que : « Le 7 juillet 2005, commémoré comme la pire attaque terroriste de tous les temps contre la Grande-Bretagne, a été le jour du jackpot, pour Jérôme Kerviel, en lui permettant d'engranger des gains de l'ordre de 500 000 euros à la clôture de la Bourse. » Détail : Jérôme Kerviel avait tablé sur une chute importante de l'action Allianz, le géant allemand de... l'assurance.

L'affaire a fait un peu de bruit, très peu en fait. Juste le temps pour Kerviel – dont l'interview paraissait dans *Le Parisien* à un moment stratégique, où il était entendu par la justice –, de prendre un peu de distance avec ses propos, selon le *Times*. En expliquant qu'ils émanaient d'une conversation d'ordre privé, et qu'ils avaient été tirés de leur contexte. Ce à quoi *Le Parisien* répliqua que son journaliste avait rencontré Jérôme Kerviel pas moins de six fois, pour des entretiens enregistrés, sur les conseils de l'avocat du trader.

Quelle que soit l'explication, en tout cas, tirées de leur contexte ou pas, ces informations auraient dû mettre la puce à l'oreille d'un certain nombre de médias... Les dates où la Société Générale aurait fait son plus gros carton en bourse, et Kerviel un coup d'enfer en 2005, sont tout de même loin d'être neutres, c'est le moins que l'on puisse dire...

En outre, ce que j'en pense personnellement est que Jérôme Kerviel, qui risque cinq ans de prison, tient là un bien joli atout dans sa manche, en ce qui concerne sa défense. En effet, je ne suis pas sûr du tout que la Société

Générale ait envie d'entendre à nouveau parler de son record du 11 septembre 2001, s'il est avéré, pas plus que du « coup » de Kerviel le jour des attentats de Londres… Peut-être cela gênerait-il également la justice française aux entournures, remarquez ? Affaire à suivre, donc, de toute évidence…

***

Quant au fait que les terroristes de Ben Laden ont pris tout le monde de court le jour des attentats, provoquant une énorme surprise jusqu'à la Maison Blanche, je laisse le lecteur se faire sa propre opinion après ce qu'il vient de lire sur le sujet.

La mienne est faite, en tout cas…

8

Ben Laden dead or alive ?

BEAUCOUP se souviennent probablement de la rodomontade télévisée de George W. Bush, quelques jours après le 11-Septembre, alors que le coupable était définitivement le dénommé Oussama Ben Laden. En gros : « Nous allons chercher et trouver le coupable, et le traîner devant la justice souveraine des États-Unis. » Et, l'œil sûr du cow-boy, face aux caméras : « Il fut un temps où l'on placardait des affiches, dans mon cher vieux Texas, sur lesquelles était indiqué que l'on recherchait un criminel, "mort ou vif"... » C'est bien ça : *dead or alive*...

Huit ans après, la citation de « W. » est devenue une vraie question : Ben Laden est-il toujours vivant ? Accompagnée d'une autre, tout aussi importante : est-il l'organisateur des attentats les plus meurtriers qu'aient connus les États-Unis ?

Une fois n'est pas coutume, commençons par la seconde question. Pour l'administration Bush, donc, le milliardaire fanatique Oussama Ben Laden a organisé un complot en concertation avec dix-neuf terroristes suicidaires, qui ont explosé le Pentagone, abattu trois tours du World Trade

Center avec deux avions de ligne, et occasionné la mort de plus de 3 000 Étatsuniens.

Le problème pour Bush, le gros problème, même, est que Ben Laden démentira dans les jours suivant être à l'origine des attentats... Se privant ainsi de l'« exploit » guerrier du millénaire, d'une popularité absolument extraordinaire auprès des musulmans fondamentalistes, pour avoir très durement frappé le « Grand Satan ».

Mais commençons par le début, le jour de la Fête nationale des États-Unis, le 4 juillet 2001, dix semaines avant le 11-Septembre. Ce jour-là, un avion en provenance du Pakistan dépose à l'aéroport de Dubaï, aux Émirats arabes unis, un certain Oussama Ben Laden sur le tarmac. Dès son arrivée, ce dernier est transféré dans un hôpital de la capitale émiratie. Il est accompagné de son médecin personnel, de quatre gardes du corps, et d'un infirmier.

On le sait, Ben Laden connaît de gros problèmes de santé, en particulier d'insuffisance rénale. Déjà, en mars 2000, « l'hebdomadaire *Asia Week*, à Hongkong, s'inquiétait de la santé de Ben Laden, faisant état d'un grave problème physique, et précisant que ses jours étaient en danger à cause d'une "infection rénale qui se propage au foie et nécessite des soins spécialisés" » [1]. Il s'est beaucoup dit, également, que Ben Laden disposait dans son repaire afghan de matériel mobile de dialyse, financé par les talibans, eux-mêmes alimentés en fonds par l'ISI, les services secrets pakistanais...

Mais là, visiblement, son état de santé nécessite une hospitalisation et des médecins de haut niveau. Ce sera

1. *Le Figaro*, 31 octobre 2001.

donc l'hôpital… américain de Dubaï ! Alexandra Richard, pour *Le Figaro,* dispose d'un certain nombre d'éléments [2] : « Chaque étage comporte deux suites "VIP" et une quinzaine de chambres. Le milliardaire saoudien a été admis dans le très réputé département d'urologie du docteur Terry Callaway, spécialiste des calculs rénaux et de l'infertilité masculine. Joint par téléphone à de multiples reprises, le docteur Callaway n'a pas souhaité répondre à nos questions. »

Pas mal de médias dans le monde signaleront cette hospitalisation. Mais aussi le fait qu'Oussama Ben Laden a reçu la visite de membres de sa famille, et de hautes personnalités d'Arabie Saoudite et des Émirats. Beaucoup plus insolite sera la visite du responsable régional de… la CIA, au chevet de l'homme le plus recherché par les États-Unis, déjà… Si on ne sait pas ce que se sont dit les deux hommes, de nombreux témoignages confirmeront cette visite, et il ne semble pas que l'administration Bush ait démenti quoi que ce soit sur le sujet.

De plus, l'agent secret est bavard, et se vantera de cette visite assez peu discrètement. Tout ce que l'on sait, c'est qu'il a été rapidement rappelé à Washington, le 15 juillet. Le lendemain même du départ d'Oussama Ben Laden de Dubaï…

Pour être l'homme que veulent absolument capturer Bush et le FBI, on peut estimer que Ben Laden s'en sort plutôt bien, non ? !

En fait, la CIA et Ben Laden se connaissent très bien. Surtout depuis qu'ils ont pactisé, lorsque l'URSS envahit

2. *Le Figaro,* « La CIA aurait rencontré Ben Laden en juillet », Alexandra Richard, 31 octobre 2001.

l'Afghanistan, par le biais de deux entités : l'Arabie Saoudite et l'ISI, les services secrets pakistanais. On a souvent dit que les États-Unis avaient entraîné Ben Laden et ses troupes, que Ben Laden était un « agent » de la CIA ; la vérité est plus compliquée, comme je l'explique dans un ouvrage précédent [3], mais il y a de cela. Parlons plutôt d'un jeu d'alliances, le but pour la CIA étant de faire chuter l'URSS en Afghanistan en leur offrant un véritable « Vietnam », et ainsi, comme prévu dans les plans américains, contribuer à faire tomber le mur de Berlin et gagner définitivement la guerre froide…

Pour revenir aux problèmes de santé de Ben Laden, ils ne sont pas bénins, loin de là. On apprendra par ailleurs que deux mois plus tard, le 10 septembre 2001, moins de vingt-quatre heures avant les attentats de New York et Washington, il est une nouvelle fois hospitalisé [4]. Au Pakistan cette fois, à Rawalpindi, l'une des grandes villes pakistanaises. Là encore, des mesures de sécurité draconiennes entourent sa personne, sous la houlette des services secrets et de l'armée – du reste, il est hospitalité de nuit dans un hôpital militaire.

« Cette nuit-là, explique une infirmière au correspondant de CBS News, sous le secret de l'anonymat, ils ont viré toute l'équipe médicale d'urologie habituelle, et l'ont remplacée par une équipe secrète, que personne ne connaissait. » Le lendemain, le Pakistan condamnait évidemment les attentats aux États-Unis, et vouait aux gémonies Ben Laden et Al Qaïda…

---

3. *Benazir Bhutto, jusqu'au bout du destin*, *op. cit.*
4. Barry Petersen, CBS News, 28 janvier 2002, www.cbsnews.com/stories/ 2002/01/28/eveningnews/main325887.shtml.

C'est également du Pakistan que viendra l'annonce de… la mort de Ben Laden, le 16 décembre 2001, trois mois après les attentats [5] ! Le *Pakistan Observer* explique ainsi, citant un *leader* taliban, que « Oussama Ben Laden est mort en paix, des suites d'une complication de sa maladie, il y a dix jours ». Le chef taliban explique aussi qu'il a assisté aux funérailles de Ben Laden, ajoutant que « les troupes de la coalition sont engagées dans une chasse à l'homme devenue impossible, et elles n'atteindront jamais leur but suprême de le prendre, mort ou vif ». Message pour George W. Bush, sans aucun doute possible.

Ben Laden, selon le *leader* taliban, serait mort dans la région de Tora Bora, et aurait été inhumé en présence d'une trentaine de ses proches, dont ses fidèles gardes du corps, quelques membres de sa famille et des « amis talibans ». Des salves d'armes à feu auraient été tirées, pour « rendre un dernier honneur au "grand *leader*" ». L'informateur du *Pakistan Observer* explique également qu'il a vu pour la dernière fois le visage d'Oussama Ben Laden « pâle, mais calme, reposé et confiant ».

Interrogé sur l'endroit de sa dernière demeure, le *leader* taliban répondit : « Je suis sûr que comme d'autres endroits à Tora Bora, cet endroit particulier a également disparu. »

Le quotidien égyptien *Al-Wafd* [6], reprenant la même information, estime qu'il sera difficile, voire impossible de retrouver la tombe de Ben Laden car, selon la tradition du wahhâbisme, aucune trace n'est laissée par cette dernière.

Info, ou intox ? On se le demande bien, à ce moment-là. Mais on ne voit pas non plus pourquoi Ben Laden aurait

5. *The Pakistan Observer*, 26 décembre 2001.
6. *Al-Wafd*, 26 décembre 2001.

décidé de disparaître, comme ça, du jour au lendemain. Il se verra bien attribuer des messages enregistrés et des vidéos menaçantes, par la suite, et même pour la dernière fois en juin 2009, au moment où ces lignes sont écrites, mais nous en reparlerons, de ces « documents ».

En tout état de cause, trois semaines plus tard, le général Pervez Musharraf, président du Pakistan, explique à CNN [7] que « Ben Laden est probablement mort. Je pense franchement qu'il n'a pas survécu au fait qu'il ne pouvait plus subir de dialyses ». On remarquera toutefois que c'est dans un hôpital militaire pakistanais que Ben Laden était soigné le 10 septembre précédent...

En juillet 2002, c'est carrément Dale Watson, le patron du contre-terrorisme au FBI, qui explique à la BBC [8] que pour lui aussi, Oussama Ben Laden, l'homme qu'il recherche à toute force, n'est probablement plus de ce monde : « Est-il vivant ou mort ? Je ne suis vraiment pas certain de la réponse... Personnellement, je pense qu'il n'est probablement plus avec nous, mais je n'ai pas de preuve pour étayer cela. » Un fait est remarquable : à l'époque, on suppute énormément autour du destin de Ben Laden. Et en l'occurrence, c'est bien la toute première fois qu'un officiel de l'administration Bush s'exprime sur le sujet publiquement, et, surtout, admet qu'il est probablement mort. S'agit-il d'un ballon d'essai, pour voir la réaction d'Al Qaïda ?

Toujours en 2002, c'est au tour d'Hamid Karzai, sur CNN, le 7 octobre 2002. Le président afghan installé par

7. CNN, 18 janvier 2002.
8. BBC, 18 juillet 2002.

les États-Unis s'épanche sur le fait que l'ennemi public n° 1 est « probablement » décédé, au micro de la célèbre chaîne de télé étasunienne..

En octobre 2002 également, des sources émanant des services secrets israéliens expliquent que tant Israël que les États-Unis pensent qu'Oussama Ben Laden est mort lors des campagnes militaires en Afghanistan, en décembre 2001 [9]... Les mêmes sources pensent que les nouveaux messages lui étant attribués sont des faux...

Et puis, silence total. On ne reparle plus de la mort « probable » d'Oussama Ben Laden. Hormis en 2006, où le quotidien *L'Est républicain* annonce, le 23 septembre 2006, qu'il aurait succombé à « une très forte crise de typhoïde », dans un article que j'estime pour ma part très peu convaincant.

Il faut attendre la fin de l'année 2007 pour entendre une personnalité de poids international remettre l'histoire sur le tapis : Benazir Bhutto. Qui plus est à une époque importante pour elle : après huit années d'exil, elle revient au pays se représenter devant les Pakistanais, pour une troisième élection quasiment programmée au rang de Premier ministre.

Quelques semaines avant son assassinat, le 27 décembre 2007, elle donne une interview à, justement, Al-Jazeera, début novembre. Et plus précisément au journaliste vedette David Frost [10].

Au détour de la conversation, ils en viennent à parler de Ben Laden, et Benazir lâche une véritable bombe :

9. *Middle East Newsline*, 16 octobre 2002.
10. Je fais déjà état de cette interview et de ses éventuelles conséquences dans *Benazir Bhutto, jusqu'au bout du destin, op.cit.*

« Oussama Ben Laden a été assassiné, par un ancien membre des services secrets pakistanais, Omar Sheikh. » [11]

Ben Laden, assassiné ! Et cette femme courageuse sait probablement très bien de quoi elle parle, Premier ministre qu'elle a déjà été par deux fois... Assassiné, qui plus est, par Omar Sheikh, l'un des personnages clés du 11-Septembre ! Ce dernier est en effet l'homme qui fit parvenir 100 000 dollars à Mohamed Atta peu avant les attentats, et l'on sait aujourd'hui que l'initiative venait des services secrets pakistanais, et en particulier de Mahmoud Ahmad, le patron de l'ISI. Détail intéressant : le même Mahmoud Ahmad était à Washington aux environs du 11 septembre, où il aurait rencontré de hautes personnalités de l'administration Bush, dont George Tenet, le patron de la CIA, et Condoleeza Rice, conseillère à la sécurité nationale. Interrogés sur cette question, tous les deux démentirent l'information...

On avouera que l'info est énorme... Pourtant, et j'ai revu l'enregistrement de cette interview à de très nombreuses reprises, David Frost ne pipe pas. Il ne relève pas cette confidence assez extraordinaire... Ce qui est proprement impensable de la part d'un journaliste aussi expérimenté et aussi reconnu. Et le fait qu'il ne relance pas Benazir Bhutto sur le sujet ne peut – en tout cas à mon avis – en aucun cas être de la distraction. Il sait parfaitement qui il a en face de lui, il sait que cette entrevue est d'une importance capitale pour le Pakistan et la région, puisqu'elle signe le retour de l'ancienne Premier ministre au premier plan, dans un pays devenu une véritable poudrière.

11. www.dailymotion.com/Rudy-D/video/x7pnz6_benazir-bhutto-affirme-que-ben-lade_news?subtitle=fr.

De plus, l'information de Benazir Bhutto tient la route, si l'on accepte l'idée que Ben Laden est mort fin 2001, ainsi que cela a été décrit avec précision comme on l'a vu, notamment ses obsèques : Omar Sheikh est emprisonné au Pakistan depuis début 2002… Et pour ce qui concerne les conditions de sa mort, il est bien évident – c'est d'ailleurs un chef taliban qui l'annonce, pas un dignitaire d'Al Qaïda –, qu'on n'allait pas expliquer l'assassinat de Ben Laden par Omar Sheikh, que l'on considérait comme son « fils préféré »… Omar Sheikh Brutus ?

Autre donnée significative : lorsque cet enregistrement atteint l'Europe et en particulier la Grande-Bretagne, il est… amputé de la partie où Benazir Bhutto donne ce scoop incroyable ! Mais Internet ne se contrôle pas comme ça… Aussitôt, de nombreux internautes, probablement des supporters de Benazir Bhutto, mettent en ligne la version originale, d'ailleurs toujours consultable.

Benazir Bhutto – consciente d'être allée trop loin ? – se serait rétractée par la suite, sur CNN. Je n'ai pour ma part pas trouvé trace de ce pas en arrière.

Quatre ou cinq semaines plus tard, la fille d'Ali Bhutto, le fondateur du Parti du peuple pakistanais, le PPP, fait un retour triomphal dans son pays. Des centaines de milliers de Pakistanais l'accueillent à son arrivée. Elle échappe de peu à un premier attentat dès son arrivée, mais, le 27 décembre, elle est assassinée. Les circonstances exactes ne sont d'ailleurs toujours pas clairement élucidées… « Le jour où elle a évoqué la mort de Ben Laden, elle a trop parlé », ont estimé un bon nombre de ses supporters…

Comme prévu, le PPP remporte les élections, et, après de nombreuses péripéties, Azif Ali Zardari, l'époux de

Benazir Bhutto, devient président du Pakistan. Où les États-Unis d'Obama, au moment où ces lignes sont écrites, entrent en force ou pas loin...

Zardari, lors d'un cycle de visites officielles, a été l'invité de la chaîne de télévision NBC, dans sa célèbre émission *Meet the Press*, le 10 mai 2009. Et il s'est lâché : « En 1989, Ben Laden était en contact permanent avec les directeurs de la CIA. Il était votre agent à l'époque, et il n'a jamais cessé d'être un agent payé par les États-Unis. Il a même eu pour mission, en 1989, de déstabiliser le gouvernement de mon ancienne épouse, assassinée fin 2007. » Zardari a également renouvelé devant les téléspectateurs étatsuniens sa « conviction que Ben Laden était mort », ajoutant que ses propres services secrets – parmi lesquels, obligatoirement, d'anciens collègues d'Omar Sheikh... – « jugent que, de toute évidence, il n'existe plus ».

Et voilà que la mort « probable » d'Oussama Ben Laden revient sur le terrain politique, en mai 2009. On notera toutefois qu'Azif Zardari reste beaucoup plus prudent et beaucoup moins précis que son épouse, alors qu'il sait parfaitement, de toute évidence, ce qu'elle a révélé sur Al Jazeera dix-huit mois plus tôt...

On notera également qu'un mois plus tôt, une personnalité très intéressante allait elle aussi dans ce sens : David Baer, un ancien très haut responsable de la CIA. Il y a d'ailleurs passé vingt et un ans de sa carrière – avant d'en partir médaillé pour la qualité de son travail –, en particulier comme expert du Moyen-Orient. Le 14 avril 2009, David Baer assure ainsi à David Abasi, de Persian CNN [12], que Ben Laden est bien mort depuis plusieurs années, et

12. www.persiancnn.com.

que les vidéos et enregistrements sonores qui sont diffusés épisodiquement sont bien évidemment des faux... [13]

Oussama Ben Laden mort, et depuis longtemps ? Ça paraît plus que probable. Du reste, après les arrestations de quatre « terroristes prêts à commettre des attentats » par le FBI, le 22 mai 2009, France 2 a ouvert la porte. Lors d'un 20 heures de David Pujadas, en effet, une enquête pose clairement la question. En préambule, le présentateur parle avec Alain de Chalvron, en duplex depuis Washington :

David Pujadas : [...] Est-ce que cette affaire est prise très au sérieux, et plus généralement où en est la menace terroriste, sept ans et demi après le 11-Septembre 2001 ?

Alain de Chalvron : Qu'elle soit sérieuse ou pas, cette affaire survient surtout comme une piqûre de rappel, parce que les Américains avaient fini par oublier cette menace terroriste. Ça n'était plus la préoccupation prioritaire que pour 6 % d'entre eux, et la réouverture de la statue de la Liberté, qui avait été fermée après le 11-Septembre, intervenait un petit peu comme un symbole.

Mais voilà que le terrorisme revient donc au centre, aussi, du débat politique, avec toute cette polémique autour de Guantanamo ou de la torture. Ce matin, Barak Obama a prononcé un discours très important sur cette question. Il a dit notamment : « Je ne peux pas vous promettre qu'il n'y aura pas de nouvelle attaque terroriste, mais je ferai tout pour la prévenir, dans le cadre de la loi et de la Constitution », et pour Barak Obama, c'est ça la rupture : « Dans le cadre de la loi et de la Constitution. » Autrement

13. Voir également à www.dailymotion.com/ video/x94a3c_robert-baer-excia-ben-laden-serai-b_news.

dit : « Finie la torture, fermeture de Guantanamo, et on met ainsi fin au *bazar* » – c'est le mot qu'il a utilisé – légué par George W. Bush.

David Pujadas : Nous avons voulu savoir où en sont les recherches sur un grand oublié, Oussama Ben Laden. Que sait-on de lui aujourd'hui ? Quelle est précisément la dernière fois où il a été repéré ? Est-on sûr de l'authenticité des derniers messages audio qui lui sont attribués ? Sur tous ces points nous avons obtenu des réponses. Enquête signée Renaud Bernard.

Le dossier débute par un commentaire, sur des images de scènes de bombardements :

« Des milliers de tonnes de bombes larguées sur l'Afghanistan, à la poursuite d'un seul objectif: Oussama Ben laden. Sa tête est mise à prix 50 millions de dollars. [...] Mais plus de sept ans après le début de sa traque, on ne sait même pas si Ben Laden est mort ou vivant. Seules manifestations, des messages qui arrivent mystérieusement aux sièges des chaînes d'informations arabes. Voici la dernière vidéo, elle a été diffusée en septembre 2007. Étrange : la ressemblance avec cette autre vidéo de 2004 à droite de l'écran. Le cadrage est identique. À gauche, sur l'image la plus récente, le nez est plus épaté, la barbe est teinte. [Elle est en effet très brune – mais pourquoi « teinte » ? –, alors qu'à droite, sur la vidéo de 2004, elle est grise, NdA.] Mais ce n'est pas tout : le jeu des mains et le regard ont également changé. Voilà pourquoi les services de renseignements s'interrogent... Et si un sosie avait remplacé le *leader* d'Al Qaïda ? »

Effectivement, les deux cadrages présentés par France 2 sont parfaitement identiques, les vêtements sont strictement les mêmes, le turban aussi, et les paramètres de comparaison sont idéaux.

Une autre comparaison de deux hommes censés être Ben Laden, tirée de deux autres vidéos, est véritablement flagrante de différence. Les deux « Ben Laden » sont cadrés de trois-quarts droit, de manière parfaitement identique. Cette mise en perspective est caricaturale au point qu'on se demande comment on a pu présenter l'un des deux hommes en présence comme étant Oussama Ben Laden [14]. Ben Laden était plutôt maigre, et avait le nez aquilin ; le visage de son « challenger » est bien plus rond, et il présente un nez de forme très épatée…

Les journalistes de France 2 proposent une autre hypothèse : « Et si l'état de santé d'Oussama Ben Laden s'était dégradé ? » avec une intervention du Dr Bertrand Gaymard, neurologue à l'Inserm 679. Son diagnostic :

« Il bat normalement des yeux du côté gauche, et on a l'impression en fait qu'il ouvre très peu l'œil droit. Apparemment il aurait un diabète, et on sait que cette anomalie, donc la chute de la paupière, qui s'appelle un ptosis, une des complications du diabète, est assez courante. » Malade ou pas, depuis plus d'un an, [vingt mois en l'occurrence, NdA] plus aucune vidéo. Oussama Ben Laden ne se signale plus que par des enregistrements audio. Six en tout, authentifiés à 94 %. Problème : un très bon imitateur aurait pu réaliser la même performance. Alors impossible de jurer qu'il s'agit bien de la voix du *leader* d'Al Qaïda… Mais alors, en admettant qu'il soit vivant : où se cache-t-il ? »

14. voir www.facebook.com/ericraynaud.

« Voici la dernière vidéo de Ben Laden avant sa fuite, elle date d'octobre 2001. Il y reconnaît sa responsabilité dans les attentats du 11-Septembre.

Effectivement, la voix de Ben Laden a été authentifiée, avec 94 % de fiabilité, en ce qui concerne les enregistrements audio. Mais par qui ? Réponse : par des experts étatsuniens travaillant pour le FBI, puisqu'à chaque fois ces informations ont été données aux médias par les États-Unis... Et puis, il tout aussi vrai qu'un très bon imitateur peut atteindre cette performance. En France, des gens comme Laurent Gerra et Nicolas Cantelou atteignent des performances dans l'imitation parfois extrêmement proches de la voix originale. Peut-être même au-delà de 94 %, par moments. Il ne doit statistiquement pas manquer de gens possédant leur talent, à travers le vaste monde arabophone.

Cette fameuse cassette, dans laquelle Ben Laden « reconnaît sa responsabilité », a été étudiée de très près dans un « 52 minutes » de *Monitor*, un magazine d'investigation diffusé en Allemagne fin décembre 2001. À partir d'un enregistrement fourni par les États-Unis, les journalistes de *Monitor* ont fait analyser par des experts linguistes, allemands et arabes, la traduction de la CIA. Ces derniers ont œuvré indépendamment les uns des autres, et leurs conclusions sont terribles pour la CIA : non seulement sa traduction comporte un certain nombre d'erreurs, mais les experts y notent clairement des « manipulations partielles ». Qui concernent évidemment les passages censés être des « aveux » de culpabilité de Ben Laden...

15. *Les Zones d'ombre du 11-Septembre, op. cit.*

Six ans plus tard, en 2007, l'Institut suisse d'intelligence perceptuelle artificielle Dalle Molle se penche sur le cas de cassettes ambiguës. Cette entité, internationalement reconnue, travaille en particulier sur la reconnaissance vocale, dans le domaine de la sécurité bancaire. Ses experts ont comparé quinze échantillons originaux de la voix d'Oussama Ben Laden à quinze autres, fournis aux médias au fil des années. Conclusion sans appel : aucun des enregistrements fournis par la CIA ou Al Jazeera ne correspond à la voix réelle de Ben Laden. Édifiant.

Mais déjà, en novembre 2002, un enregistrement audio attribué à Oussama Ben Laden, diffusé par Al Jazeera, avait été expertisé par le même institut à la demande de France 2. Là aussi le résultat, commenté par son directeur, le professeur Bourlard, est sans équivoque : après confrontation avec une vingtaine d'enregistrements authentiques de Ben Laden, il s'agit d'un faux à 95 % de certitude. L'administration Bush et la CIA en feront pourtant une pièce à charge.

Dans un autre créneau, toujours en 2007, Bruce Lawrence, un universitaire étatsunien, se penche plutôt sur le fond des propos prêtés à Ben Laden. Il en a indéniablement les capacités : spécialiste de l'islam, il a longtemps dirigé le Département des études religieuses de la Duke University. Dans ses écrits sur les messages litigieux attribués au *leader* d'Al Qaïda, Lawrence affirme que leur tonalité, « de plus en plus laïque », est complètement incompatible avec le courant islamique incarné par Ben Laden, le wahhabisme.

Par ailleurs, ce courant prohibe formellement le port de bijoux par les hommes. Or, dans un enregistrement « incontestable » présenté par George Bush en décembre 2001, Ben Laden porte des bagues en or. Mieux, ou pire, c'est selon : il écrit de la main droite, alors qu'il est décrit par le FBI lui-même comme étant « left handed », gaucher… Incroyable.

Pour revenir au 20 heures de David Pujadas, l'enquête de France 2 livre une information assez stupéfiante : « Deux mois plus tard [après la diffusion de la fameuse cassette, NdA], les Américains le rateront de peu à Jalalabad, puis à Tora Bora. Là, les forces spéciales américaines l'entendent à la radio. Elles sont tout près. Dans ses mémoires, cet officier commando, présent sur place, raconte même avoir dû annuler l'arrestation, faute de renforts : "Ma décision d'abandonner… alors que nous étions à 2 000 mètres de lui me ronge encore", a en effet expliqué le commandant Dalton Fury, des commandos Delta Force. »

Le commandant Dalton Fury – qui d'ailleurs écrit ses mémoires [16] à ce propos – était en fait le chef du Service des opérations spéciales, à Tora Bora. Et là, pour tout dire, il y a un problème de taille : la mission des militaires américains est *avant tout* de prendre Ben Laden, mort ou vif. Les Forces spéciales US, qui ne sont pas précisément composées de manchots, ont « logé » le *leader* d'Al Qaïda. Elles sont à deux petits kilomètres de lui. Deux mille mètres… Autant dire qu'ils l'ont sous la main.

Une logistique impressionnante a été mise en place pour cet objectif. Les moudjahiddines et autres talibans sont en déroute. Moyennant quoi Dalton Fury et ses hommes sont obligés de « décrocher » parce qu'ils ne reçoivent pas de renforts ? !

---

16. Dalton Fury, *Kill Ben Laden*, Éd. St. Martin's Griffin, octobre 2008.

Incroyable ! Au sens le plus fort du mot. Et personnellement, je pense que si on avait évité d'arrêter ou d'éliminer Ben Laden, ce jour-là, on ne s'y serait pas pris autrement... Et puis, du reste, qui pense encore aujourd'hui que l'objectif principal des États-Unis en Afghanistan était Oussama Ben Laden ?

Mais que le commandant Fury se console : son opération « ratée » précède d'un jour ou deux seulement la mort du chef d'Al Qaïda, si l'on se réfère aux révélations du *Pakistan Observer*, le 26 décembre 2001.

Quant au « complot islamiste » qui a provoqué l'enquête de France 2, il a fait long feu. Non seulement les quatre suspects arrêtés n'étaient pas musulmans, mais il s'agissait de gens perturbés intellectuellement, et ils avaient été manipulés par un agent du FBI, comme l'a révélé le *New York Times*. Sur le site de *The Nation*, Robert Dreyfuss dénonce pour sa part, le 22 mai 2009, « encore un faux complot terroriste » [17].

***

D'autrc part, un élément de taille se glisse dans le dossier Ben Laden. Le journaliste français Éric Laurent, à la sortie de son enquête [18], invité à l'émission *Tout le monde en parle* [19], de Thierry Ardisson, a littéralement scotché animateurs et téléspectateurs en expliquant qu'Oussama Ben

17. www.thenation.com/blogs/dreyfuss/ 437864/ yet_another_ bogus_ terror_plot. La traduction en français est disponible à www.reopen911.info/News/2009/06/01/encore-un-faux-complot-terroriste/

18. *La Face cachée du 11-Septembre, op. cit.*

19. www.dailymotion.com/video/xric0_eric-laurent-tout-le-monde-en-parle_news.

Laden n'était pas, et n'avait jamais été recherché par le FBI pour les attentats du 11-Septembre ! « Le site du FBI présente une page sur le Saoudien, en effet, comme étant l'une des personnes les plus recherchées du monde par les USA. Mais en aucun cas pour les attentats contre le Pentagone et le World Trade Center », avait-il expliqué en substance, en 2004.

En vérifiant aujourd'hui encore, en tout cas à fin juin 2009, la fiche de recherche du *leader* islamiste n'a pas changé d'une virgule. Mot à mot : « Osama Bin Laden is wanted in connection with the August 7, 1998, bombings of the United States Embassies in Dar es Salaam, Tanzania, and Nairobi, Kenya. These attacks killed over two hundred people. In addition, Bin Laden is a suspect in other terrorist attacks throughout the world. » [20]

C'est-à-dire :

« Oussama Ben Laden est recherché pour son rôle dans les attaques à l'explosif des ambassades étatsuniennes de Dar Es Salam, en Tanzanie, et de Nairobi, au Kenya. Ces attentats ont tué plus de deux cents personnes. De plus, Ben Laden est suspect dans d'autres attaques terroristes à travers le monde. » Zéro griefs en relation avec le 11-Septembre, tout près de huit ans après les faits !

Un membre new-yorkais du Movement for Truth s'est payé le luxe de demander des explications directement au FBI – qui rappelons-le dépend du ministère de la Justice. « Ben Laden n'est pas recherché pour le 11-Septembre tout simplement parce que nous n'avons aucune preuve de son implication », s'est-il entendu répondre… Surréaliste !

20. Cette fiche est visible en source ouverte, sur le site du FBI, à l'adresse suivante : www.fbi.gov/wanted/terrorists/terbinladen.htm.

Car enfin, cela signifie que des millions d'Afghans et d'Irakiens – et des milliers de soldats américains – sont morts pour, dans une première phase, la traque et l'éventuelle capture d'un homme… qui n'était pas recherché pour le motif invoqué par l'administration Bush !

Quant au financement des attentats du 11-Septembre, il est acquis aujourd'hui que c'est l'Arabie Saoudite – amie des États-Unis – qui en est à l'origine. Un traçage bancaire prouve d'ailleurs qu'elle a fourni les 100 000 dollars donnés à Mohammed Atta, par l'intermédiaire de Omar Sheikh, et avec la bénédiction de Mahmoud Ahmad, patron de l'État dans l'État qu'est l'Inter Service Intelligence (ISI).

Après l'élection d'Azif Zardari à la tête du Pakistan, du reste, Mahmoud Ahmad sera poussé à une retraite qui semble être très tranquille pour lui. Alors que, ayant participé activement aux attentats du 11-Septembre, ne serait-ce qu'en faisant financer Mohamed Atta, il aurait semblé normal que les États-Unis de George Bush aient cherché à le punir sévèrement. Mais non : cherchez l'erreur…

***

La deuxième des questions posées au début de ce chapitre n'en prend que plus d'acuité : Ben Laden est-il réellement coupable des attentats du 11-Septembre ?

Et c'est là que se pose l'un des plus grands paradoxes de l'histoire, puisque dès le 12 septembre, un proche d'Oussama Ben Laden explique que celui-ci réfute toute participation dans les attentats de la veille [21]. Mais, dit-il, le *leader* d'Al Qaïda « a prié pour ceux qui les avaient

21. Associated Press, 12 septembre 2001.

commis ». Ce lieutenant de Ben Laden a fait cette déclaration par téléphone satellite, au journaliste Jamal Ismail, chef de bureau de la télévision d'Abu Dabi, à qui il avait déjà donné de nombreuses interviews, et dont il était un interlocuteur privilégié. « Oussama Ben Laden a remercié le tout-puissant Allah, et s'est réjoui lorsqu'il a eu l'information de ces attentats », précise le proche de Ben Laden, mais il explique aussi que ce dernier a déclaré n'avoir « aucune information à propos des pirates de l'air et de leurs complices, et n'avoir aucun lien avec eux ».

Ce sont les talibans qui prennent le relais, le 13 septembre, par le biais de Mullah Abdul Salam Zaeef, ambassadeur des talibans au Pakistan : « Nous lui avons posé la question, et il nous a assuré qu'il n'avait rien à voir avec cette action. » L'ambassadeur ajoute que Ben Laden était « de toute façon dépourvu de communications, y compris le téléphone et Internet, et qu'ainsi il lui aurait été impossible d'avoir coordonné les attentats. » [22] Dans un communiqué, signé de la main de Ben Laden, la chaîne de télévision Al Jazeera le cite le 16 septembre : « Le gouvernement des États-Unis me condamne pour être derrière chaque attentat commis contre lui. Je peux assurer au monde entier que je n'ai pas organisé les attentats du 11-Septembre, qui semblent avoir été planifiés par des gens pour des raisons personnelles. Je vis dans l'émirat islamique d'Afghanistan, et je respecte les règles de ses *leaders*. Et les *leaders* actuels ne m'autorisent pas à organiser des opérations. » Le communiqué est signé « Sheik Oussama Ben Laden » [23]. Le même

22. Reuters, 13 septembre 2001, *Los Angeles Times*, 15 septembre 2001.
23. Associated Press, 16 septembre 2001, CNN, 17 septembre 2001.

jour, le *leader* d'Al Qaïda avait également faxé un communiqué de la même teneur à l'Afghan Islamic Press (AIP).

Côté États-Unis, George W. Bush réfute sans hésitation ces déclarations. Interrogé sur le fait qu'il croit Ben Laden, il répond ainsi : « Pas question ! C'est lui le principal suspect. Pas de doute là-dessus ! » [24]

Dick Cheney, le vice-président, dit pour sa part, sans surprise, qu'il n'a « aucun doute sur le fait que Ben Laden et son organisation ont joué un rôle important dans les attentats » [25].

Le 28 septembre 2001, malgré tout, Ben Laden réfute à nouveau sa responsabilité dans les attentats du 11-Septembre. Dans une interview donnée au journal pakistanais *Daily Ummat*, de Karachi, il explique ainsi [26] :

« J'ai toujours dit que je n'avais rien à voir avec les attentats du 11-Septembre aux États-Unis. En tant que musulman, je fais de mon mieux pour ne jamais mentir. Je n'avais pas connaissance de ces attentats, et je ne considère pas correct les meurtres de femmes, d'enfants et d'êtres humains innocents. Une telle pratique est interdite, même dans une guerre.

Les États-Unis devraient plutôt essayer de retrouver les coupables de ces attaques par eux-mêmes, parmi les gens qui font partie du système américain, mais travaillent contre lui, ou pour d'autres systèmes. Des personnes qui veulent faire du XXIe siècle celui de conflits entre l'islam et le

24. Maison Blanche, 16 septembre 2001, *Baltimore Sun*, 17 septembre 2001.
25. NBC, 16 septembre 2001 ; *Washington Post*, 17 septembre 2001
26. *Daily Ummat*, 28 septembre 2001 ; www.justresponse.net/Bin_Laden1.html.

christianisme, pour que leurs propres civilisations, nations, pays, où idéologies puissent survivre. Ils peuvent être n'importe qui, de la Russie à Israël et de l'Inde à la Serbie.

Dans les États-Unis eux-mêmes, il y a des douzaines de groupes très bien organisés et très bien équipés, capable de causer des destructions à grande échelle. [...] Et puis, il y a aussi des agences de renseignement, aux États-Unis, qui demandent des milliards de dollars au Congrès et au gouvernement chaque année. Ils avaient besoin d'un ennemi... N'est-ce pas parce qu'il existe un État dans l'État, aux États-Unis ? Ce gouvernement secret doit être questionné à propos de qui a organisé les attentats. »

Le 7 octobre 2001, enfin, Al Jazeera diffuse une cassette vidéo dans laquelle Oussama Ben Laden menace les États-Unis des pires tourments, dans leur guerre programmée en Afghanistan. Mais encore une fois, il réfute sa participation aux attentats du 11-Septembre, ajoutant : « Les États-Unis ressentent là ce que nous subissons depuis des dizaines d'années. »

Sa déclaration suivante, probablement enregistrée un mois plus tard, en novembre, selon les services étatsuniens, consistera à... s'attribuer la responsabilité des attentats du 11-Septembre ! Il s'agit de la fameuse vidéo décortiquée par la télévision allemande, comme nous l'avons vu plus haut... Avec cette conclusion, souvenez-vous : « Si le gouvernement américain veut démontrer sa culpabilité, il devra produire de meilleures preuves... »

On notera avec intérêt ce que dit Ben Laden le 28 septembre 2001 : « N'est-ce pas parce qu'il existe un État dans l'État, aux États-Unis ? Ce gouvernement secret doit être questionné à propos de qui a organisé les attentats. » De qui parle-t-il ? Des néoconservateurs, qui comme tout le monde le sait tirent les ficelles de la marionnette Bush ? On a de bonnes raisons de le penser.

Quoi qu'il en soit, un fait indéniable est établi : Ben Laden clame son innocence avec force, à plusieurs reprises et sans ambiguïté, dès l'après-11-Septembre. Alors que, comme on l'a vu, il peut en tirer un bénéfice extraordinaire. Par la suite, on n'entend plus parler de lui, sinon par le biais de vidéos et d'enregistrements sonores très discutables… et discutés, y compris par des membres des services états-uniens.

Alors : Oussama Ben Laden non coupable, et mort depuis longtemps ? Il semble bien que ces éventualités soient à prendre plus que sérieusement en compte.

9

La bombe de Niels Harrit

LE PREMIER semestre de 2009 aura été très porteur pour les *Truthers*, avec une série de faits que nous verrons plus loin. Cela dit, le plus gros coup porté à la version du complot mené par Oussama Ben Laden s'est déroulé le 3 avril.

Ce jour-là, en effet, un scientifique danois, Niels Harrit, signe avec une équipe de chercheurs une étude dans un bulletin scientifique à comité de lecture, l'*Open Chemical Physics Journal*. Dans la logique de ce genre de publications, censées publier des études et des thèses scientifiquement irréfutables, on n'édite pas n'importe quoi, n'importe quand. Une communication scientifique doit passer par un certain nombre de stades : étude, vérification, contre-vérification, etc., par un comité composé de scientifiques de très haut niveau. Ils sont en général une dizaine, et l'étude est publiée officiellement dans un journal scientifique à la condition *sine qua non* qu'elle recueille l'unanimité des « vérificateurs ». Moyennant quoi elle prend valeur de thèse scientifiquement irréfutable, et donc utilisable par n'importe quel chercheur dans le monde pour ses travaux. Tout comme, pour prendre un exemple très simple, n'importe quel très grand mathématicien peut s'appuyer sur un théorème.

L'*Open Chemical Physics Journal* ne déroge bien sûr pas à la règle, et, son bureau éditorial, international, est composé de quatre-vingt-dix-neuf éminents scientifiques, chercheurs, etc. Cinq Français font d'ailleurs partie de ce bureau, en compagnie d'experts des cinq continents, de l'Australie à Taïwan, de la Géorgie à la Belgique, en passant par le Brésil, la Pologne, la Nouvelle-Zélande, Singapour, la Suède ou la Chine, pour ne citer que ces nations. Cette publication a pour particularité d'avoir pour rédactrice en chef une Française, le Dr Marie-Paule Pileni, une scientifique reconnue mondialement, rattachée notamment au laboratoire des matériaux mésoscopiques et nanomètriques de l'université Pierre et Marie Curie, à Paris.

L'intitulé de l'étude [1] présentée par le savant danois, le 3 avril 2009 : « Active Thermitic Material Discovered in Dust from the 9/11 World Trade Center Catastrophe », avec la collaboration des docteurs Jeffrey Farrer, Steven E. Jones, Kevin R. Ryan, Frank M. Legge, Daniel Farnsworth, Gregg Roberts, James R. Gourley, et Bradley R. Larsen. Autrement dit, ces neuf scientifiques de très haut niveau dévoilent que des particules d'un explosif de dernière génération sont présentes dans des échantillons de poussière du World Trade Center…

Pour donner un ordre d'idée du statut de Niels Harrit, il faut savoir qu'il enseigne la chimie organique, la photochimie et la photophysique aux étudiants en nanosciences et en chimie, à Copenhague, où il supervise également les étudiants en maîtrise et les doctorants. Ses références : il

1. http://bentham.org/open/tocpj/openaccess-2.htm.

a publié près de soixante articles dans les meilleures revues scientifiques à comité de lecture, et son dernier article faisait en avril 2009 la « une du mois » dans *Angewande Chemie*, l'une des revues d'importance mondiale sur la chimie.

Enfin, il est « Membre Senior » d'un centre d'excellence de « *Molecular Movies* », où il travaille essentiellement avec des physiciens sur le temps de diffusion des rayons X. Ce centre est une sous-division du Centre de nanosciences à l'Université de Copenhague.

On admettra que ce *curriculum vitae* est assez impressionnant, et que, en tout état de cause, il ne laisse aucun doute sur les capacités de Niels Harrit à démontrer ce qu'il avance dans son étude.

Ce qu'il livre est véritablement, sans jeu de mot, une bombe atomique pour la version Bush-Cheney du 11-Septembre : il a donc retrouvé dans des échantillons de poussière du World Trade Center, datant du 11-Septembre, des restes non activés d'un explosif d'une puissance terrible, de la nanothermite ! Alors que, on le sait, la version officielle et définitive de l'administration Bush est qu'aucun, strictement aucun explosif n'a été employé dans les destructions des Twin Towers et du WTC 7… Il y a là, de toute évidence, un véritable problème pour les tenants de la thèse officielle. Du reste, Niels Harrit a trois jours plus tard les honneurs du 20 heures de TV 2, la chaîne danoise qui correspondrait en France à France 2, pour une longue interview [2] en direct. TV 2, Copenhague, 6 avril 2009.

2. Cette interview est consultable en version sous-titrée en français sur tous les sites dédiés aux vidéos, par exemple à www.dailymotion.com/video/x93rvj_11-septembre-presence-dexplosifs-au_news.

J'ai eu la chance de rencontrer Niels Harrit. Ce grand Danois, qui doit friser le 1,90 mètre, est plutôt décontracté, souriant, cool. Après quelques bavardages sur le temps et les embouteillages parisiens – il est légèrement en retard –, dès que nous commençons à parler science, en revanche, c'est le scientifique pur et dur – mais très didactique – qui me décrit ses travaux.

« La thermite, m'explique-t-il, est connue depuis 1893. Vous voyez que ce n'est pas nouveau... C'est un mélange chimique hautement énergétique. Par exemple, lorsque les ouvriers construisaient les voies de chemin de fer, aux États-Unis, à la fin du siècle dernier, ils s'en servaient pour couper les rails comme vous couperiez du beurre ramolli avec un couteau chauffé... Suivant l'utilisation qu'on en fait, elle peut soit être un explosif surpuissant, soit fondre le métal à grande vitesse. Plus le mélange est fin, plus il est exothermique. Ce que nous avons mis en évidence, huit confrères et moi, est la présence de nanothermite, des particules mesurables en micron, dans la poussière du World Trade Center. De la thermite à l'échelle microscopique, donc, qui en démultiplie la puissance, pourtant déjà énorme. »

On se souvient que le Dr Steven Jones, un scientifique étasunien, avait noté dans ces mêmes poussières des « sphérules » d'origine suspecte. Sa découverte avait d'ailleurs valu à ce docteur en physique et chercheur d'être poussé à la démission de son poste, à la très réputée Brighton University... Cela dit, peu convaincu par les événements du 11-Septembre, il avait récupéré des échantillons de cette poussière étonnante : il ne s'agissait pas d'autre chose que de la *pulvérisation* de plus de 30 000 tonnes de béton des Twin Towers, qui par endroits représentaient une couche de 15 à 20 centimètres dans les rues du bas Manhattan…

Niels Harrit, lui, ne s'est préoccupé du 11-Septembre que lorsqu'il découvrit une vidéo de l'effondrement de la fameuse tour WTC 7, un peu plus d'un an et demi plus tôt, en 2007. « Vous savez, être scientifique n'est pas seulement un métier : c'est une façon de vivre. Vous êtes dans la science 24 heures sur 24… Lorsque j'ai vu cette tour de plus de 180 mètres s'effondrer comme ça, sur elle-même, en moins de sept secondes, je me suis dit "quoi ???" J'ai repassé la vidéo peut-être dix fois, et chaque fois mon étonnement augmentait… » À partir de là, le Danois ne lâchera plus l'affaire…

Pour revenir à la poussière du WTC, il faut savoir que beaucoup de New-Yorkais en ont récupéré, le 11-Septembre et les jours suivants. Pour différentes raisons : garder une trace indélébile de cet événement inimaginable, par exemple. D'autres, plus pragmatiques, se sont dit que ce qu'ils avaient respiré, et ont respiré de longues semaines, n'était peut-être pas très sain. Avec raison, d'ailleurs : on sait aujourd'hui que 60 % des pompiers, secouristes, et autres ouvriers ayant participé au déblayage des débris souffrent de graves maladies, dont le cancer. Il y a déjà pas mal de morts, et plusieurs milliers de plaintes contre la ville de New York : cette dernière avait en effet déclaré officiellement, dans les quarante-huit heures, que cette poussière ne représentait aucun danger, que l'eau du robinet était potable, etc. « Pour ne pas affoler la population… », plaide aujourd'hui l'une des responsables de l'époque. Le syndrome de Tchernobyl, quoi… Passons…

Des échantillons ont donc été récupérés par les *Truthers*, pour analyses. Et cette démarche se concrétise avec la découverte énorme et imparable de Niels Harrit et ses collègues, après dix-huit mois de travail : il y a de la nanothermite non activée, dans cette poussière ! Ce qui signifie tout bonnement qu'il y avait bel et bien de l'explosif dans les Twin Towers…

Nous sommes là dans le domaine de l'infiniment petit, bien sûr, comme l'indique le nom de cet explosif. « Des particules d'un diamètre inférieur de dix fois à celui d'un cheveu », avance un spécialiste.

« Activée pour fondre de l'acier, par exemple, indique Niels Harrit, la nanothermite passe en une fraction de seconde de la température ambiante à 2 500 degrés… L'acier, lui, fond à un peu plus de 1 500 degrés. Je vous laisse conclure… », me dit-il en souriant.

Je ne peux qu'en conclure que, placée aux bons endroits, sur les structures métalliques des Twin Towers et du WTC 7, ceci expliquerait de toute évidence leurs effondrements à la vitesse de la chute libre… Et que, forcément, il a bien fallu que tout cela soit longuement préparé… Ce que j'en retire, également, est que cette donnée explique les mares de métal en fusion trouvées dans les décombres des tours jumelles et du WTC 7, que les pompiers new-yorkais ont mis deux mois et demi à neutraliser définitivement…

Niels Harrit, lui, en scientifique, se contente de poser une seule question : « Comment expliquer rationnellement qu'il y ait de la nanothermite dans la poussière du World Trade Center ? »

« En fait, "nanothermite" est un terme générique », m'explique-t-il. « Différentes utilisations sont possibles, notamment en matière d'explosif surpuissant. » Ce qui expliquerait, du coup, que des parties d'acier de plusieurs tonnes aient été propulsées à l'effondrement des tours, comme on l'a vu, à 180 mètres et plus des Twin Towers.

« Mais pour faire simple, nous sommes là en présence d'un produit de très haute technologie, de toute dernière génération, et déjà connu en 2001 », me dit-il. Personnellement, béotien que je suis en la matière, je découvre évidemment tout cela. Ma question suivante concerne le fait de savoir – bien que j'en aie déjà une idée – qui utilise ce type de technologie. La réponse de Niels Harrit tient en deux mots : « Les militaires ».

Ces armes, c'est bien le mot, sont en effet fabriquées sous licence, à usage exclusif de l'armée et sous le sceau du secret défense. « Tous les programmes connus – aux États-Unis – sont financés par des fonds militaires et sont secrets. Une grande part du budget du Pentagone est secrète. Cette année, par exemple, cette part dépasse les 60 milliards », explique ainsi le Dr Harrit lors d'une confrontation aux questions d'internautes d'un site d'informations allemand [3]. « Cette substance a été uniquement préparée sous contrats militaires, aux USA et probablement dans les plus grands pays alliés. C'est une recherche militaire secrète, et elle n'a sûrement pas été préparée dans une grotte en Afghanistan… »

Par ailleurs, Niels Harrit dévoile qu'une copie de son étude a été adressée au FBI. « Je ne suis pas en mesure de livrer la totalité de leur réponse, mais autant que je m'en souvienne, ils étaient étonnamment réceptifs… »

3. www.gulli.com, en français sur www.reopen911.info.

Aujourd'hui, si l'on tape son nom sur le site de recherche Google, on obtient… 299 000 réponses ! Autant dire que ses conclusions alimentent sites, blogs et chats sur Internet. Pourtant, mis à part TV 2 au Danemark et quelques médias mineurs, les journalistes internationaux sont étonnamment discrets sur ce qui, à tout le moins, devrait provoquer un débat de fond essentiel.

« Les médias n'ont pas encore réagi », analyse Niels Harrit. « C'est le devoir du public de leur dire que s'ils continuent à mentir plus longtemps, ils vont perdre le peu de crédibilité qu'il leur reste. Qui ne dit mot consent ! Posez des questions, ayez confiance en vous ! Ce n'est pas si compliqué. Le 11 septembre 2001, il y avait deux avions, mais trois gratte-ciel détruits. Vous n'avez pas besoin d'être un scientifique pour compter jusqu'à trois… Tout le monde devrait mettre la pression, et demander la vérité dans la presse. Ceci est très sérieux. Chaque action compte, peu importe qu'elle soit mineure. Le point essentiel selon moi, est que tout le monde ment ou a peur. Alors on doit avoir confiance en soi ; ce n'est pas si difficile… »

Sur TV 2, questionné sur le fait qu'il s'expose à des attaques sur son étude, avec ce qu'il livre au monde entier, Harrit prend une image parlante : « Vous savez, au football, si vous jouez l'homme au lieu du ballon, dans la surface de réparation, vous prenez un penalty. Par ailleurs, je suis fier d'appartenir à une équipe de scientifiques adultes qui se battent pour la vérité sur le 11-Septembre depuis plus longtemps que moi, et je ne veux pas faire perdre cette équipe. »

Et de fait, aucun arbitre n'a sifflé de faute… « Vous n'y pouvez rien, vous ne pouvez rien contre la science, c'est tout… », ajoute Harrit. Et de conclure devant le confrère danois de TV 2 : « C'est le dernier clou du cercueil. » Il parle évidemment de l'enterrement de la version officielle du 11-Septembre. Car en aucun cas les terroristes d'Al Qaïda n'ont pu, que ce soit matériellement, physiquement ou en terme de temps, organiser une démolition des Twin Towers avec de la nanothermite, à supposer, ce qui semble très loin d'être possible, qu'ils aient pu s'en procurer…

Un dialogue amusant mais lui aussi révélateur, en filigrane, s'est noué lors de l'interview de TV 2 :

TV 2 : À combien estimez-vous le poids d'explosifs nécessaire pour occasionner des dégâts pareils ?

Niels Harrit : C'est difficile à dire, mais on a un ordre d'idée du poids de la poussière retombée après les effondrements. À partir de là, on peut parler de tonnes de nanothermite. Au moins 10 tonnes, peut-être beaucoup plus.

TV 2 : Plus de dix tonnes ? ! Mais comment peut-on amener dix tonnes de nanothermite dans ces endroits si surveillés ?

NH : Avec des palettes, tout simplement… Vous prenez un camion, vous le chargez de palettes d'explosifs et vous les déposez…

TV 2 : Des palettes ? Mais c'est très visible… Les services de surveillance et de sécurité étaient importants, tout de même, au World Trade Center…

NH : Alors ça, c'est une question que vous, journalistes, devriez poser à la société qui était en charge de la sécurité…

Cette dernière réplique, qui pourrait paraître anodine, est en fait assassine. Et d'une importance capitale… En effet, la société qui avait obtenu le marché de la sécurité du WTC était Securacom, rebaptisée Stratesec après le 11-Septembre. Elle avait une belle clientèle, puisque, en plus du World Trade Center, elle assurait la surveillance et le gardiennage de la United Airlines, et encore de l'aéroport de Dulles, d'où avait décollé le vol 77 à destination du Pentagone… Trois entités placées au centre, au cœur des attentats.

Directeur de cette société : un certain Marvin Bush… frère cadet de George W. Bush ! Directeur général : un certain Wirt Walker… leur cousin ! Que le monde est petit…

Ça n'a pas troublé outre mesure les enquêteurs du FBI et de la Commission d'enquête, car les deux hommes n'ont jamais été entendus. On ne retrouve ni leur nom, ni ceux de leur société, dans les cinq cent quatre-vingt-cinq pages du rapport de la Commission… On doit pourtant convenir que Marvin Bush et Wirt Walker, qui géraient répétons-le toute la sécurité du WTC, auraient dû avoir quelques éléments, même minimes, à donner aux enquêteurs. Et qu'il est tout simplement hallucinant qu'ils n'aient pas été interrogés !

On ne leur a même pas demandé pourquoi – c'était totalement de leur domaine –, les chiens renifleurs d'explosifs avaient été retirés du WTC… quinze jours avant les attentats !

***

Cette découverte de Niels Harrit est peut-être à l'origine du fait, inédit jusque-là, que Richard Gage, le *leader* de « Architectes et ingénieurs pour la vérité sur le 11-Septembre » soit invité sur une grande chaîne de télévision étatsunienne, KMPH, une filiale du groupe Fox, le 28 mai 2009 [4]. Pour la première fois aux États-Unis, en ce qui concerne un expert militant des *Truthers*. Il put y développer les données techniques qui lui permettent de douter, et, à une question concernant la sécurité du WTC, il eut pratiquement la même réponse que Harrit : « Il faudrait que vous posiez la question aux responsables de la société de sécurité de l'époque. Vous y trouveriez des noms surprenants. »

Peu de temps avant, en France, dans l'émission de Patrick Pesnot, *Les Rendez-vous avec X*, des 9, 16 et 23 mai 2009, France Inter avait abordé les zones d'ombres du 11-Septembre, égratignant la version officielle [5].

Il semblerait bien que les choses avancent, pour les tenants du Movement for Truth…

---

4. L'enregistrement de cette interview est consultable à www.reopen911.info/News/2009/06/15/11-septembre-2001-le-vent-serait-il-en-train-de-tourner/

5. http://sites.radiofrance.fr/franceinter/em/rendezvousavecx/archives.php. Un bon résumé de cette série d'émissions est disponible sur www.agoravox.fr.

10

Épilogue : les trois théories

« VOUS SAVEZ, notre Mouvement est actuellement en accélération exponentielle », m'a confié David Ray Griffin à la fin de notre entrevue. « Dans les trois derniers mois, cinq nouvelles associations se sont créées. Dont, et c'est très notable, un regroupement d'agents des services secrets, certains ayant occupé de très hauts postes à la CIA, par exemple. Ils sont quarante et un pour l'instant, attendons… »

De plus, des politiques s'engagent petit à petit, eux aussi, aux États-Unis. C'est le cas depuis longtemps en Europe et au Japon. L'ancien président Jimmy Carter, par exemple, s'est déclaré favorable à la demande des familles de victimes. En Italie, l'ancien président de la République Francesco Cossiga est monté au créneau dès le premier jour, en dénonçant une machination. Tout comme son homologue égyptien Hosni Moubarak, lui aussi le 11-Septembre, en direct sur la BBC, mais de manière plus prudente, avec l'œil du pilote de chasse qu'il a été avant d'entrer en politique. L'eurodéputé Giulietto Chiesa mène une bataille sans répit au Parlement européen, appuyé par les déclarations sans ambiguïtés de l'ancien ministre de la Défense allemand, Andreas von

Bulöw, et l'ancien ministre des Transports de Tony Blair, Michael Meacher.

Un bon nombre d'entre eux se sont d'ailleurs constitués en association, *Political Leaders for 9/11 Truth* [1]. Cette dernière compte déjà des membres, anciens ou actuels, du Parlement européen, des parlements japonais, italien, anglais, néo-zélandais, suédois, etc., et compte même dans ses membres un ancien gouverneur étatsunien.

Au Japon, et on ne le sait vraiment que trop peu, le principal parti d'opposition, le Parti démocrate japonais, remet en cause la version officielle du 11-Septembre. En janvier 2008, un député de ce parti, Yukihisa Fujita, s'est ainsi longuement exprimé en séance parlementaire, devant les caméras de la télévision publique japonaise. Il a ce jour-là exprimé ses interrogations sur le 11 septembre 2001, et sur « la guerre contre le terrorisme ».

Interpellant le gouvernement japonais sur le fait de savoir s'il avait réalisé sa propre enquête sur le sujet, s'il avait des preuves de la responsabilité d'Al Qaïda, Yukihisa Fujita a ensuite rappelé que pas mal de personnalités influentes à travers le monde remettent en cause la version de l'administration Bush. Mettant pour l'occasion en avant « les faits principaux démontrant que la version gouvernementale des États-Unis n'est pas crédible », en posant des questions sur les écroulements des Twin Towers, le Pentagone, le WTC 7, la non-interception des avions détournés, le rapport de la commission d'enquête et les délits bancaires d'initiés.

« Ce que je souhaite savoir, c'est si ces attentats ont été ou non commis par Al Qaïda ? Jusqu'à présent, tout ce que le gouvernement a dit est que nous croyons en la respon-

1. http://pl911truth.com/

sabilité d'Al Qaïda, car c'est ce que l'administration Bush nous a dit. Or, nous n'avons vu aucune preuve réelle de la culpabilité d'Al Qaïda. »

Jusqu'à plus ample informé, le Japon est l'une des grandes nations de la planète, le Parti démocrate japonais n'est pas composé de fous furieux conspirationnistes, et Yukihisa Fujita est sain d'esprit. Du reste, sa longue intervention n'a suscité aucun commentaire dans les rangs parlementaires, que ce soit à droite, au centre ou dans son propre camp [2]. Simplement, là-bas, des hommes politiques de haut niveau ont décidé de prendre leurs responsabilités – et par la même occasion de protéger leur pays, et même leur région, l'Asie…

Aux États-Unis, douter de la version officielle, dans l'après-11-Septembre, a rapidement été qualifié d'« antipatriotisme » par le pouvoir. Efficace, dans une nation nourrie au sein de la mère patrie, une notion qui passe avant tout. C'est d'ailleurs l'une des raisons, très probablement, pour lesquelles les grands médias se sont tus.

Les intellectuels ont pris le contre-pied de cette donne, en fondant une association « Questions de patriotes pour la vérité sur le 11-Septembre » [3]. Le concept : « Nous sommes de vrais patriotes, mais désolés, au nom justement de la patrie, nous avons des questions à poser. » On y retrouve un certain nombre de catégories professionnelles,

2. Cette séance du parlement japonais est visible en deux parties à http://www.reopen911.info/11-septembre/le-principal-parti-d%e2%80%99opposition-japonais-remet-en-cause-la-version-officielle-du-11-septembre-2001/
3 . http://patriotsquestion911.com/

dont celle des « artistes et professionnels des médias », forte de plus de deux cents noms.

Et il y a du beau linge : Martin et Charlie Sheen, Sharon Stone, Michael Moore, David Lynch, Christine Ebersole, Ed Asner (Lou Grant sur le petit écran), Rosie O'Donnell, Daniel Sunjata (le héros de la série *Rescue Me*) Michelle Phillips, Harry Belafonte et sa fille, Gina Belafonte, Peter Coyote, Cliff Taylor, Eminem, Richie Havens, entre autres artistes très connus.

Aucun de ces « antipatriotes », j'écris bien aucun, n'a subi là-bas, sur son propre sol étatsunien, les campagnes de presse qu'ont eu à affronter les Marion Cotillard, Juliette Binoche et autre Jean-Marie Bigard en France, lorsqu'ils ont exprimé leurs doutes…

Ce qui me semble mériter une grande réflexion collective, et j'ai la faiblesse de croire qu'on en conviendra assez facilement…

Il est flagrant que le Mouvement pour la vérité sur le 11-Septembre, toutes ces associations satellites et transversales, a le vent en poupe actuellement. On sait parfaitement ce qu'ils veulent : l'ouverture d'une nouvelle enquête, indépendante cette fois, sur ces événements dramatiques qui ont changé la face du monde.

Dans la galaxie des « pour » et des « contre » la version Bush-Cheney, la tendance s'est affinée au cours des années. Elle se résume aujourd'hui en trois « théories ».

Celle prônée par l'administration Bush, c'est-à-dire un complot fomenté par Oussama Ben Laden et dix-neuf pirates de l'air ; le « LIHOP », pour « Let it happen on purpose », laisser faire les terroristes à dessein, donc une administration Bush au courant mais fermant les yeux ; et le « MIHOP », « Make it happen on purpose », « provoquer ces attentats à dessein ». En l'occurrence un « inside job », un coup monté de l'intérieur.

J'aurais pu rédiger cinq ou six ouvrages sur le sujet, avec ce que l'on sait aujourd'hui de ces événements. J'aurais pu parler de « l'effet Obama », par exemple. La première conséquence de son élection, et on ne s'y attendait pas forcément, est une libération de la parole assez impressionnante. Et c'est bien pour cela que les *Truthers* ont le vent en poupe, et attirent de plus en plus de monde.

La deuxième est qu'il a une dette envers les *Truthers*, qui ont effectué un lobbying assez extraordinaire pour son élection. Une preuve ? L'une des premières personnes qu'il a reçues, juste après son investiture à la Maison Blanche, en février 2009, était Beverly Eckert. L'une des « Voix » les plus célèbres des familles de victimes du 11-Septembre. Décédée quelques jours plus tard dans un crash d'avion, d'ailleurs. « Elle était une source d'inspiration pour moi et pour beaucoup d'autres », en dira le président des États-Unis. Elle lui avait parlé du problème de Guantanamo, ce jour-là…

J'aurais pu expliquer qu'en décidant de fermer Guantanamo, justement, Barack Obama – qui n'a évidemment pas toutes les clés du pouvoir – a ouvert une boîte de Pandore beaucoup plus incroyable qu'il ne le croyait probablement. Avec notamment les révélations sur la torture, érigée en droit d'un système démocratique par ses prédécesseurs. Et en particulier celles concernant Khaled Sheikh Mohammed, dit « KSM » pour la Commission d'enquête.

Khaled Sheikh Mohammed, considéré comme le «cerveau» du 11-Septembre, a avoué pas mal de choses, à Guantanamo. Tout ce qu'on lui demandait, en fait. Y compris l'assassinat de Daniel Pearl… Dans le rapport de la Commission d'enquête, on s'est bien appuyé sur les aveux de «KSM» : il y est cité à… 662 reprises, en 585 pages…

Problème : il a été torturé tout au long de sa détention à Guantanamo. Par exemple, on a appris qu'à une époque, il avait subi le « washing board » – variante étatsunienne du supplice de la baignoire, cher à la Gestapo et à la Milice pendant les années d'occupation – 183 fois en un mois… Six fois par jour ! Question à se poser de manière urgente, semble-t-il : ses aveux peuvent-ils être retenus ?

Oui, j'aurais pu écrire plusieurs livres sur la question. J'ai pris le parti, dans celui-ci, de m'attacher à la genèse de ce tournant dans l'Histoire du monde. Les faits du 11-Septembre, bruts de décoffrage, mais revus avec près de huit ans de recul et, surtout, avec des données, des informations, des analyses et autres expertises accumulées au fil du temps. Le temps…

J'aime beaucoup cet alexandrin de Racine : « Il n'est point de secret qui ne résiste au temps »…

***

Bibliographie

AHMED Nafeez M., *La guerre contre la vérité : 11-Septembre, désinformation et anatomie du terrorisme,* Éd. Demi-Lune, 2006.

Collectif, *Rapport de la Commission d'enquête sur le 11-Septembre,* Éd. Alban, 2004.

ELSAESSER Jürgen, *Comment le Djihad est arrivé en Europe,* Éd. Xena, 2006. Préface de Jean-Pierre Chevènement, ancien ministre de l'Intérieur.

LAURENT Éric, *Les Zones d'ombre du 11-Septembre,* Éd. Plon, 2004.

« Les dossiers des grands mystères de l'Histoire », hors série n° 5, avril 2009, livré avec le DVD de *Loose Change Final Cut* en français.

MEYSSAN Thierry, *L'Effroyable imposture,* Éd. Carnot, 2002. Réédité aux Éd. Demi-Lune *L'Effroyable imposture suivi de Le Pentagate*, édition réactualisée et annotée, 2007.

RAY Griffin David, *11-Septembre, la faillite des médias, une conspiration du silence,* Éd. Demi-Lune, 2007 (traduction Pierre-Henri Bunel).

RAY Griffin David, *e nouveau Pearl Harbor*, Éd. Demi-Lune, 2006 (traduction Pierre-Henri Bunel).

RAY Griffin David, *New Pearl Harbor Revisited: 9/11, the Cover-up and the Exposé,* Éd. Arris Books, 2008 (en anglais).

RAY Griffin David, *Omissions et manipulations de la Commission d'enquête sur le 11-septembre*, Éd. Demi-Lune, 2006 (traduction Pierre-Henri Bunel).

RUPPERT Michaël C., *Franchir le Rubicon* (Tome 1), Éd. Nouvelle Terre, 2006.

TARPLEY Webster G., *La Terreur fabriquée, Made in USA,* Éd. Demi-Lune, 2006.

THORN Victor, *Le Procès du 11-Septembre, ou le 11-Septembre à l'épreuve des faits,* Éd. Demi-Lune, 2006

Filmographie

Farenheit 9/11, de Michael Moore, Palme d'Or au Festival de Cannes.

Zero, enquête sur le 11-Septembre, de Giulietto Chiesa, député européen.

9/11 Press for Truth.

Loose Change Final Cut.

9/11 : In Plane Site.

9/11 Mysteries – Part 1 : Demolitions.

Improbable Collapse.

Who Killed John O'Neil ?

Confonting The Evidences.

Terror Storm.

Internet

http://www.reopen911.info

http://patriotsquestion911.com/

http://stj911.org/

http://www.ae911truth.org/

http://www.pilotsfor911truth.org/

http://www.911truth.org/

http://www.mondialisation.ca

http://www.infowars.com

http://physics911.net/

http://www.letsibeledmondsspeak.blogspot.com/

http://www.myspace.com/48620931

http://www.facebook.com/ericraynaud

…et de nombreux autres, facilement accessibles.

Remerciements

Je tiens à remercier toutes les personnes – et elles sont nombreuses, tant en France qu'aux États-Unis ou en Europe – qui m'ont aidé dans cette tâche ardue. Elles ne figurent pas toutes nommément ici, à leur demande, mais elles se reconnaîtront évidemment…

Je veux aussi remercier particulièrement David Ray Griffin, Éric Laurent, Arno Mansouri, Debora, AtMOH ; Clotilde et Marianne pour leur patience, et Adrien Couette pour son soutien moral.

Enfin, un *Special Thanks* à Niels Harrit ; pour sa découverte déterminante.

Table des matières

Achevé d'imprimer par SAGIM en septembre 2009
sur rotative Variquik
à Courtry (77181)

Imprimé en France

Dépôt légal : août 2009
N° d'impression : 11567

L'imprimerie Sagim est titulaire de la marque
Imprim'vert® depuis 2004

Éditions Alphée, Jean-Paul Bertrand
28, rue Comte-Félix-Gastaldi
Monaco